М.Э. Парецкая, О.В. Шестак

Русская Мозаика

УЧЕБНИК
ПО РУССКОМУ ЯЗЫКУ КАК ИНОСТРАННОМУ

СРЕДНИЙ ЭТАП (B1+)

Санкт-Петербург

«Златоуст»

2017

УДК 811.161.1

Парецкая, М.Э., Шестак, О.В.
    Русская мозаика : учебник по русскому языку как иностранному. Средний этап (B1+) / М.Э. Парецкая, О.В. Шестак. — СПб.: Златоуст, 2017. — 280 с.

Paretskaya, M.E., Shestak, O.V.
    Russian mosaic : coursebook of Russian for foreigners. Intermediate level (B1+) / M.E. Paretskaya, O.V. Shestak. — St. Petersburg: Zlatoust, 2017. — 280 p.

ISBN 978-5-86547-914-7

Гл. редактор: к.ф.н. А.В. Голубева
Редактор: Н.О. Козина
Корректор: О.С. Капполь
Вёрстка: В.В. Листова
Обложка: ИП Д. Шаманский
Дизайн: ООО РиФ «Д'АРТ»

Настоящий учебный комплекс включает учебник, рабочую тетрадь, аудио- и видеоприложения, а также бесплатный электронный ресурс на сайте издательства. Он адресован иностранцам, осваивающим русский язык с уровня B1 до B1+, построен по модульному принципу и рассчитан на 80 учебных часов в группе под руководством преподавателя. Целью комплекса является развитие коммуникативной компетенции взрослых учащихся в социокультурной сфере. Рекомендуется для краткосрочных курсов.

Подготовка оригинал-макета: издательство «Златоуст».
Подписано в печать 24.08.17. Формат 60x90/8. Печ.л. 35. Печать офсетная. Тираж 3000 экз. Заказ № 1204.
Код продукции: ОК 005-93-953005.

Санитарно-эпидемиологическое заключение на продукцию издательства Государственной СЭС РФ № 78.01.07.953.П.011312.06.10 от 30.06.2010 г.

Издательство «Златоуст»: 197101, Санкт-Петербург, Каменноостровский пр., д. 24, оф. 24.
Тел.: (+7-812) 346-06-68; факс: (+7-812) 703-11-79; e-mail: sales@zlat.spb.ru,

http://www.zlat.spb.ru

Отпечатано в ООО «АЛЛЕГРО».
196084, Санкт-Петербург, ул. Коли Томчака, 28, тел.: (+7-812) 388-90-00

СОДЕРЖАНИЕ

МОДУЛЬ 1. У ПРИРОДЫ НЕТ ПЛОХОЙ ПОГОДЫ

МОДУЛЬ 2. РОССИЯ И РОССИЯНЕ

МОДУЛЬ 3. ТРАДИЦИИ И ОБЫЧАИ

МОДУЛЬ 4. ПОЙДЁМ В КИНО!

МОДУЛЬ 5. ЧТО НРАВИТСЯ РУССКИМ

ПРЕДИСЛОВИЕ

Учебный комплекс «Русская мозаика» предназначен для изучающих РКИ на среднем этапе обучения – при переходе с уровня В1 на В2. Он включает учебник, рабочую тетрадь, DVD и электронный ресурс на сайте издательства (см. ниже).

В учебнике представлены тексты и задания на все виды речевой деятельности, задания по лексике, словообразованию и морфологии имён. Рабочая тетрадь включает теоретический и практический материал по синтаксису, морфологии глагола и его форм. На DVD содержатся аудио- и видеоматериалы. С 2018 года их можно будет также приобретать и скачивать непосредственно с сайта издательства. Электронный ресурс на сайте издательства содержит цветные иллюстрации, являющиеся неотъемлемой частью учебника и доступные для бесплатного скачивания. Без них выполнение ряда заданий окажется невозможным.

Учебный комплекс рассчитан на 80 аудиторных часов.

Цель учебного комплекса – совершенствование коммуникативной компетенции учащихся в социально-культурной сфере общения.

Все речевые и грамматические темы согласуются с программами, принятыми в российской высшей школе, а также с Требованиями к I (В1) и частично ко II (В2) сертификационным уровням общего владения русским языком как иностранным.

Отличительная черта данного учебного комплекса состоит в том, что он построен по модульному принципу. Модули не связаны друг с другом тематически, лексически и грамматически. Каждый из пяти модулей состоит из трёх параграфов и рассчитан на 16 учебных часов. Такое структурирование учебного материала позволяет преподавателю самостоятельно выстраивать учебный курс в определённых обстоятельствах, комбинировать задания для решения конкретных учебных задач. Например, в однородной группе при долгосрочном обучении (более одного семестра) предполагается пошаговое изучение материала. При краткосрочном обучении в группе с вариативным и неоднородным составом учащихся преподаватель имеет возможность выбрать из предлагаемого перечня необходимый модуль для каждой группы в зависимости от срока и целей обучения.

Именно поэтому учебный комплекс будет особенно полезен для занятий по русскому языку как иностранному на языковых курсах в России и за рубежом, на которые записываются учащиеся, имеющие разные цели, задачи, мотивацию и сроки изучения русского языка. Обучение на курсах по учебному комплексу позволит им расширить знания об истории, географии, культуре России и о лучших представителях российского общества.

Преподаватель может следовать методическим указаниям учебника, но также волен выбирать в каждом модуле наиболее интересные и полезные для его учащихся задания, имеющие относительную самостоятельность. Однако обязательными, по мнению авторов, являются задания, включающие лексический комментарий, а также те, которые содержат отсылку к рабочей тетради, поскольку в них акцентируется внимание на наиболее важных и трудных языковых темах в обучении РКИ.

В учебнике представлены задания, предусматривающие чтение текстов и их анализ, извлечение информации и разнообразную работу с ней, самостоятельное продуцирование устных и письменных высказываний разных жанров как результат обучения. В процессе выполнения упражнений учащиеся овладевают умением решать различные информационно-коммуникативные задачи. Для этого в рамках одного упражнения комбинируются задания, совершенствующие навыки и умения в разных видах речевой деятельности.

В качестве учебного материала использованы аутентичные, обработанные или созданные авторами тексты разных жанров: научные, научно-популярные и художественные. Широко привлекаются аудио- и видеосюжеты, которые дают разнообразную социокультурную информацию и обеспечивают различные виды учебной работы и речевой деятельности, помогают изучить лексико-грамматические аспекты языка и его стилистические возможности.

Задания по видам речевой деятельности, в том числе и лексико-грамматические, разработаны как на базе традиционных методик преподавания русского языка как иностранного, так и с учётом современных тестовых технологий.

В каждом параграфе учебника представлены задания прагматического характера, выполнение которых не только предполагает привлечение современных технологий и использование электронных средств, но и позволяет учащимся активно включаться в речевую коммуникацию на русском языке: писать электронные письма, обращаться с письменными запросами в различные компании, оставлять отзывы о своих путешествиях на сайтах туристических агентств, вести переписку в чате и социальных сетях, брать интервью, составлять рекламные объявления, готовить тематические презентации.

Учебник предлагает изучение языка по тематическому принципу, подразумевающему конкретное лексическое наполнение заданий. Грамматика текстов учебника определяет отбор необходимых для изучения грамматических тем, представленных в рабочей тетради. Это даёт учащимся возможность понимать тексты различных жанров и самостоятельно продуцировать высказывания с использованием необходимых грамматических форм и синтаксических конструкций.

По учебнику рекомендуется заниматься в аудитории под руководством преподавателя, однако для самопроверки многие задания в нём снабжены ключами. Для домашней работы могут быть привлечены упражнения из рабочей тетради, также имеющие ключи.

Материалы учебного комплекса «Русская мозаика» проходили апробацию в группах иностранных учащихся, изучавших русский язык на курсах в Южном федеральном университете (г. Ростов-на-Дону).

Авторы выражают искреннюю благодарность доценту кафедры русского языка для иностранных учащихся Южного федерального университета Д.Н. Ильину за помощь при подготовке видеоприложения.

Вебинар об учебном комплексе «Русская мозаика» можно посмотреть на канале YouTube ....ZlatoustRussian

---

УСЛОВНЫЕ ОБОЗНАЧЕНИЯ

 — задания по аудированию

 — задания с использованием видеоматериалов

 — задания с ключами для самопроверки

 — электронный ресурс (ЭР)

 — задания в рабочей тетради

 — грамматический комментарий

МОДУЛЬ

У ПРИРОДЫ НЕТ ПЛОХОЙ ПОГОДЫ

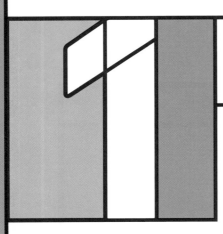

У КАЖДОГО МЕСЯЦА СВОИ ПОРЯДКИ, ИЛИ С ПРИРОДОЙ НЕ ПОСПОРИШЬ

- **Формы времён глагола.**
- **Категория состояния.**
- **Образование отглагольных существительных.**
- **Выражение времени в простом предложении: предложно-падежные конструкции, наречия времени.**

ЗАДАНИЕ 1.

А. Рассмотрите фото с изображением времён года (ЭР, кадры 1—6) и устно опишите их. Употребляйте выражения:

на фото я вижу; на фото изображено; на фото можно увидеть

Б. Прочитайте фрагменты произведений русских писателей и подберите к каждому описанию соответствующее ему фото на ЭР.

☐ **1.** Уставшая за знойное лето природа надевает золотые наряды и умывается холодными дождями. Они успокаивают горячую землю. Ветер сдувает последние листья с деревьев и кустарников. Всё вокруг засыпает долгим сном. (По И.С. Соколову-Микитову)

☐ **2.** Днём на солнце таял снег. Вдруг потянуло тёплым ветром, надвинулся густой серый туман. К вечеру туман ушёл и небо прояснилось. Утром яркое солнце быстро съело тонкий лёд. Высоко пролетели журавли и гуси. (По Л.Н. Толстому)

☐ **3.** Шёл первый снег, и всё в природе находилось под властью этого молодого снега. Земля, крыши, деревья, скамьи на бульварах — всё было мягко, бело, молодо, и от этого дома выглядели иначе, чем вчера. Фонари горели ярче, воздух был прозрачней. (По А.П. Чехову)

☐ **4.** Стояла жара. Мы шли через сосновые леса. Пахло сосновой корой и земляникой. Лес был накалён от зноя. Мы отдыхали в густых чащах осин и берёз, дышали запахом травы и корней. К вечеру мы вышли к озеру. На небе блестели звёзды. (По К.Г. Паустовскому)

В. Прочитайте русские пословицы, скажите, что они означают. Укажите, каким фото (ЭР, кадры 7–13) они соответствуют.

фото

1. Зимой солнце что мачеха: светит, да не греет. ☐
2. В июле солнце без огня горит. ☐
3. Октябрь плачет холодными слезами. ☐
4. Такой мороз, что звёзды пляшут. ☐
5. Весной сверху греет, а снизу морозит. ☐
6. Весна что девушка: не знаешь, когда заплачет, когда засмеётся. ☐
7. В летнюю пору заря с зарёй сходится. ☐

Г. Прочитайте тексты ещё раз и перескажите их. Используйте фото.

Д. Задайте друг другу вопросы о любимом времени года и получите ответы на них.

ЗАДАНИЕ 2.

А. Прочитайте фрагменты текста и расположите их последовательно, чтобы получился связный текст. Впишите в пустые клеточки порядковые номера фрагментов.

☐ **Создание** календаря, с которым связана история **наблюдений** за звёздами и погодой, имеет такое же значение, как **возникновение** письменности и счёта. В разное время разные народы придумали различные календари.

☐ В России самым старым является рукописный календарь 1670 года, а первый печатный календарь появился в 1702 году. Регулярные наблюдения за погодой начались в России при царе Петре I, в 1721 году.

☐ Солнце у многих народов считалось главным источником жизни на Земле. Его называли князем Земли и царём неба. Луну представляли княгиней. Некоторые народы говорили, что солнце и луна — брат и сестра.

☐ На Земле первой и основной мерой времени был день, который продолжался от восхода до захода солнца. День и ночь противопоставлялись друг другу, как добро и зло, поэтому люди вели счёт дням и ночам отдельно. Потом появились сутки, из которых состоят неделя, месяц, год.

☐ Солнце называли первым и главным божеством не случайно. Современная наука гелиобиология подтвердила влияние Солнца на земные процессы. Конечно, в древности люди не знали об этом, но роль Солнца в жизни планеты угадывали правильно.

Б. Прочитайте полученный текст, отметьте верные и неверные высказывания.

	да	нет
1. Луна — главный источник жизни на Земле.	☐	☐
2. Солнце влияет на земные процессы.	☐	☐
3. У всех народов был одинаковый календарь.	☐	☐
4. Ночь длится от захода до восхода солнца.	☐	☐
5. В России первый календарь напечатали в XVIII веке.	☐	☐

В. 1) Определите по словарю значения выделенных в тексте слов.

Аа создать → созд**ание**, влиять → вли**яние**, гор**еть** → гор**ение**, решить → реш**ение**; повысить(ся) → повыш**ение** входить → вход

2) Преобразуйте словосочетания с отглагольными существительными в предложения.

Образец: **влияние** луны (Р. п.) на земные процессы →
Луна (И. п.) **влияет** на земные процессы.

таяние снега ....

восход луны ....

продолжение зимы ....

наблюдение учёных за погодой ....

заход солнца ....

наступление осени ....

понижение температуры воздуха ....

выпадение осадков в виде дождя ....

Г. Скажите, почему Солнце считается главным источником жизни? Зачем люди изобрели календарь? В ответах употребляйте отглагольные существительные и выражения:

я думаю, что; по моему мнению; по-моему

А. Как вы думаете, что для человека важнее — известие о растаявшем снеге на Северном полюсе или забытый в дождливую погоду зонт? Употребляйте выражения:

на мой взгляд; я всегда считал (-а), что; конечно..., но

Б. Послушайте полилог участников ток-шоу, в котором представлены мнения разных людей по этому вопросу. Найдите соответствие, впишите ответы в пустые клеточки.

Олег, 48 лет,
инженер-конструктор

1. Считает, что полезно гулять под дождём в тёплую погоду.

2. Всегда возит зонт в машине.

Жанна, 20 лет,
студентка

3. Будущий эколог.

4. Не смотрит телевизор.

Борис, 40 лет,
полицейский

5. Считает, что люди не ценят то, что имеют.

Виктория, 34 года,
домохозяйка

В. **Послушайте полилог ещё раз и ответьте на вопросы.**

1. Почему у Жанны нет зонта?
2. Почему Олег считает, что люди не ценят природу?
3. Почему сын Виктории заболел?
4. Почему Борис думает, что опасность экологической катастрофы преувеличена?

Г. **Прочитайте микротексты и впишите имена участников полилога.**

1. .... : У меня столько дел, что некогда думать ни о каком глобальном потеплении. Мой ребёнок заболел: мы с ним под дождь попали, а зонт я оставила дома. Вот его здоровье меня сейчас волнует больше всего.

2. .... : Человек, который занимается спортом, может не бояться дождя. И за экологию беспокоиться не стоит, природа всё сама отрегулирует. Так что меньше доверяйте журналистам и экологам!

3. .... : Я считаю, что люди должны беречь природу и серьёзно заниматься экологией. А если вы забыли зонт и попали под дождь — не беда. Я свой вообще потеряла.

4. .... : Мы отдалились от природы, поэтому не ценим и не уважаем её. Природа отвечает нам тем же. Примером может служить изменение погоды и климата на всей планете. По поводу зонта скажу так: он всегда со мной, так что дождь мне не страшен.

Д. **Скажите, кто из этих людей думает так же, как и вы. С кем из них вы не согласны и почему? Употребляйте выражения:**

я (не) согласен (согласна) с…, потому что; в отличие от…, я думаю/считаю, что

ЗАДАНИЕ 4.

А. 1) Ознакомьтесь с информацией §1 «Обозначение времени» раздела 2 рабочей тетради.
2) Выполните задания 1, 2 (рабочая тетрадь, с. 37).
3) Ответьте на вопросы, употребляя форму будущего времени.

Образец: — Дождь уже закончился?
— Скоро закончится.

1. Люда, ты уже позвонила в метеобюро? — Через десять минут … .
2. Как вы думаете, холода́ уже закончились? — Думаю, что скоро … .
3. Дима, ты сообщил друзьям, что у нас стоит жара? — Сейчас … .
4. Макс наконец купил себе тёплую обувь? — Надеюсь, что завтра … .
5. Вы сегодня выходили на улицу? — После обеда … .
6. Ты принёс Оле очки от солнца? — Потом … .
7. Вы уже узнали прогноз погоды на завтра? — Вечером … .

Б. **1)** Послушайте информационное сообщение «Прогноз погоды», отметьте верные и неверные высказывания.

	да	нет
1. Зимой в западной части России будет на несколько градусов выше обычного.	☐	☐
2. Тепло будет на востоке страны.	☐	☐
3. Весной будет нежарко.	☐	☐
4. В июне пройдут дожди.	☐	☐
5. В июле и августе будет, как всегда, холодно.	☐	☐
6. Осенью похолодает поздно.	☐	☐
7. Сентябрь ожидается тёплым.	☐	☐
8. В середине осени будет сухо.	☐	☐

2) Послушайте сообщение ещё раз и запишите глаголы будущего времени, употреблённые в нём. Замените их глаголами прошедшего времени и расскажите, какой была погода в прошлом году.

ЗАДАНИЕ 5.

А. Прочитайте мнение жителя г. Ростова-на-Дону о климате на юге России и соотнесите выделенные слова с определениями, данными ниже. Впишите номера слов в пустые клеточки.

Я живу на юге России, в городе Ростове-на-Дону. Климат у нас **особенный (1)** — все четыре времени года ярко выражены. Но в этом году зима была **тёплой (2)**, не такая **суровая (3)** и снежная, как в Сибири. К сожалению, весна была очень **прохладной (4)**. В начале лета прошли сильные грозы, но июль был **знойный (5)**, и август тоже был жарким. Обычно в сентябре у нас продолжается лето, но в этом году осень была холодная и **сырая (6)**.

☐ а) очень морозный
☐ б) не очень горячий
☐ в) не очень холодный
☐ г) не такой, как другие
☐ д) с большим количеством осадков
☐ е) сухой и жаркий

Б. Скажите иначе. Запишите свой ответ.

Образец: Зима (*какая?*) тёплая. → Зимой (*как?*) **тепло**.

1. Осень дождливая. ....

2. Зима в Сибири холодная. ....

3. Весна прохладная. ....

4. Лето жаркое. ....

5. Утро ясное. ....

6. Вечер душный. ....

В. Сообщите о погоде, используйте предложения из задания Б.

Образец: Зимой было/будет тепло. → Зима **была/будет тёплой/тёплая**.

Г. Задайте друг другу вопросы о погоде, дайте ответы на них.

1. — Скажи, пожалуйста, какая сегодня погода у тебя на родине?
   — ....

2. — Какая в этом году у вас была зима?
   ....

3. — Сколько градусов будет летом?
   — ....

4. — Холодно ли будет осенью?
   — ....

5. — А что происходило этой весной?
   — ....

6. — Какое время года самое лучшее?
   — ....

ЗАДАНИЕ 6.

А. 1) Послушайте информацию «Самый холодный город России», размещённую на сайте www.top10a.ru, и выберите правильный вариант ответа.

1. Верхоянск признан самым холодным городом ☐ .
   а) только Якутии
   б) России и мира
   в) только России

2. Самая низкая температура в городе составила ☐ .
  а) минус 15 градусов Цельсия
  б) минус 200 градусов Цельсия
  в) минус 67,8 градусов Цельсия

3. Население города составляет ☐ .
  а) две тысячи человек
  б) более двух тысяч человек
  в) менее двух тысяч человек

4. Жители города ☐ .
  а) охотятся на зверей
  б) добывают золото
  в) чинят автомобили

2) Послушайте текст ещё раз и восстановите порядок упоминания информации в нём.

☐ 1885 год   ☐ −67,8 °С
☐ −15 °С   ☐ январь
☐ 1,5 тысячи человек ☐ 200 мм

Б. Работайте в мини-группах. Представьте ситуацию: ваш знакомый вернулся из командировки в Верхоянск. Расспросите его о погоде, о способах и средствах защиты от холода зимой.

В. 1) Послушайте текст «Самый жаркий город России», размещённый на сайте www.top10a.ru. Отметьте верные и неверные высказывания.

	да	нет
1. Волгоград считается самым жарким городом России.	☐	☐
2. Ветры в Волгоград приходят из Африки.	☐	☐
3. Лето в городе начинается в июне, а заканчивается в августе.	☐	☐
4. Температура днём поднимается почти до 50 °С.	☐	☐
5. Ночью температура достигает 28 °С.	☐	☐
6. Летом в городе часто идут дожди.	☐	☐

2) Послушайте текст ещё раз и сформулируйте вопросы о климате, которые вы задали бы жителю Волгограда, запишите их.

Г. Работайте в парах.
Первый собеседник: позвоните другу, который живёт в Волгограде, и скажите о своём желании приехать летом в гости. Спросите, какая погода в это время, какой прогноз дают синоптики, как можно провести время, что вы будете делать, если будет очень жарко.
Второй собеседник: ответьте на вопросы вашего друга.

ЗАДАНИЕ 7.

А. 1) Прочитайте стихотворение. Выпишите слова, которыми автор описывает времена года. 2) Скажите, что происходит в природе в разные времена года.

Приходит весна — зеленеют леса,
И птичьи повсюду звенят голоса.
А лето пришло — всё под солнцем цветёт,
И спелые ягоды просятся в рот.
        Нам щедрая осень приносит плоды,
        Дают урожаи поля и сады.
        Зима засыпает снегами поля.
        Зимой отдыхает и дремлет земля. (А. Кузнецова)

Б. Выучите стихотворение наизусть и расскажите его на занятии.

В. Дополните предложения подходящими по смыслу словами в нужной форме.

выпадать, дуть, желтеть, опадать, распускаться, светить, таять, ударить

1. Летом солнце ярко ....
2. В мае .... цветы.

3. В начале весны снег быстро ....

4. В сентябре листья на деревьях .... и ....

5. В ноябре .... первый снег.

6. В феврале .... холодные ветры.

7. Под Новый год могут .... сильные морозы.

Г. Напишите небольшой рассказ-описание по одному из изображений времён года (ЭР, кадры 1–13).

ЗАДАНИЕ 8.

А. 1) Определите по словарю значения данных слов и составьте с ними словосочетания.

здорово, меняться, неблагоприятный, недоразумение, ощущать, переехать, поселиться, потребность, резко, собственный

2) Прочитайте ответы россиян на вопрос «В каком климате вы предпочитаете жить?» и впишите в каждый микротекст подходящие по смыслу слова из п. 1) в нужной форме.

1. Терпеть не могу жару, на юге жить не смогла бы, лучше где-нибудь севернее. Это .... , когда есть чёткая смена времён года: жаркое лето, холодная зима со снегом, прохладная осень и тёплая весна. А то климат сейчас .... , и уже ничего не разберёшь. Когда в Москве на Новый год трава зеленеет, ничего хорошего в этом нет!

Мария, менеджер

2. Всё зависит не от климата, а от степени моей внутренней свободы. Если буду независим, уеду в пригород. А если будет .... в общении, то .... в Санкт-Петербурге.

Михаил, писатель

3. Недавно моя семья .... с севера на юг. Зимой здесь редко бывают сильные холода, летом очень жарко только две-три недели, осень и весна обычно тёплые и солнечные. Я считаю, что живу в очень хорошем месте, в других регионах климат для меня ....

Иван, строитель

Григорий, врач

4. Думаю, что дело не в самом климате, надо, чтобы человек хорошо себя .... Мне всё равно, тепло на улице или холодно. Главное, что я живу в ста километрах от мегаполиса, на природе, в собственном доме, около которого растут .... овощи, фрукты и ягоды.

Ольга, сельская учительница

5. Я живу в сибирской деревне и очень этому рада. Климат здесь .... континентальный, зима — настоящая, воздух сухой, ветра нет, поэтому мороз не сильный, и лето как лето: всегда жарко. У нас с погодой не такое .... , как в Москве.

Б. Впишите в пустые клеточки номера микротекстов, которым соответствуют данные ниже вопросы. Ответьте на них.

☐ Где в России настоящая зима?
☐ Какая обычно погода на юге России?
☐ Кто предпочитает жить в пригороде?
☐ Кто считает, что смена времён года — это хорошо?
☐ Почему некоторые люди хотят жить на природе?

В. Прочитайте текст ещё раз и впишите в предложения имена авторов высказываний.

1. .... ценит свой город за хороший климат.
2. .... живёт в Сибири.
3. .... выбирает место для жизни по настроению.
4. .... не любит тёплую зиму.
5. .... любит свежий воздух и натуральные продукты.

Г. Напишите небольшое сообщение о климате того места, где вы живёте. Подходит он вам или нет, нравится или не нравится? Почему?

ЕДИНСТВЕННЫЕ В СВОЁМ РОДЕ

- **Превосходная степень прилагательных.**
- **Полные и краткие прилагательные в функции предиката.**
- **Инфинитив в отрицательных конструкциях.**
- **Инфинитив с отрицанием.**
- **Выражение пространственных отношений: предложно-падежные конструкции, наречия места.**

ЗАДАНИЕ 1.

 А. Рассмотрите фото с изображением природы России (ЭР, кадры 14—19) и устно опишите их. Употребляйте выражения:

на фото я вижу; в центре находится; по берегу растут; в небе плывут; в воде отражается

 Б. Прочитайте текст из учебника «Окружающий мир» и выберите правильный вариант ответа.

Неповторимые ландшафты России

Территория Российской Федерации очень велика, по ней проходит половина всех часовых поясов Земли. Это делает уникальной природу страны. Её ландшафты разнообразны: здесь есть и **густые** (1) леса, и непроходимые болота, и **безводные** (2) степи, и арктическая тундра.

Значительную часть территории страны — более 60% — занимает **вечная** (3) мерзлота, а три четверти территории России — равнины. Но есть и горы, например Кавказские, которые находятся на юге. Их самой высокой точкой считается гора Эльбру́с (5642 метра). На востоке России вдоль Тихого океана тянутся молодые Камча́тские горы, на них расположен самый высокий действующий вулкан **Евра́зии** (4) — Ключевска́я сопка (4750 метров).

Многочисленные реки также делают природу страны неповторимой. По территории страны протекает 120 больших рек, длина каждой из них доходит до десяти километров, а их общая **протяжённость** (5) составляет более двух миллионов километров. Реки РФ относятся к бассейнам трёх океанов: Северного Ледови́того (Ирты́ш, Северная Двина́, Обь, Енисе́й, Лена), Тихого (Аму́р, Ана́дырь) и Атланти́ческого (Нева, Дон, Куба́нь). По европейской части течёт самая длинная в Европе река — Во́лга, её длина — 3531 километр.

Россию можно назвать страной озёр, потому что здесь около двух миллионов озёр, среди них есть и очень **живописные** (6), и очень солёные, и самые большие в Европе — Оне́жское и Ла́дожское. А **пресное** (7) озеро Байкал не только самое большое, но и самое глубокое на планете. По его берегам растут редкие виды растений и водятся редкие виды животных.

1. По территории РФ проходят ☐ .
   а) все часовые пояса Земли
   б) половина часовых поясов Земли
   в) несколько часовых поясов

2. Самой высокой горой на юге РФ считается ☐ .
   а) Камчатка
   б) Кавказ
   в) Эльбрус

3. По территории страны протекает ☐ больших рек.
   а) сто двадцать
   б) два миллиона
   в) десять

4. Самым глубоким озером на Земле является ☐ .
   а) Ладожское
   б) Онежское
   в) Байкал

5. Самая длинная европейская река — это ☐ .
   а) Амур
   б) Волга
   в) Лена

В. Установите, каким выделенным в тексте словам соответствуют приведённые слова и сочетания слов. Впишите ответы в пустые клеточки.

☐ а) длина чего-либо

☐ б) постоянная

☐ в) без соли

☐ г) Европа и Азия

☐ д) состоящий из многих близко расположенных деревьев

☐ е) не имеющий воды

☐ ж) очень красивые

Аа

красивый ⟶ **самый** красивый ⟶ красив**ейший**
высокий ⟶ **самый** высокий (после г, к, х) ⟶ высоч**айший**
хороший ⟶ **самый** хороший ⟶ **лучший**
плохой ⟶ **самый** плохой ⟶ **худший**

г. Постройте высказывания по образцу.

Образец: Реки России (длина): Волга (3531 км), Лена (4400 км), Енисей (3487 км) → Лена — **самая длинная река** в России.

1. Горные вершины Кавказа (высота): Эльбрус (5621 м), Джангитау (5085 м), Казбек (5033,8 м).

2. Озёра европейской части России (площадь): Ладожское (17 680 км²), Онежское (9720 км²), Селигер (222 км²).

3. Моря России (средняя глубина): Азовское море (7 м), Японское море (1536 м), Чёрное море (1315 м).

4. Города России (год основания): Великий Новгород (859 г.), Ярославль (1010 г.), Москва (1147 г.), Магас (1994 г.).

какой (-ая, -ое, -ие)? + сущ. = словосочетание
В России есть **уникальные памятники** природы.

сущ. + каков (-а, -о, -ы)? = предложение [S + P]
Памятники природы в России **уникальны**.

д. Выберите правильный вариант ответа.

1. Животный и растительный мир России ☐ .
   а) разнообразный
   б) разнообразен

2. Природа — ☐ архитектор.
   а) талантливый
   б) талантлив

3. Памятники природы ☐ .
   а) неповторимые
   б) неповторимы

4. Природа создаёт ☐ произведения искусства.
   а) удивительные
   б) удивительны

5. Голубое озеро окружают ☐ горы.
   а) живописные
   б) живописны

6. Как ☐ мир, в котором мы живём!
   а) прекрасный
   б) прекрасен

Е. Расскажите о природных особенностях России. Используйте фото (ЭР, кадры 14—19), информацию из текста и выражения:

я знаю о том, что; я прочитал (-а), что; на фото можно увидеть; из текста я узнал(а), что

ЗАДАНИЕ 2.

А. 1) Ознакомьтесь с информацией §2 «Обозначение пространства» раздела 2 рабочей тетради.

2) Выполните задания 3—5 (рабочая тетрадь, с. 39—40).

Б. 1) Прочитайте текст и отметьте в нём конструкции, выражающие пространственные отношения.

Биосферный заповедник

На Дальнем Востоке есть удивительное место — горный хребет Сихотэ́-Али́нь, где соединяются река Амур, Японское море и Татарский пролив. Горы защищают эту территорию от воздушных потоков из индустриальных областей, поэтому здесь организовали первый на востоке России биосферный заповедник. В нём живут редкие дикие животные — амурские тигры. Учёные заповедника изучают этих самых крупных в мире кошек: каждый тигр носит ошейник с микрочипом.

В биосферном заповеднике наблюдается несколько типов климата, поэтому флора и фауна этих мест очень богаты и разнообразны. На этой территории обитает, кроме амурских тигров, шестьдесят три вида млекопитающих, например гималайские медведи, росомахи, пятнистые олени и дальневосточные леопарды, которые в других уголках планеты не водятся. Мягкая зима и тёплое лето создают идеальные условия для растительности. Трава в заповеднике вырастает до трёх метров высотой, здесь также можно найти более тысячи видов полезных и редких растений.

Несколько лет назад на территорию биосферного заповедника стали пускать туристов, которые передвигаются по специальным тропам под руководством инструктора. Люди знакомятся с жизнью дикой природы, наблюдают за животными и птицами, любуются цветами и деревьями и восхищаются чудесами этого неповторимого края.

2) Выберите правильный вариант ответа.

1. Хребет Сихотэ-Алинь расположен ☐ .
  а) в Японском море
  б) на Дальнем Востоке
  в) в Татарском проливе

2. Учёные заповедника пометили микрочипами ☐ .
  а) дальневосточных леопардов
  б) гималайских медведей
  в) редких амурских тигров

3. Флора и фауна заповедника богаты, так как на его территории ☐ .
  а) вырастает высокая трава
  б) водится много животных
  в) разнообразный климат

4. Туристы посещают заповедник и ☐ .
  а) наслаждаются природой
  б) изучают диких животных
  в) собирают редкие растения

В. **1) Найдите в тексте глаголы и запишите их в инфинитиве.**

а) глаголы, образующие видовую пару:

....

б) одновидовые глаголы:

....

в) двувидовые глаголы:

....

2) Определите вид глаголов из группы а). Запишите глаголы, которые образуют с ними видовую пару. Объясните, как они образованы.

....

....

Г. **1) Впишите слова, которые обозначают:**

путешествующих людей ....

самых крупных кошек ....

растительный и животный мир ....

человека, который водит экогруппы ....

природную территорию, где работают учёные ....

2) Составьте с ними словосочетания.

д. **Дополните предложения подходящими по смыслу словами в нужной форме.**

защищать, млекопитающие, мягкий, обитать, разнообразный

1. В .... климате хорошо растут лечебные травы.
2. Горы .... заповедник от вредных индустриальных выбросов.
3. Животный и растительный мир этих мест очень ....
4. Дальневосточный леопард в других местах планеты не ....
5. На территории биосферного заповедника живёт много видов ....

Е. **Скажите, что вы будете делать, если в лесу вам встретится медведь. Выберите тот вариант ответа, который кажется вам правильным. Скажите, почему вы считаете, что надо действовать именно так. Употребляйте выражения:**

я думаю, что; мне кажется; на мой взгляд

а) начну разговаривать с ним   г) залезу на дерево

б) быстро убегу   д) притворюсь мёртвым

в) выстрелю в зверя   е) улыбнусь ему

ЗАДАНИЕ 3.

А. 1) Ознакомьтесь с информацией §2 «Вид глагола» раздела 1 рабочей тетради.

2) Выполните задания 9, 10 (рабочая тетрадь, с. 18–19).

Б. 1) Слушайте интервью, которое дал журналисту инструктор заповедника, и записывайте вопросы журналиста.

2) Послушайте интервью ещё раз и запишите ответы инструктора.

В. Представьте ситуацию: вы хотите организовать студенческую экскурсию в заповедник. Напишите письмо на электронный адрес заповедника и попросите администратора дать консультацию о правилах поведения на территории, о том, что необходимо взять с собой, какую одежду и обувь надеть. Используйте инфинитивные конструкции и свои записи.

ЗАДАНИЕ 4.

А. Послушайте текст «Азовское море» и ответьте на вопросы.

1. Сколько метров составляет глубина моря?
2. Какова его площадь?
3. Опасно ли Азовское море для кораблей?
4. Водятся ли в море дельфины?
5. Ходят ли по морю корабли?

Б. Послушайте текст ещё раз, отметьте верные и неверные высказывания.

	да	нет
1. Азовское море — внешний водоём России.	☐	☐
2. Море относится к системе Атлантики.	☐	☐
3. Его площадь составляет 30 000 км².	☐	☐
4. В море бывают штормы.	☐	☐
5. Это море — богатый водоём Мирового океана.	☐	☐
6. Здесь водятся опасные акулы.	☐	☐
7. Азовское море соединяет несколько городов России.	☐	☐

В. 1) Прочитайте текст из рекламного проспекта для туристов и определите по словарю значения выделенных слов.

Это море очень красивое, но его красота не экзотическая, а **естественная** и потому **скромная**. Вода в нём **прозрачная** и совсем не солёная, на пляжах **рассыпаны** мелкие камешки. Солнце светит **ласково**, воздух **свежий**, он пахнет морем и **степью**.

Согласно мифам, в древности здесь обитали амазонки — женщины-воины. Древние греки называли море Меотийским озером, так как на его берегах жили **племена** меотов. В Средние века русские именовали море Су́рожским, в наше время оно называется Азовским.

2) Прочитайте текст ещё раз и скажите, как раньше называлось Азовское море.

Г. Работайте в парах.

Первый собеседник: вы хотите провести отпуск на Азовском море. Задайте вопросы об особенностях этого моря своему другу, который долго жил в приморском городе.

Второй собеседник: ответьте на вопросы вашего друга.

Используйте материалы сайтов:

http://azov-leto.com/azovskoe-more/

http://www.na-azovskoe.ru/

https://global-katalog.ru/item17890.html

ЗАДАНИЕ 5.

А. Рассмотрите фото с изображением Голубого озера (ЭР, кадр 20) и устно его опишите. Как вы считаете, в какой части России находится изображённая местность — на севере или на юге?

Б. Слушайте текст из телепередачи для путешественников и вписывайте пропущенные слова.

Озёра Кабардино-Балкарии

В России много красивых мест, одно из них ……………………………………… на юге страны, в Кабарди́но-Балка́рии. Здесь расположено ……………………………… горных озёр, которые называются Голубыми. Весь комплекс делится на две части: на верхние и ………………………………… озёра. Самым удивительным является нижнее Голубое озеро, у которого температура воды ………………………………… плюс десять градусов Цельсия. Поэтому искупаться здесь сможет не каждый. Однако это не мешает плавать многочисленным ………………………………… дайвинга, для которых на берегу оборудован дайв-центр и открыты гостиницы.

В. Послушайте текст ещё раз и ответьте на вопросы.

1. Где расположены Голубые озёра?

2. На сколько частей делится природный комплекс?

3. Какая температура воды в нижнем Голубом озере?

4. Любители какого вида спорта часто приезжают сюда?

Г. Прочитайте продолжение текста о Голубом озере и соотнесите выделенные слова с определениями, данными ниже. Впишите ответы в пустые клеточки.

Голубое озеро расположено на высоте более восьмисот метров над уровнем моря. **Окружающая** (1) его природа очень живописна. Площадь озера небольшая, а вот **максимальная** (2) глубина достигает почти четырёхсот метров. Озёрная вода чистая и **прозрачная** (3). Её цвет зелёно-синий, но он часто меняется, например, при ясной погоде он **лазурный** (4). Однако здесь не водится никакой рыбы и на дне растут только **низкие** (5) водоросли.

☐ а) через который хорошо видно
☐ б) светло-синий, цвета неба
☐ в) находящийся вокруг
☐ г) небольшой по высоте
☐ д) самый большой

д. 1) Прочитайте текст ещё раз, отметьте верные и неверные высказывания.

	да	нет
1. Голубое озеро расположено выше уровня моря.	☐	☐
2. Его ландшафты не очень привлекательны.	☐	☐
3. У озера большая площадь, но оно мелкое.	☐	☐
4. Сквозь воду можно наблюдать водоросли на дне.	☐	☐
5. В озере можно ловить рыбу.	☐	☐

2) **Работайте в парах.**

Первый собеседник: расспросите друг друга о поездке на Голубое озеро, задайте 6–7 вопросов. Постройте вопросы по моделям. *Что ты знаешь о …? Что тебе известно о …? Что ты можешь сказать о … ? Что вам рассказали о …?*
Второй собеседник: ответьте на вопросы друга.

ЗАДАНИЕ 6.

А. Рассмотрите фото с изображением горного парка Рускеала (ЭР, кадр 21). Послушайте текст «Горный парк Рускеала» из радиопередачи о новых туристических направлениях и выберите правильный вариант ответа.

1. Горный парк Рускеала расположен ☐ .
   а) в южной части РФ
   б) на севере Карелии
   в) около Сортавалы

2. Рускеала является памятником истории ☐ .
   а) горного дела
   б) города Сортавала
   в) юга Карелии

3. В каньоне добывали мрамор для ☐ .
   а) столичных художников
   б) церквей и домов Москвы
   в) дворцов Санкт-Петербурга

4. Под водами каньона скрываются ☐ .
   а) прекрасные изумруды
   б) таинственные гроты
   в) драгоценный жемчуг

Б. Послушайте текст ещё раз и восстановите порядок упоминания названий в нём. 🎧

☐ Санкт-Петербург
☐ Русский Север
☐ Россия
☐ Карелия
☐ Сортавала
☐ Рускеала

В. Расспросите друг друга о горном парке Рускеала. Постройте вопросы по моделям:

Что ты знаешь о …? Что тебе известно о …?

Получите ответы на свои вопросы.

Г. Представьте ситуацию:

1) Вы хотите посетить горный парк Рускеала. Напишите письмо в турагентство, задайте менеджеру вопросы: можно ли приехать в ближайшее время, как добраться, где вы будете жить, что можно посмотреть, сколько стоит экскурсия и др.

2) Вы менеджер туристического агентства. Ответьте на письмо клиента, которого интересует экскурсия в парк Рускеала.
Используйте материалы сайтов:
http://ruskeala.info/ru
https://lifehacker.ru/2014/10/20/eto-nado-videt-ruskeala/
http://shagau.ru/2014/06/27/mramornyj-karer-i-gornyj-park-ruskeala/

Употребляйте выражения:
Уважаемый (-ая) … !
Благодарю Вас за Ваше письмо, постараюсь ответить на Ваши вопросы.
Рекомендую Вам воспользоваться специальным предложением для новых клиентов на нашем сайте.
Надеемся, что наша экскурсия Вам понравится.
С наилучшими пожеланиями, менеджер туристической компании … .

ЗАДАНИЕ 7.

А. Послушайте текст рекламы туристического агентства, отметьте верные и неверные высказывания. 🎧 🔑

	да	нет
1. Кунгур — современный город.	☐	☐
2. Туристы посетят ледяную пещеру.	☐	☐
3. Экскурсия начинается третьего июля.	☐	☐
4. Кунгурская пещера — самая маленькая в мире.	☐	☐
5. Стоимость путёвки — пять тысяч рублей.	☐	☐

Б. 1) Прочитайте текст, помещённый на сайте университета, и выберите фразу, которая наиболее полно отражает содержание текста.

ЭКОЛОГИЧЕСКИЙ ФАКУЛЬТЕТ

Главная

Новости

Наука

Совет студентов

Результат конкурса

Уважаемые студенты, магистранты и аспиранты факультета экологии! Объявляем результаты конкурса на лучшую статью о русской природе. Победителем стала аспирантка Агния Михайлова: её описание Кунгурской ледяной пещеры признано лучшим. Поздравляем победительницу и приводим в **сокращении** текст её статьи.

"На берегу красавицы реки Сы́лвы, в старинном городе Кунгуре, в холодной каменной горе находится Кунгурская **ледяная** пещера, которая является настоящим национальным **достоянием**. На каникулах я отправилась туда на экскурсию. Исследования этой пещеры начались ещё в XIX веке; по мнению учёных, её возраст составляет более десяти тысяч лет. В пещере сто двадцать **исполинских** гротов и подземных озёр с **хрустальной** водой. Их магия переносит нас в сказку.

Растущие со дна пещеры **сталагмиты** и свисающие с потолков **сталактиты** поражают своими размерами и оригинальностью, в Бриллиантовом и Полярном гротах они особенно необычные. А самое красивое подземное озеро — Большое, оно вообще какое-то нереальное. Этот **застывший** ледяной мир и абсолютная тишина вызывают у людей **потрясающие** ощущения. Однако здесь есть настолько опасные места, что в них могут попасть только учёные-спелеологи, имеющие специальную физическую подготовку и **снаряжение**."

2) Выпишите из текста выделенные слова и определите по словарю их значения.

В. Отметьте цветными маркерами в тексте информацию, которая касается а) географического положения пещеры; б) описания её внутреннего устройства.

Г. Работайте в мини-группах.
Представьте ситуацию: вы встретились с Агнией Михайловой в туристическом клубе. Расспросите её о впечатлениях от экскурсии в Кунгурскую пещеру: чем поразили её сталагмиты и сталактиты, в чём необычность гротов, какое озеро самое красивое и почему, чем опасна пещера.

ЗАДАНИЕ 8.

А. Восстановите текст из книги по краеведению Восточной Сибири. Впишите в него подходящие по смыслу слова в нужной форме.

динозавр, железнодорожный, крупный, обнаружить, постоянный, формирование, хранилище

Озеро Байкал

Байкал — самое **древнее** (1), самое большое и самое глубокое озеро на Земле. Как **предполагает** (2) большин-ство учёных, ... озера началось двадцать пять миллионов лет назад.

Байкал — это **гигантское** (3) .... пресной воды, в нём содержится двадцать процентов от всего объёма водных запасов планеты. Чтобы понять, какое это количество, при-ведём такой пример: если воду из Байкала разделить на всех жителей России, а их насчитывается более ста сорока шести миллионов, то у каждого окажется по две тысячи семьсот .... цистерн! Байкал начинает замерзать в конце декабря; чтобы вода **полностью** (4) промёрзла, требуется почти целый ме-сяц. Оттаивает Байкал с апреля по май, то есть тоже около месяца.

Недалеко от Байкала найдены останки .... Но утверждать, что эти животные прогуливались вдоль озера, точно нельзя. Можно только ска-зать, что они жили в этом районе, так как озеро появилось после их исчезно-вения. Зато на Байкале обитали мамонты и шерстистые носороги, достигавшие **весьма** (5) .... размеров.

Озеро является местом .... жительства пятидесяти видов рыб. Самая большая из них — байкальский осётр длиной до двух метров и весом до ста тридцати килограммов. Живёт осётр до шестидесяти лет. А самая маленькая рыбка Байкала — широколобка Гурвича, её вес всего три грамма.

Учёные, которые изучали флору побережья, ...**уникальный** (6) кедр (его возраст — пятьсот пятьдесят лет) и лиственницу возрастом семьсот лет.

Б. Прочитайте восстановленный текст и определите порядок упоминания в нём информации.

☐ 20% ☐ 700 лет ☐ 2700
☐ 1 месяц ☐ 2 м ☐ 50 видов
☐ 130 кг ☐ 3 ☐ 550 лет
☐ 140 млн ☐ 25 млн

В. Подберите синонимы к выделенным в тексте словам.
Впишите ответы в пустые клеточки.

☐ а) очень большой ☐ в) старый ☐ д) считать
☐ б) единственный ☐ г) очень ☐ е) абсолютно

Г. Рассмотрите фото с изображением озера Байкал (ЭР, кадры 22—24) и напишите на Facebook небольшой рассказ о своих впечатлениях об этом озере.

Д. Работайте в мини-группах.
1) Представьте ситуацию: вы с друзьями планируете летний отдых. Предложите им поездку на Байкал, обоснуйте свой выбор; выскажите мнение по по поводу сроков поездки, выбора транспорта и маршрута. Употребляйте выражения:

я думаю, что; я слышал что; по-моему; мне кажется; на мой взгляд

Используйте материалы сайтов:
http://fanatbaikala.ru/mobilnoe-prilojenie-fanatbaikala/
http://make-trip.ru/russia/puteshestvie-na-bajkal-na-mashine
http://www.tourister.ru/responses/id_12995

2) Напишите небольшой рассказ на тему «Мой любимый уголок природы».

РУССКАЯ ПРИРОДА В РУССКОМ ИСКУССТВЕ

■ Образование существительных со значением признака.
■ Глаголы со значением эмоционального состояния.

ЗАДАНИЕ 1.

А. Скажите, любите ли вы природу? Как вы считаете, могут ли литература, живопись и музыка в полной мере передать её красоту?

Б. 1) Прочитайте данные слова и словосочетания и предположите, о чём говорится в тексте.

закат, звёзды, луна, тёплые ночи, просыпаться рано, горячее солнце, идти в лес, снежные горы, купаться в море, лежать на солнце, кипарисы растут, чувствовать покой, наслаждаться красотой

Начните свой ответ так:

Я думаю, что в тексте говорится / речь идёт о …

2) Прочитайте отрывок из рассказа «Кавказ» писателя И.А. Бунина[1] и соотнесите свои предположения с текстом. Употребляйте выражения:

Как я и предполагал/думал, в тексте идёт речь о … .
Однако я не ожидал, что … .

Я просыпался рано и шёл по **холмам** в лесные **чащи**. Горячее солнце было уже сильно, чисто и радостно. В лесах лазурно светился и таял **душистый** туман, за дальними лесистыми **вершинами** сияла белизна снежных гор. Назад я проходил по знойному базару нашей деревни: там **кипела** торговля, было тесно от народа, от верховых лошадей и осликов. Потом мы уходили на берег, всегда совсем пустой, купались и лежали на солнце до самого завтрака. После завтрака, когда жар спадал и мы открывали окно, часть моря, видная из него между кипарисов, имела цвет **фиалки** и лежала так ровно, мирно, что, казалось, никогда не будет конца этому покою, этой красоте. На закате часто громоздились за морем удивительные облака. Ночи были теплы и **непроглядны**. Когда глаз привыкал к темноте, выступали вверху звёзды и гребни гор, над деревней **вырисовывались** деревья, которых мы не замечали днём. Из-за гор и лесов, точно какое-то **дивное** существо, **пристально** смотрела поздняя луна.

---

[1] Бу́нин Иван Алексеевич (1870–1953) — русский писатель и поэт, первый русский лауреат Нобелевской премии по литературе (1933).

3) Определите по словарю значения выделенных в тексте слов.

В. 1) Образуйте от данных прилагательных существительные со значением признака.

Аа	тёмный → темн**от**а белый → бел**изн**а нежный → нежн**ость**

1. -от-(а)

красный ....

чёрный ....

красивый ....

2. -изн-(а)

жёлтый ....

голубой ....

новый ....

3. -ост-(ь)

яркий ....

трудный ....

важный ....

2) Трансформируйте словосочетания.

Образец: тёмный лес → темн**ота** леса;
  новый сюжет → нов**изна** сюжета;
  трудная жизнь → трудн**ость** жизни

влажный воздух ....

голубое небо ....

красный закат ....

яркие звёзды...

чёрное небо ....

свежая трава ....

белый снег ....

Г. 1) Прочитайте текст ещё раз, отметьте верные и неверные высказывания.

	да	нет
1. Герой рассказа рано утром шёл на берег моря.	☐	☐
2. Солнце светило слабым, холодным светом.	☐	☐
3. На рынке было много народа.	☐	☐
4. После завтрака люди поднимались в горы.	☐	☐
5. Море имело фиолетовый цвет.	☐	☐
6. Ночью было очень темно.	☐	☐
7. В темноте были видны деревья.	☐	☐

2) Пронумеруйте высказывания согласно логической последовательности текста.

☐ а) На небе зажигались звёзды.

☐ б) Утром герой гулял по холмам.

☐ в) До завтрака люди купались в море.

☐ г) Из-за гор смотрела луна.

☐ д) Потом он шёл по базару.

Д. Представьте ситуацию: вы совершили туристическую поездку на Кавказ. Напишите отзыв о своём путешествии на сайт для путешественников. Расскажите о том, в каких местах вы побывали, какие впечатления получили. Советуете ли вы другим посетить эти места и почему?

А. Прочитайте стихотворение С.А. Есенина[2] и выпишите из текста выделенные слова. Определите по словарю их значения.

Белая берёза

Белая берёза
Под моим окном
Принакрылась снегом,
Точно серебром.

        На пушистых ветках
        Снежною **каймой**
        Распустились **кисти**
        Белой **бахромой**.

И стоит берёза
В сонной тишине,
И **горят** снежинки
В золотом огне.

        А заря, **лениво**
        Обходя кругом,
        Обсыпает ветки
        Новым серебром.

Б. Прочитайте стихотворение ещё раз и ответьте на вопросы.

1. Почему Есенин называет берёзу белой?

2. Что означает выражение «сонная тишина»?

3. Почему ветки у берёзы пушистые?

4. Что автор называет «новым серебром»?

5. Что Есенин называет золотым огнём?

В. **1) Выберите правильный вариант ответа.**

1. Берёза зимой ☐ .

    а) зелёная
    б) белая
    в) сонная

3. Ветки у берёзы ☐ .

    а) золотые
    б) пушистые
    в) ленивые

2. Дерево покрыто ☐ .

    а) огнём
    б) бахромой
    в) снегом

4. Заря идёт ☐ .

    а) вокруг берёзы
    б) к берёзе
    в) около дома

---

[2] Есе́нин Сергей Александрович (1895–1925) — русский поэт.

2) Ознакомьтесь с информацией §1 А «Образование возвратных глаголов» раздела 1 рабочей тетради.

3) Выполните задания 1, 3, 5, 6 (рабочая тетрадь, с. 8—9, 10—13).

Г. Рассмотрите фото берёзы (ЭР, кадр 25); опишите свои впечатления от зимнего пейзажа. Употребляйте глаголы со значением эмоционального состояния.

Д. Выучите стихотворение наизусть, расскажите его в группе.

ЗАДАНИЕ 3.

А. 1) Работайте в парах. Прочитайте рассказы А. Тумбасова[3] и выпишите из текста выделенные слова. Определите по словарю их значения. Письменно ответьте на вопросы.

Первый собеседник

Бабочка

Очнулась бабочка и стала **кружить** над поляной. Но повсюду была только серая **прошлогодняя** трава. Покружила она и, не найдя первоцветов, села на яркую оранжевую книжку, оставленную детьми.

1. Какое время года описано в тексте?
2. Почему бабочка села на книжку?
3. Кто оставил книгу на улице?

Второй собеседник

Взгляд

Глаза **выражают** настроение человека, от этого и разный взгляд: то суровый, то **печальный**, то ласковый или добрый. А у солнышка бывает **радужный**! Глянуло солнце на тучу, **пролившую** дождь, и вот тебе — радуга.

1. Почему текст называется «Взгляд»?
2. Почему взгляд бывает разный?
3. Чьё настроение выражает радуга?

2) Расскажите друг другу содержание прочитанных текстов и выразите своё отношение к описанию природы в них.

_____

[3] Тумбасов Анатолий Николаевич (1925—2001) — журналист, заслуженный художник России.

Б. Слушайте рассказ А. Тумбасова «На лугу». Вписывайте пропущенные слова.

На лугу

Цветов-то на некошеном лугу! Белые, розовые, голубые, ... , синие — всякие цветы пестрят и как будто .... перекричать друг друга. Но не голосом, конечно, — красками. Это каждый цветок заявляет .... и зовёт: «Летите ко мне!» Пчёлы, шмели, ... летят.

В. Послушайте текст ещё раз и ответьте на вопросы.

1. О каком времени года идёт речь?
2. Что означает выражение «некошеный луг»?
3. Почему цветы пестрят?
4. Что значит «перекричать друг друга»?
5. Пчёлы, шмели и бабочки — кто это?

Г. Напишите небольшой рассказ о том, какое лето у вас на родине.

ЗАДАНИЕ 4.

А. В предыдущем задании вы познакомились с рассказами журналиста А. Тумбасова, который также был художником. Рассмотрите его картину «Мелодия осени» (ЭР, кадр 26) и устно опишите её.

Б. 1) Послушайте текст «Картина И.И. Шишкина "Дубовая роща"», отметьте верные и неверные высказывания.

	да	нет
1. «Дубовая роща» написана русским художником.	☐	☐
2. И.И. Шишкин создал её в 1887 году.	☐	☐
3. Автор рисовал этюды двадцать лет.	☐	☐
4. На картине можно увидеть широкое поле.	☐	☐
5. В изображении мало солнца.	☐	☐
6. Природа показана как символ жизни.	☐	☐

2) Послушайте текст ещё раз и запишите наиболее значимую информацию.

3) Рассмотрите картину И.И. Шишкина «Дубовая роща» (ЭР, кадр 27) и устно опишите её. Используйте свои записи.

В. 1) Подберите синонимы к словам. Проверьте себя по словарю.

1) рисовать   а) движение
2) художник   б) мотив
3) картина   в) чувства
4) эмоции   г) живописец
5) тема   д) писать
6) динамика   е) полотно

2) Объясните значение словосочетаний.

ансамбль композиции и света, природа велика, русский лес, символ гармонии, этюды к полотну

3) Дополните предложения словосочетаниями в нужной форме.

внутреннее движение, замечательная картина, любимый мотив, многолетняя работа, настоящий шедевр

1. Русский художник-маринист Иван Айвазóвский написал шесть тысяч картин, и все они посвящены морю. Его .... поражают своими размерами, колоритом красок и сложностью композиции.

2. В музее-заповеднике города Тулы можно увидеть картину Василия Полéнова «Золотая осень», на которой он изобразил .... души русской природы.

3. Русский живописец Константин Корóвин после своей .... говорил, что пейзаж должен быть звуком, отвечающим сердечным чувствам.

4. .... известного мастера живописи Алексея Саврáсова была русская природа.

5. Произведения художника Константина Юóна считаются .... русского изобразительного искусства.

Г. Расскажите о любом современном художнике и об одной из его картин. Почему вы выбрали этого художника? Чем интересно его творчество? Какие картины он написал? Какой теме посвящены его работы? В каком стиле он пишет картины? Какая из его работ самая известная? Что на ней изображено? Какое произведение вам нравится / не нравится?

А. Восстановите текст о картине И.И. Левитана, вставьте нужные предлоги.

1. Русский художник XIX века Исаак Ильич Левитан был талантливым живописцем и настоящим мастером пейзажей. Он очень любил природу и .... уважением относился .... тем местам, где провёл своё детство и юность, ведь .... это время .... его жизни происходили интересные и сложные события.

2. Большинство картин Левитана требовательные критики называют шедеврами. Художник не просто копировал природу, но вкладывал .... них часть своей души.

3. Картина «......................... лесу осенью» написана пастельными, то есть не яркими, не сочными тонами. Это помогает понять замысел художника, его философский взгляд .... мир природы.

4. .... картине изображён пейзаж, характерный .... осенних русских лесов. .... переднем плане — зелёная поляна, хотя, скорее всего, уже наступил октябрь, потому что листья .... тополях жёлто-оранжевые. .... лесу есть и вечнозелёные хвойные деревья, которые так любил писать И.И. Левитан.

5. Солнце ещё светит, но его лучи не такие жаркие, как летом. Небо голубое и чистое, значит, ... лесу стоит хорошая погода.

6. Животных .... картине нет. Им некогда греться .... ласковом осеннем солнце, они сейчас заняты другими делами, ведь скоро начнутся заморозки, и надо запастись пищей.

7. И мы можем представить себе такую картину: .... тёплый осенний день художник взял мольберт и краски и поехал .... город, чтобы оставить людям прекрасную картину, ... которой природа потихоньку засыпает и готовится .... зиме.

Б. Прочитайте восстановленный текст и укажите, каким частям текста соответствуют данные вопросы.

☐ Какая погода стоит в лесу?
☐ Какие деревья любил рисовать Левитан?
☐ Когда художник поехал в лес?
☐ Почему критики называют его картины шедеврами?
☐ Есть ли на картине лесные звери?
☐ Как художник относился к природе?
☐ В каких тонах написана картина?

В. 1) Работайте в парах.
Первый собеседник: задайте другу приведённые выше вопросы согласно логической последовательности текста.
Второй собеседник: ответьте на вопросы друга.

2) Рассмотрите картину И. Левитана «В лесу осенью» (ЭР, кадр 28). Расскажите в блоге о том, что вы ходили в музей и видели эту картину. Опишите картину, поделитесь своими впечатлениями о ней.

Г. Послушайте текст «Исаак Левитан» и выберите правильный вариант ответа.

1. Художник родился в ☐ семье.
   а) богатой и интеллигентной
   б) старинной интеллигентной
   в) бедной, но интеллигентной

2. В юности И. Левитан остался без денег, потому что ☐ .
   а) у него не было друзей
   б) его семья переехала
   в) его родители умерли

3. Полотна художника всегда были ☐ .
   а) рациональными
   б) эмоциональными
   в) бездушными

4. В своих картинах Левитан почти всегда изображал ☐ .
   а) животных
   б) человека
   в) природу

5. Чехов и Левитан познакомились, когда ☐ .
   а) стали известными
   б) были студентами
   в) учились в школе

6. Они воспринимали мир ☐ .
   а) одинаково
   б) по-разному
   в) безразлично

Д. Послушайте текст ещё раз и восстановите порядок упоминания в нём информации.

☐ 25 лет   ☐ 40 лет
☐ 12 лет   ☐ 1860 год
☐ 1900 год   ☐ 17 лет

ЗАДАНИЕ 6.

 1) Рассмотрите репродукции картин Б.М. Кусто́диева[4] и А.И. Куи́нджи[5] (ЭР, кадры 29, 30); прочитайте описание их картин.

1. На картине изображён уголок природы после дождя. На ней художник **запечатлел** наиболее эффектное природное явление: над землёй, над **изумрудной** травой появилась **разноцветная** радуга, которая **изогнулась**, как воздушный мост. **Мастерское** использование цвета позволяет художнику показать всю глубину воздушного пространства. Автор даёт почувствовать удивительное настроение покоя и **восторга** перед природой, а также веру в её неизменную красоту.

2. Автор этой картины **искажает** пространство, что говорит о нём как о художнике-модернисте. Яркая **синева** неба соединяется с рекой. Такому голубому цвету **уступает** даже сочная зелень деревьев. Необыкновенно красивая радуга занимает центр полотна. Кроме изображения летней природы можно увидеть картину деревенской жизни: купаются в реке женщины, спешат на **пожар** крестьяне, **пасёт** корову пастух. Иными словами, люди являются частью природы.

2) Обсудите, какое описание соответствует картине Б.М. Кустодиева «После грозы», а какое — картине А.И. Куинджи «Радуга».

Б. Определите по словарю значения выделенных в тексте слов.

В. Напишите небольшой рассказ-описание по одной из картин. Пользуйтесь своими записями.

ЗАДАНИЕ 7.

 1) Ознакомьтесь с информацией и назовите средства описания природы.

Природа изображается не только в литературе и живописи. Кинематограф и музыка также могут быть средствами её описания. Повесть А.С. Пушкина «Метель» является таким примером: это литературное произведение было экранизировано, музыку к фильму написал русский композитор Георгий Свиридов. В повести представлена романтическая история о молодой женщине, её любви.

2) Прочитайте отрывок из повести А.С. Пушкина «Метель», определите по словарю значения выделенных в тексте слов и словосочетаний.

Но **едва** Владимир[6] выехал за **околицу** в поле, как поднялся ветер и сделалась такая метель, что он ничего не взвидел. В одну минуту дорогу **занесло**; **окрестность** исчезла во **мгле мутной** и желтоватой, сквозь которую летели белые

---

[4] Кусто́диев Борис Михайлович (1878–1927) — русский художник.
[5] Куи́нджи Архип Иванович (1841–1910) — русский художник.
[6] Герой повести, который ехал к своей невесте во время метели.

хлопья снега; небо **слилось** с землёю. Владимир **очутился** в поле и напрасно хотел снова попасть на дорогу; лошадь ступала наудачу и то въезжала на **сугроб**, то проваливалась в **яму**; сани **опрокидывались**; Владимир старался только не потерять настоящего направления. Владимир ехал полем, **пересечённым** глубокими **оврагами**. Метель не утихала, небо не прояснялось. Лошадь начинала уставать, а с него **пот катился градом**, несмотря на то что он поминутно был по пояс в снегу. Наконец он увидел, что едет не в ту сторону.

3) Определите, к какой части речи относятся данные слова. Проанализируйте их структуру и подберите к ним однокоренные слова. Объясните значения слов; проверьте себя по словарю.

взвидеть ....

желтоватый ....

занести (дорогу) ....

окрестность ....

поминутно ....

проясняться ....

снова ....

утихать ....

4) Объясните человеку, который не был в северных странах, что такое метель как природное явление. Опишите метель.

 Б.

1) Посмотрите фрагмент из фильма «Метель». Скажите, удалось ли режиссёру и композитору передать содержание литературного текста.

2) Напишите небольшой рассказ о том, что вы увидели в эпизоде фильма.

ЗАДАНИЕ 8.

А. 1) Прочитайте фрагмент статьи искусствоведа А. Майкапáра из журнала «Искусство». Согласны ли вы с утверждением, что музыка может изобразить то, что нельзя выразить словами. Употребляйте выражения:

я думаю, что; наверное; я (не) согласен/согласна с тем, что; я (не) уверен в том, что; я не разделяю мнения о том, что

Музыка — **непосредственный** (1) язык человеческой души, в этом её главная **прелесть** (2) и **магическая** (3) сила. Музыка раскрывает то, что другими средствами нельзя или почти нельзя **выразить** (4). Как поэт описывает природу словами, а художник изображает красками, так композитор выражает свои мысли и чувства звуками. Русский композитор XIX века Пётр Ильич Чайковский — автор цикла фортепианных произведений под названием «Времена года». Эти **трогательные** (5) пьесы показывают **естественную** (6) русскую природу, какой она бывает в разные сезоны. Музыка и природа создают музыку природы.

2) Подберите к выделенным в тексте словам синонимы. Впишите ответы в пустые клеточки.

☐ а) показать

☐ б) чувствительный

☐ в) красота

☐ г) прямой

☐ д) натуральный

☐ е) волшебный

Б. **1) Послушайте пьесу П.И. Чайковского «Апрель» из цикла «Времена года». Скажите, какие приметы весны отражены в музыке.**

2) Прочитайте текст по мотивам рассказа К.Д. Ушинского[7] «Весна». Определите по словарю значения выделенных слов.

Как только с полей и лесных **полян** сходит снег, из-под старых листьев начинает **пробиваться** зелёная трава. Природа **пробуждается**, **щедро** светит солнце, тает снег, бегут **ручейки**. Маленькая лесная птичка пьёт **талую** воду из **лужи**, а затем радостно летит в небо. Появляются первые **подснежники**, которые напоминают о том, что зима ушла.

3) Скажите, о каких признаках весны говорится в тексте.

В. **1) Ознакомьтесь с информацией. Какие сравнения использовал поэт и почему?**

В качестве эпиграфа к своему музыкальному произведению композитор Чайковский выбрал стихотворение «Весна» Аполлона Майкова[8]. В его стихотворении подснежник сравнивается с надеждой, а растаявший снег — с уходящими несчастьями.

2) Прочитайте стихотворение А.Н. Майкова, выучите его наизусть и расскажите в группе.

Весна

Голубенький чистый
Подснежник-цветок!
А подле сквозистый
Последний снежок…

Последние слёзы
О горе былом
И первые грёзы
О счастье ином…

---

[7] Уши́нский Константин Дмитриевич (1823–1870) — русский педагог и писатель.
[8] Ма́йков Аполлон Николаевич (1821–1897) — русский поэт.

А. Скажите, может ли человек считаться образованным и современным, если он не читает классику, никогда не был в музее и не любит классическую музыку.

Б. 1) Послушайте полилог участников ток-шоу, в котором представлены мнения разных людей по этому вопросу, и найдите соответствие.

Юлия, 22 года,
студентка

Иван, 21 год,
строитель

Ростислав, 26 лет,
системный
администратор

1. Надеется попасть в музей, когда будет на пенсии.

2. Любит ходить на рок-концерты.

3. Считает, что не любить и не понимать классику стыдно.

4. Не любит читать книги.

5. Собирается петь в опере.

6. Ходит в молодёжный клуб.

2) Послушайте полилог ещё раз и выберите правильный вариант ответа.

1. Ваня читал романы ☐ .

    а) в школе
    б) на стройке
    в) на стадионе

2. Юлия собирается стать ☐ .

    а) художницей
    б) певицей
    в) писательницей

3. Завтра Ростислав пойдёт на ☐ .

    а) выставку
    б) концерт
    в) пенсию

3) Выразите своё отношение к мнениям участников полилога. Употребляйте выражения:

я согласен /согласна с …; он / она прав(-а);
в общем, это правильно, но; да, но всё-таки

Ток-шоу
МНЕНИЯ

А. 1) Прочитайте слова и определите по словарю их значения. К какой части речи они относятся? От каких слов они образованы?

безжалостный, васильковый, дружный, задумчивый, засушливый, звёздный, знойный, жгучий, искристый, иссушающий, колючий, ласковый, ненастный, поздний, порывистый, пронизывающий, пушистый, раскалённый, серебристый, стремительный, студёный, суровый, урожайный, хрустальный

2) Установите, с какими из данных существительных их можно употребить. Запишите все возможные словосочетания.

весна, ветер, зима, лето, небо, осень, снег, солнце

3) Скажите, в каких составленных вами словосочетаниях есть эпитеты. Допишите по 2–3 эпитета эпитета к данным в п. 2) существительным, используйте он-лайн словарь (http://www.onlinedics.ru/slovar/epitet).

Эпитет – художественная характеристика предмета или явления, с помощью которой автор создаёт его образ или выражает отношение к нему. В качестве эпитетов обычно используют прилагательные.

Например: **золотая** осень

Б. Рассмотрите фото с изображением времён года (ЭР, кадры 1–13). Опишите их, используя составленные вами словосочетания.

В. Попробуйте себя в роли писателя, напишите сочинение: «Самое любимое время года», «Что я думаю о русской зиме», «Времена года в моей стране». Используйте лексику урока.

МОДУЛЬ

РОССИЯ И РОССИЯНЕ

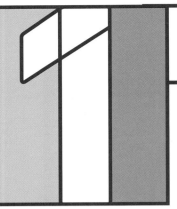

МЕЖДУ ЕВРОПОЙ И АЗИЕЙ

- Активные и пассивные причастия: значение и образование.
- Значения возвратных глаголов.
- Сложные прилагательные со значением признака лица.

ЗАДАНИЕ 1.

 А. 1) Рассмотрите карту России (ЭР, кадр 31), найдите на ней Уральские горы.

2) Прочитайте статью из энциклопедии. Отметьте данные после текста верные и неверные высказывания.

Урал находится почти в центре России. Урал — это горы и территории, **примыкающие** к ним. Народы Урала имеют очень древнее **происхождение**; по мнению археологов, эти земли были **заселены** уже десять тысяч лет назад.

Сегодня здесь проживают люди ста национальностей. Кроме **коренных** народов, к которым относятся ненцы, ханты, манси, коми, удмурты, башкиры, татары, Урал **населяют** русские, марийцы, чуваши, мордва, украинцы. Сегодня невозможно поделить народы, живущие на Урале, на коренных и **некоренных** его жителей.

В прошлом этот регион был **малодоступным** для европейцев. Морской путь к Уралу **пролегал** по очень суровым и опасным северным морям. Но и по **суше** сюда нелегко было **добраться** из-за **дремучих**, **непроходимых** лесов.

Культурные традиции уральского населения не один век развивались в атмосфере **самобытности**. Пока в середине XVI века Урал не вошёл в состав Российской империи, большинство местных народов не имело собственной **письменности**. Однако позже, в результате **переплетения** национальных языков с русским, многие представители коренного населения стали **полиглотами**, знающими по три-четыре языка.

Устные предания народов Урала **полны** таинственных сюжетов. В основном они связаны с культом гор и пещер, ведь Урал — это, прежде всего, необычные горы — **кладовая полезных ископаемых** и **самоцветов**. Как сказал один уральский шахтёр, «всё на Урале есть, а если чего нет, то, значит, ещё не **дорылись**».

	да	нет
1. Люди поселились на Урале недавно.	☐	☐
2. На этой территории проживает много разных народов.	☐	☐
3. На Урал всегда можно было легко добраться.	☐	☐
4. У народов Урала единая культура.	☐	☐
5. В Уральских горах много полезных ископаемых.	☐	☐

Б. 1) Определите по словарю значения выделенных слов.

2) Дополните предложения.

1. Народы Урала имеют древнее ....
2. Сегодня Урал населяют .... и .... жители.
3. Раньше Урал был .... для путешественников.
4. У большинства народов Урала долгое время не было ....
5. Уральские горы — это .... и ....

В. **1) Прочитайте текст ещё раз и восстановите порядок упоминания в нём информации.**

☐ Сегодня народы Урала говорят на нескольких языках.

☐ Урал — территория интернациональная.

☐ Люди на Урале появились за восемь тысяч лет до новой эры.

☐ В Уральских горах добывают самоцветы.

☐ Путешественники добирались на Урал по северным морям.

2) Перескажите текст.

Г. **Рассмотрите фото с изображением Уральских гор (ЭР, кадры 32–33) и опишите их. Употребляйте слова и словосочетания:**

великолепный пейзаж, густая растительность, камень, каменистый, крутые склоны, обрывистые берега, скала, скалистый

ЗАДАНИЕ 2.

А. Слушайте текст и вписывайте пропущенные слова.

Традиции народов южного Урала

Уральские горы расположились на многие .... километров. Этот регион на севере выходит к берегам Северного Ледовитого океана, а на юге — к .... Казахстана. Поэтому северный и южный Урал могут рассматриваться как два разных региона. У них различны не только географические условия, но и образ жизни .... Самый многочисленный коренной народ южного Урала — башкиры.

Некоторые традиции этого народа .... и сегодня. Одна из главных традиций — гостеприимство. Башкиры всегда .... любому гостю. На стол поставят лучшие угощения, а при расставании подарят сувенир. Для гостя же существует только одно правило: оставаться в доме .... трёх дней.

Любовь к детям, желание иметь семью — также крепкая традиция башкирского народа. Они очень .... старших. Главными членами их семей считаются дедушки и бабушки. Башкиры должны знать имена .... семи поколений.

Это только некоторые из национальных башкирских традиций, но они говорят о том, что каждый народ самобытен.

Б. **Послушайте текст ещё раз и ответьте на вопросы.**

1. К какому океану выходят Уральские горы на севере?
2. К границе какой страны доходят эти горы на юге России?
3. Почему северный и южный Урал — два разных региона?
4. Что вы узнали о гостеприимстве башкир?
5. Какое правило существует для гостей?
6. Какие национальные традиции есть у башкирского народа?

В. 1) **Рассмотрите фото, изображающие башкирский праздник Сабантуй (ЭР, кадры 34—36) и устно его опишите. Употребляйте выражения:**

на фото я вижу людей, которые; на фото изображены люди, которые; на фотографии изображены люди, которые...

2) **Прочитайте текст и установите, каким выделенным в тексте словам соответствуют приведённые после текста слова и словосочетания.**

Сабантуй

Праздник Сабантуй

Свой национальный праздник Сабантуй башкиры отмечают весной, после окончания **полевых** (1) работ. Это праздник труда и дружбы, недаром его название происходит от слов сабан — плуг и туй — праздник. Во время Сабантуя **положено** (2) петь, смеяться и веселиться. Его отмечают повсюду, где есть башкирские диаспоры: в Поволжье, Сибири, Польше, Финляндии и даже в Канаде. И везде это очень весёлый праздник! В его традициях и **обильное** (3) угощение (однако алкоголь у мусульманских народов запрещается), и концерты, и спортивные игры, и **национальные** (4) танцы до утра. Увлекательное соревнование на Сабантуе — конные **скачки** (5). В них обязательно участвуют молодые парни, которые хотят жениться. Ведь любимая девушка сможет стать женой при условии, если мужчина **обгонит** (6) наездницу на своём коне.

☐ а) окажется первым в движении вперёд
☐ б) необходимо, принято
☐ в) сельскохозяйственные
☐ г) быстрая езда на лошадях
☐ д) разнообразное и в большом количестве
☐ е) народные

3) Расскажите, что вы узнали о празднике Сабантуй; используйте фото (ЭР, кадры 34—36) и выделенные в тексте слова.

Г. Расскажите о самом любимом празднике вашего народа.

ЗАДАНИЕ 3.

А. 1) Дополните текст данными словами в нужной форме:

вдоль, два-три, крыша, материальный, наводнение, принести, произвольно, располагаться

В начале XV века на Урале возникли первые русские поселения. Русские **переселенцы** (1) .... на Урал культурные традиции тех территорий, откуда они приходили. Так, вместе с выходцами из Поморья[1] на Урал попали элементы .... культуры Русского Севера.

Поселения (2) поморов на северном Урале представляли собой очень маленькие деревни, всего из .... дворов. Они .... по берегам больших рек или около мелких речек, иногда на берегах озёр. Русские выбирали для строительства высокие места, чтобы дома не пострадали во время .... Окна выходили на восток, к солнцу.

Поселения в южных районах были более крупными, чем на севере, и возникали на **сухопутных** (3) дорогах. При строительстве учитывались только конкретные природные условия, а сами **усадьбы** (4) располагались .... Со временем дома стали строить в одну-две улицы .... реки или дороги. Каждая усадьба была огорожена **забором** (5).

Дворы на северном Урале, как правило, делали **крытыми** (6), они имели общую .... с домом. На юге, в районах с более мягким климатом, необходимости в крытых дворах не было.

---

[1] Поморье — северная часть европейской территории России (первоначально по берегу Белого моря).

2) Соотнесите выделенные в тексте слова с определениями, данными ниже. Впишите ответы в пустые клеточки.

☐ а) проходящий по сухой земле

☐ б) имеющий крышу

☐ в) тот, кто приехал из других мест

☐ г) то, что ограничивает территорию

☐ д) дом с хозяйственными постройками

☐ е) населённый пункт

Б. Прочитайте дополненный текст и соотнесите вопросы с его частями. Пронумеруйте вопросы и ответьте на них согласно логической последовательности текста.

☐ Почему русские строили дома на высоких местах?

☐ Откуда на Урале появилась культура Русского Севера?

☐ Зачем на северном Урале делали крышу над двором?

☐ Что учитывалось при строительстве домов на юге?

☐ Почему окна в домах выходили на восток?

☐ На каких дорогах возникали поселения юга Урала?

В. Составьте небольшой письменный рассказ о следах материальной культуры поморов на Урале. Начните рассказ так:

Русские селились на Урале уже в XV веке

Прочитайте и обсудите ваш текст на занятии.

ЗАДАНИЕ 4.

А. **1)** Определите по словарю значения слов и составьте с ними словосочетания. Запишите их.

глава (семьи), допускать(ся), женатый, жених, невеста, оказываться, подчинять(ся), родственник, слушать(ся), уклад, хозяйство

....

....

....

....

....

2) Дополните статью по этнографии подходящими по смыслу словами из п. 1) в нужной форме.

Исторически сложилось, что у русского населения Урала были большие семьи, состоящие из родителей и детей. Но было и немало неразделённых семей, в которые входили родители, их .... дети и внуки.

Родные братья с жёнами и детьми, проживавшие под одной крышей, составляли братские семьи. Неразделённые и братские семьи считались богаче других, так как в большой семье, имевшей много рабочих рук, легче было заниматься ....

Главой отдельной семьи был муж, в неразделённой семье — дед, в братской — старший брат. Однако важных решений без жены и детей мужчины не принимали. Когда выбирали .... или жениха, то собирали семейный совет, в котором участвовали близкие .... , жившие рядом или приглашённые из других селений.

Семейный.. башкир, татар и других исламских народов, населявших Урал, ... законам ислама, по которым женщина была значительно ограничена в правах и поэтому во всём .... мужа. В таких семьях допускалось многожёнство.

Многожёнство встречалось и у язычников уральского Севера — ненцев, манси, хантов, коми.

Б. **Прочитайте дополненный текст и ответьте на вопросы.**

1. Кто входил в состав неразделённой семьи?
2. Почему братские семьи были богатыми?
3. Кто считался главой в неразделённой семье?
4. Какая религия определяла жизнь татар?
5. Какие народы северного Урала допускали многожёнство?

В. **Расскажите об укладе жизни народов Урала. Употребляйте словосочетания:**

важные решения, заниматься хозяйством, исторически сложилось, лишить прав, неразделённая семья, родные братья, семейный уклад

Г. **1) Ознакомьтесь с информацией раздела 3 рабочей тетради.**

2) Выполните задания 1—9 раздела 3 рабочей тетради (с. 71—81).

3) Выпишите из текста причастия и охарактеризуйте их. Преобразуйте предложения с причастными оборотами в сложные предложения со словом который.

А. 1) Слушайте текст и вписывайте пропущенные слова.

Что ели уральцы в старину

В старину уральцы ели много хлеба, пирогов и блинов. Они любили кашу и пили много .... **Начинкой** для пирогов служили мясо, рыба, овощи, **творог** и **грибы**. Обычной горячей **пищей** были мясные супы с .... Мясо варили и **жарили**. Мусульмане не употребляли в пищу свинину. Православные не ели мяса во время **поста**. Рыбой **питались повсеместно** и ели её в больших .... Ели свежую, солёную и сушёную рыбу. Очень любили рыбную **икру**. Овощи, грибы, **ягоды**, **орехи** дополняли рацион .... Урала. Из напитков любимыми были **квас**, пиво и варёный **мёд**. В XVII веке на Урале, как и по всей России, получил распространение .... , который привозили из Китая.

2) Выпишите из текста выделенные слова и определите по словарю их значение.

Б. Послушайте текст ещё раз и выберите правильный вариант ответа.

1. В старину уральцы в больших количествах ели ☐ .
   а) пироги, блины, творог
   б) блины, пироги, хлеб
   в) кашу, хлеб, молоко

2. На обед они обычно готовили ☐ .
   а) рыбный суп и овощи
   б) кашу с жареным мясом
   в) мясной суп с овощами

3. По всей территории Урала люди ели много ☐ .
   а) грибов
   б) орехов
   в) рыбы

4. Из Китая на Урал привозили ☐ .
   а) чай
   б) квас
   в) мёд

В. Расскажите о том, как питались на Урале в старину.

Г. Подготовьте сообщение и презентацию к нему на тему «Русская еда, которая мне нравится».

ЗАДАНИЕ 6.

А. 1) Определите по словарю значения слов и составьте с ними словосочетания.

владения, дворянин, изобретение, кулинария, купец, пожаловать (что? кому?), промышленник, след, ценный

2) Послушайте рассказ о семье Строгановых и дайте ему название.

....

3) Выберите правильный вариант ответа.

1. Купцы Строгановы стали дворянами в ☐ веке.
   а) XVI
   б) XVII
   в) XVIII

2. У семьи Строгановых на Урале были ☐ владения.
   а) огромные
   б) небольшие
   в) маленькие

3. Когда Строгановы стали дворянами, они ☐ .
   а) читали литературу
   б) собирали коллекции
   в) рисовали картины

4. Строгановы интересовались ☐ .
   а) только кулинарией
   б) только искусством
   в) и тем и другим

Б. 1) Послушайте рассказ ещё раз и исправьте предложения, содержащие неверную информацию.

1. Семья Строгановых жила в Сибири.

....

2. Строгановы всегда были дворянами.

....

3. Иван Грозный жил в XVI веке.

....

4. Эта семья не интересовалась культурой.

....

5. По профессии граф Строганов был поваром.

....

2) Работайте в парах.

Первый собеседник: расскажите, какой текст вы слушали на уроке, о ком этот текст, что вас заинтересовало в нём и почему.

Второй собеседник: задайте вопросы по содержанию текста.

ЗАДАНИЕ 7.

А. **1)** Прочитайте уральскую легенду о пяти пальцах и выпишите из текста выделенные слова. Определите по словарю их значения и подберите к ним однокоренные слова.

У народов, **населяющих** Урал, есть легенда о пяти пальцах. Большой палец — это символ бога-отца, который даёт тебе жизнь. **Указательный** палец символизирует семью, род, нацию, и жить надо так, чтобы никто не указывал на тебя пальцем, то есть не говорил о тебе ничего плохого. Средний палец — это родители, дедушки и бабушки, которые воспитывали и учили тебя быть настоящим человеком. Поэтому и уважение к ним — **обязанность** детей. Четвёртый, или **безымянный**, палец — дети. Они должны почитать бога, любить свой народ и уважать старших. Какими они вырастут, зависит от родителей, недаром на этом пальце носят **обручальное** кольцо. Пятый — мизинец, без других четырёх пальцев он ничто. Одним мизинцем не удержать лопату, ложку, иголку. Вот этот маленький палец и есть ты.

2) Дополните предложения словами, обозначающими пальцы руки.

1. Бога символизирует .... палец руки.

2. Одним .... работать нельзя.

3. .... палец означает предков.

4. На .... пальце носят обручальное кольцо.

5. .... палец имеет отношение к семье, роду и нации.

Б. Перескажите легенду о пяти пальцах.

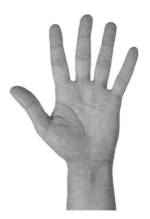

В. 1) Вы получили письмо от своего русского друга, который живёт на Урале и приглашает вас в гости. Прочитайте это письмо, обратите внимание, как оформляются личные письма, написанные от руки.

Привет, Ахмед!

Спасибо за твоё письмо. Ты пишешь, что осенью к тебе приезжали родители, рад, что ты встретился с ними.

Ахмед, скоро зимние каникулы, и если у тебя нет других планов, приезжай ко мне в гости. Зимой на Урале очень красиво, можно кататься на лыжах, поехать на экскурсию в горы. Если решишь приехать, сообщи, когда прилетишь и каким рейсом, я тебя встречу. Моя мама будет рада тебя видеть. Она спрашивает, какую еду ты любишь, ешь ли ты мясо, нужен ли тебе телевизор и в какой комнате предпочитаешь жить — там, где теплее или где прохладнее.

Скажи, сколько времени ты у нас пробудешь? А если от каникул останется несколько дней, может быть, поедем куда-нибудь вместе? Например, в Сочи, там тоже хорошо зимой, хотя тепло, и нет снега.

Жду твоего ответа и жму руку.

5 января 2017 г.

Дима

2) Ответьте на вопросы.

1. Когда к Ахмеду приезжали родители?

2. Куда его приглашает Дима?

3. Почему мама Димы интересуется, что любит Ахмед?

4. В какой город Дима планирует поехать вместе с другом?

3) Прочитайте письмо ещё раз и напишите ответ от имени Ахмеда, в котором вы благодарите за приглашение, сообщаете, когда сможете приехать, отвечаете на другие вопросы.

ЗАДАНИЕ 8.

А. Ознакомьтесь с информацией из туристической брошюры. Скажите, что вы узнали о климате, природе и промышленности Урала, и предположите, как влияют эти факторы на жизнь и характер уральцев. Употребляйте выражения:

вероятно; возможно; наверное; мне кажется

Климат на Урале нелёгкий: короткая весна, прохладное лето и очень морозная зима, которая на севере длится почти полгода. Природа тоже суровая: горы, таёжные леса, дикие звери. Однако здесь построено немало крупных городов с современной инфраструктурой, развита тяжёлая промышленность, есть много металлургических заводов, различных концернов, нефтяных вышек и шахт.

Б.

1) Прочитайте статью из журнала «Люди Урала» и скажите, соответствует ли биография и личные качества Анатолия Марчевского вашим представлениям о людях Урала. Почему? Употребляйте выражения:

я представлял себе, как; мне казалось, что; но я понял, что

Анатолий Марчевский двадцать лет работает директором цирка города Екатеринбурга. Он очень хороший и грамотный менеджер — под его руководством цирк стал лучшим в России. Но по профессии Анатолий Павлович клоун и выступает на манеже уже сорок лет.

Он рано стал сознательным и самостоятельным: надо было помогать маме, и мальчик в четырнадцать лет пошёл работать на шахту. Работа шахтёра — физическая и крайне тяжёлая. Анатолий был очень трудолюбивый, мечтал об учёбе в радиотехническом колледже, а о профессии артиста никогда не думал. Но рядом с его домом был Дворец культуры, в котором работал народный цирк. Любознательный парень решил посмотреть, что это такое и чем там занимаются.

Здесь и проявились его артистические способности. В восемнадцать лет его приняли в творческий коллектив «Цирк на сцене». Цирк очень увлёк молодого артиста, он решил сделать его своей профессией. Для этого поступил в училище циркового и эстрадного искусства и через несколько лет с отличием закончил учёбу. Он был акробатом, жонглёром и эквилибристом. Без опыта такой работы не смог бы родиться замечательный клоун и целеустремлённый профессионал. Но Анатолий хотел развиваться дальше, ставить цирковые представления, поэтому пошёл в Институт театрального искусства.

Клоун Марчевский быстро понял, какая это чудесная профессия — приносить радость людям, ведь цирк дарит детям сказку и возвращает в детство взрослых. А сам клоун получает удовольствие от того, что кому-то поднял настроение, кого-то развеселил, кого-то научил смеяться! Но у циркового клоуна есть и серьёзная задача: он помогает через смех понять жизнь. Поэтому клоун всегда немного философ.

Представления Марчевского пользуются большой популярностью, некоторые из них, например «Золушка» и «Приключения Карлсона в цирке», были признаны лучшими в России. Директор цирка и клоун Анатолий Марчевский знает, что цирк — это маленькое государство, в котором отражается действительность большого государства. Какая жизнь — такие и клоуны. И он старается сделать эту жизнь лучше!

2) Выберите правильный вариант ответа.

1. А.П. Марчевский работает в цирке ☐ .
    а) акробатом и клоуном
    б) жонглёром и клоуном
    в) директором и клоуном

2. В 14 лет Анатолий пошёл работать ☐ .
    а) на завод
    б) на шахту
    в) в цирк

3. Он мечтал учиться ☐ .
    а) в радиотехническом колледже
    б) в театральном институте
    в) в училище циркового искусства

4. Артист поступил в институт, так как хотел ☐ .
    а) быть эквилибристом
    б) ставить спектакли
    в) смешить зрителей

5. Задача циркового клоуна ☐ .
    а) только веселить людей
    б) часто беседовать с людьми
    в) через смех учить людей жизни

В. **1)** **Объясните, как вы понимаете значения приведённых слов. Охарактеризуйте с их помощью известных вам людей.**

Образец: **трудолюбивый** человек — человек, **который любит труд**.
                 Мой отец – трудолюбивый человек.

жизнелюбивый ....

миролюбивый ....

жизнерадостный...

любознательный..

работоспособный ....

целеустремлённый...

2) Выпишите из текста все возвратные глаголы.

3) **Ознакомьтесь с информацией §1 Б «Основные значения возвратных глаголов» раздела 1 рабочей тетради.**

4) Выполните задания 2, 4 (рабочая тетрадь, с. 10, 12).

5) Прочитайте текст ещё раз и ответьте на вопросы.

1. Сколько лет Анатолий Марчевский работает директором цирка?
2. Почему в юности он пошёл работать на шахту?
3. Как он попал во Дворец культуры?
4. Где началась его карьера клоуна?
5. Как он учился в цирковом училище?
6. Почему его спектакли стали лучшими в России?
7. Не мешает ли работа клоуна быть хорошим менеджером?

6) Разделите текст на смысловые части, озаглавьте их и выпишите опорные слова. Напишите в студенческую газету небольшую заметку «Лучший по профессии» о клоуне А. Марчевском. Пользуйтесь своими записями.

7) Прочитайте заметку в группе и обсудите её.

Г. **1) Послушайте полилог участников ток-шоу о людях Урала и соотнесите информацию с именами.**

☐ Владимир, физик

☐ Франческо, хозяин ресторана

1. Люди на Урале социально активные.

2. Здесь живут в мире с соседями.

3. Уральцы не боятся гор.

4. Жители Урала — драгоценный металл.

5. На Урале любят гостей.

☐ Марина, стюардесса

6. Они умеют дружить.

☐ Георгий, геолог

7. Люди на Урале помнят о своём долге.

8. На Урале у многих хорошее здоровье.

2) Расскажите о национальных особенностях людей, которые живут в вашей стране. Как вы можете объяснить эти особенности?

НА ТИХОМ ДОНУ

- ■ Виды глагола в прошедшем времени.
- ■ Виды глагола в инфинитиве.

ЗАДАНИЕ 1.

 1) Рассмотрите карту России (ЭР, кадр 31) и найдите на ней реку Дон. Скажите, где река берёт своё начало, где протекает и куда впадает.

2) Прочитайте текст об истории донского казачества и подберите к его частям данные ниже названия. Используйте ЭР, кадр 31.

1. В древнее время Донской край входил в состав **местности**, которая у греков называлась Скифией, у римлян — Та́наисом (по названию реки Танаис, нынешнего Дона), у римских историков I века н.э.* — Сарма́тией, у арабов — Каза́рией. В русских **летописях** XIV века этот край именовался Диким полем, а с середины XVI века московские цари называли эти земли Доном.

2. История Дона, Донского края тесно связана с историей донского казачества. В XV веке в степях Дона стали селиться **беглые** крестьяне из центральной России и Поволжья. Сюда приходили не только русские, но и жители других земель, однако все они считали себя русскими и **защитниками** Руси. Так здесь появились первые свободные люди, которых назвали казаками. Слово «казак» переводится с тюркского как **«вольный человек»**. Тех, кто селился на Дону, стали именовать донскими казаками, или донца́ми. Казаки были прежде всего воинами, всегда защищавшими Россию в трудные для неё времена.

3. Донские казаки чаще всего селились на речных островах. Такие поселения назывались казачьими городками, позже, в XVII веке, их стали называть станицами. Городок имел **четырёхугольную** или **овальную** форму. Вокруг него **насыпали** земляной **вал** и строили деревянные укрепления. Внутри располагались деревянные дома, в которых жили казаки.

☐ Формирование донского казачества.
☐ Первые поселения казаков.
☐ Древние названия Донского края.

3) Определите по словарю значения выделенных в тексте слов.

Б. **1)** Прочитайте текст ещё раз и восстановите порядок упоминания в нём информации.

☐ XVII век   ☐ XVI век
☐ XV век   ☐ I век н. э.
☐ XIV век

---

*нашей эры

2) Отметьте верные и неверные высказывания.

	да	нет
1. Римские историки называли Донской край Скифией.	☐	☐
2. В древности река Дон носила имя Сарматия.	☐	☐
3. На Дон приходили люди из разных областей России.	☐	☐
4. Донцы́ — одно из названий казаков на Дону.	☐	☐
5. Казаки постоянно жили на одном месте.	☐	☐

3) Ответьте на вопросы, употребляйте выделенные в тексте слова.

1. Кто стал селиться на Дону в XV веке?

2. Кем считали себя казаки?

3. В каких документах встречается название «Дикое поле»?

4. Что означает слово «казак»?

5. Где строили свои городки казаки?

6. Какую форму имели поселения донцо́в?

ЗАДАНИЕ 2.

А. **1) Слушайте рассказ экскурсовода и вписывайте пропущенные слова.**

Войсковой собор в Черкасске

Первыми казачьими .... были Раздорский и Монастырский. Главным был Монастырский. В 1643 году турецкое войско уничтожило его, и казаки .... заложить новый городок на Черкасском острове, назвали его Черкасском. Сегодня это станица Старочеркасская. С 1644 по 1805 год Черкасск был .... казачьего края. Несколько раз в городке случались сильные пожары; после одного из них на месте сгоревшего .... собора появился первый на Дону каменный храм — Войсковой собор Воскресения Христова. До наших дней он .... в том виде, в котором его построили казаки в начале XVIII века.

Воскресенский собор считается .... храмом на юге России. Его история связана с именем Петра I. По приказу царя для храма послали деньги, религиозные книги и церковную утварь. Пётр I и сам приезжал на .... и положил в стену будущего храма несколько камней. Особенной является живопись собора: она раскрывает систему христианского мировоззрения, но выполнена в .... манере. Аналогичной росписи в соборах России не существует. Воскресенский собор действует и сегодня.

2) Выберите правильный вариант ответа.

1. Первым главным городком казаков был ☐ .
   а) Черкасск
   б) Раздорский
   в) Монастырский

2. Черкасск был главным городом ☐ .
   а) в XVI веке
   б) в XVIII веке
   в) с 1644 года

3. Первый каменный храм на Дону построили ☐ .
   а) после пожара
   б) после войны
   в) в наши дни

4. Войсковой собор Воскресения Христова связан с именем русского царя ☐ .
   а) Ивана Грозного
   б) Петра Первого
   в) Николая Первого

5. Воскресенский собор в настоящее время ☐ .
   а) функционирует
   б) реставрируется
   в) не сохранился

Б. Рассмотрите фото с изображением Войскового собора (ЭР, кадры 37—38), расскажите, что вы узнали о его истории.

ЗАДАНИЕ 3.

А. **1) Прочитайте текст об истории донского казачества и определите по словарю значения выделенных слов.**

Временем образования донского казачества считается XVI век. Донские казаки были очень **храбрыми**, их основной задачей была нелёгкая военная служба. Казаки объединились в Войско Донское, защищавшее юг Российского государства от нападения воинственных **кочевников**. Казаки воевали за Россию и на других границах.

Каждый воин имел личное оружие и **верховую** лошадь. Казаки всегда любили лошадей. Они воевали на них, а в мирное время устраивали спортивные состязания. Конь для казака — первый друг, который шёл за своим хозяином в огонь и в воду. Когда казаки уплывали на корабле и бросали на берегу коней, те плыли вслед. Если хозяин **погибал**, конь **тосковал** и **голодал** несколько дней.

Когда муж возвращался из военного похода, его жена-казачка сначала кланялась коню и благодарила его, что не подвёл он в боях её супруга, что здоровым доставил домой. Поэтому любимой поговоркой казаков всегда была такая: казак без коня что солдат без ружья.

2) Составьте предложения.

1. Основная задача казака —
2. После похода жена благодарила
3. В мирное время казаки устраивали
4. Казак без коня —

а) конные состязания.
б) солдат без ружья.
в) лошадь казака.
г) военная служба.

Б. **1) Пронумеруйте вопросы согласно логической последовательности текста.**

☐ Почему казачка сначала здоровалась с конём, а потом с мужем?

☐ Для чего казаки создали Войско Донское?

☐ За что казаки любили лошадей?

☐ Что было главной задачей казаков?

2) Соотнесите вопросы, данные в п. 1), с ответами на них. Впишите номера соответствующих вопросов в пустые клеточки.

☐ а) Чтобы защищать границы государства.

☐ б) Военная служба.

☐ в) Потому что конь помог казаку выжить в бою.

☐ г) За верную дружбу.

3) Перескажите прочитанный текст.

В. Рассмотрите фото с изображением молодой казачки, напишите небольшой рассказ о девушке-казачке: придумайте ей имя и биографию.

А. 1) Слушайте рассказ экскурсовода о казачьем круге и вписывайте пропущенные слова.

Казачий круг

Главные **особенности** .... казачьей жизни — военная организация и демократические **порядки**. Все важные военные дела .... на общем собрании, которое называлось «казачий круг». На нём казаки рассматривали также хозяйственные вопросы: определяли помощь **вдовам** и **сиротам**, разбирали **жалобы**, ... виновных и принимали в казаки желающих вступить в общину. Круг собирался в каждой станице. Кроме того, был круг всего Войска Донского, **командир** которого — войсковой атаман. Его .... из самых **смелых** казаков. Он отвечал за дисциплину и порядок, ему подчинялись атаманы разных станиц и городков. У него хранилось **знамя**, с которым казаки шли в **бой**. А в бою сам атаман всегда был ....

Виктор Петрович Водолацкий, атаман

2) Прочитайте восстановленный текст. Определите по словарю значения выделенных в тексте слов.

3) Отметьте верные и неверные высказывания.

	да	нет
1. Демократия была основой казачьего общества.	☐	☐
2. На казачьем круге обсуждались не только военные вопросы.	☐	☐
3. В казачью общину не принимали новых членов.	☐	☐
4. Круг был не в каждом поселении казаков.	☐	☐
5. Войсковой атаман — самый храбрый казак.	☐	☐
6. В бою он всегда был позади остальных.	☐	☐

Б. 1) Расположите данные предложения в такой последовательности, чтобы получился связный текст «Воспитание будущих казаков».

☐ Мальчики с детства готовились к военной службе: ребёнка сажали на лошадь с двух лет.

☐ Военные игры были любимым занятием молодёжи, они помогали молодым казакам подготовиться к службе.

☐ Тринадцатилетние мальчики участвовали в скачках, которые проводились каждую осень после сбора урожая.

☐ Смелость, мужество, чувство товарищества, сила и ловкость — все эти качества воспитывались в казаках с раннего возраста.

☐ С семи лет детей учили стрелять.

2) Послушайте рассказ экускурсовода о воспитании будущих казаков и проверьте свои ответы.

3) Слушайте текст ещё раз и выписывайте слова, которые называют качества казака. Подберите к этим словам синонимы.

4) Работайте в парах.
Первый собеседник: вы пришли на экскурсию в музей казачества; расспросите экскурсовода о воспитании будущих казаков.
Второй собеседник: представьте себя в роли экскурсовода музея казачества и ответьте на вопросы экскурсанта.

В. Прочитайте энциклопедическую справку о донских казаках, размещённую в Интернете. Расскажите, что вы узнали о жизни казаков сегодня. Употребляйте выражения:

я узнал, что ...; мне стало известно, что ...; теперь я знаю, что ...

Сегодня Войско Донское включает в себя сто сорок тысяч человек. В соответствии с российским законом «О государственной службе российского казачества» казаки Дона охраняют природу и общественный порядок, готовят молодёжь к службе в армии, строят и восстанавливают храмы. Они поддерживают отношения с донскими казаками, живущими в других странах: США, Канаде, Аргентине, Франции, Германии, Болгарии, Австралии.

У Войска Донского хорошо развита система казачьего образования, которая включает кадетские корпуса и профессиональные училища, школы и детские сады, учебные центры. В этих учебных заведениях преподают не только основные предметы, но и историю Донского края, православную культуру, историю казачьих ремёсел.

Казачки владеют традиционными женскими ремёслами. Они плетут кружева, вышивают полотенца и подушки, вручную создают настенные ковры и мастерят замечательных донских кукол. Казацкие жёны поют донские песни и готовят еду по старинным рецептам.

А. 1) Ознакомьтесь с информацией §2А «Значения и употребление видов глагола в прошедшем времени» раздела 1 рабочей тетради.

2) Выполните задания 9, 10 (рабочая тетрадь, с. 18, 19).

3) Прочитайте текст из женского журнала, найдите в тексте глаголы несовершенного вида в прошедшем времени и объясните их употребление.

Казáчки

Донские казаки

Казаков очень часто не было дома, потому что они уходили в военные походы. В станицах оставались старики, дети и женщины. У женщин всегда было много работы. Казачки **воспитывали** детей, работали в поле, на огороде, в саду и в винограднике, ухаживали за домашним **скотом**. Они собирали **урожай**, **пекли** хлеб, делали **заготовки** на зиму, готовили еду, **шили** одежду, ткали, вязали, лечили больных и **ремонтировали** дом.

Казачка была хорошим организатором. Хотя, по традиции, большим семейным коллективом руководил дед, но если он был инвалидом, то всю хозяйственную работу организовывали бабушки, матери и жёны казаков. Они **распределяли** домашние обязанности в семье, если нужно, нанимали работников и тоже руководили ими.

Казачки умели **торговать**, на рынках они выручали деньги за свою **сельскохозяйственную продукцию** и покупали на них всё необходимое для дома и семьи.

Но жена казака делала не только это. При нападении врагов она снимала со стены ружьё и защищала своих детей. Если мужчины были дома, казачки им помогали: прятали скот, заряжали ружья, тушили огонь, перевязывали раненых.

Современным казачкам уже не приходится брать в руки оружие. Они учатся в университетах и колледжах, преподают в школах, работают в больницах, музеях, магазинах и на фермах. Но жёны казаков, как и прежде, занимаются воспитанием детей и домашним хозяйством.

В казачьей станице

4) Определите по словарю значения выделенных в тексте слов.

5) Дополните предложения.

1. Казаки почти всегда были ....
2. Дома оставались .... , ... и ....
3. Казачки умели .... домашнюю работу для всей семьи.
4. Они могли лечить .... и .... за скотом.
5. Обычно семьёй руководил ....
6. Женщины .... на рынке необходимые для .... вещи.
7. Когда было опасно, казачка могла .... своих детей.

Б. Прочитайте ряды слов, составьте из них вопросы, пронумеруйте их согласно логической последовательности текста. Запишите вопросы, задайте их друг другу и ответьте на них.

☐ зарабатывать, казачки, где, деньги

....

☐ нападение, они, что, враги, делать

....

☐ семьи, работали, женщины, как

....

☐ часто, не быть, казаки, почему, дома

....

☐ делать, казачки, работа, какая

....

В. Перескажите текст, опирайтесь на составленные вопросы. Употребляйте выделенные слова.

Г. Подготовьте презентацию по теме «Донская казачка», включите в неё информацию из прочитанного текста. Сделайте сообщение в группе, ответьте на вопросы слушателей.

А. 1) Восстановите текст из краеведческого журнала, выбрав из скобок нужный глагол. Объясните свой выбор. Когда возможно употребление обоих глаголов? Меняется ли смысл высказывания в зависимости от формы глагола?

2) Прочитайте восстановленный текст и скажите, хотелось бы вам посетить этнографический музей, где представлен быт казаков. Почему?

Мирная жизнь казаков

Когда (заканчивали — заканчивались) военные походы, казаки шли к семьям в свои станицы и (возвращали — возвращались) к обычной мирной жизни.

Жилище казаков (называли — называлось) **курень**. В **горнице** — главной комнате куреня — всегда было убрано, здесь каждый предмет (имел — имелся) своё место. В углу (находили — находились) иконы, среди которых обязательно была икона святого Николая Угодника. У стены без окон (размещали — размещалась) кровать, у казаков она (считала — считалась) не только бытовой **принадлежностью**, но и своеобразным символом **благополучия** в семье. Готовили пищу, ели и пили в маленькой кухне. Она (строила — строилась) во дворе отдельно от большого дома, для того чтобы в доме не было жарко и чтобы **запахи** кухни не **проникали** в комнаты. **Посуду** казаки не покупали, а делали её сами из глины.

Казаки были хорошими **кузнецами** и **рыболовами**. Они работали в кузницах, **мастерили** разные вещи для дома и **подковы** для лошадей. Казаки **плели сети** для ловли рыбы и **раков**, корзины из виноградных **веток** и даже **сундуки**. Сундуков в казачьем доме было два: в одном (хранили — хранились) вещи казака для военного похода, в другом — **приданое** для невесты. Молодые девушки (начинали — начинались) шить бельё, юбки, кофты, **полотенца**, **салфетки** и **скатерти** задолго до своей свадьбы.

3) Определите по словарю значения выделенных в тексте слов.

Б. Выберите правильный вариант ответа.

1. После походов казаки шли в ☐ .
   а) кузницу
   б) горницу
   в) станицу

2. В горнице каждая вещь имела своё место, что символизировало ☐ .
   а) благополучие
   б) богатство семьи
   в) хозяйственность

3. В мирное время казаки ☐ .
   а) шили разные вещи
   б) работали в кузнице
   в) собирали виноград

4. Казаки сами делали ☐ .
   а) посуду и подковы
   б) посуду и приданое
   в) посуду и раков

В. **1)** Ознакомьтесь с информацией и скажите, какие цвета являются символами донского казачества и почему.

Синий, красный и жёлтый были всегда любимыми цветами донских казаков. Синий Дон, жёлтое солнце, красные цветы в степи — из всех красок природы казаки выбрали именно их и повторили в своих костюмах. В 1920 году эти цвета были использованы при создании флага Донской земли. Сегодня синий, красный и жёлтый входят в официальную символику Южного федерального округа, где и живут казаки.

2) Рассмотрите фото одежды казаков (ЭР, кадр 39) и ознакомьтесь с описанием одежды. Определите по словарю значения выделенных слов.

Казаки одеты в **гимнастёрки**, тёмно-синие **шаровары** с красным **кантом** и сапоги. На голове у них **фуражки** тёмно-синего цвета с красным кантом. В руках — **гармонь**.

На казачке надеты кофта и юбка красного цвета с жёлтой и синей **отделкой**. На шее у неё **бусы**, в руке — **кружевной** платок.

3) Рассмотрите фото, на которых изображён быт казаков (ЭР, кадры 40—42), расскажите, как жили казаки.

4) Напишите небольшой рассказ о мирной жизни казаков. Прочитайте свой текст в группе и обсудите его.

Г. **1)** Слушайте фрагмент радиопередачи о традициях казачьих семей и записывайте информацию, которая касается а) личных качеств казака; б) отношения к старшим и бедным; в) главы казачьей семьи; в) воспитания детей.

2) Послушайте текст ещё раз и ответьте на вопросы:

1. Почему казаки считали, что главное для человека — доброта?

2. Как казаки относились к старшим и бедным?

3. Кто был главным в казачьей семье?

4. Почему мальчика воспитывали строже, чем девочку?

3) Скажите, как вы понимаете приведённые ниже фразы.

1. Все традиции и правила в семье, как и во всём казачьем обществе, определяла сама жизнь.

2. Серьга в одном ухе казака указывала, что он единственный сын у родителей. Таких на военной службе берегли особо, потому что невозможность продолжить род считалась у казаков большой трагедией.

4) Расскажите о традициях казачьих семей. Используйте информацию из прослушанного текста и п. 3).

A. 1) Прочитайте фрагмент журнальной статьи и дайте ему название. Определите по словарю значения выделенных в тексте слов.

Уникальность Дона заключается в том, что на **протяжении** многих веков здесь смешивались культуры русского, украинского, татарского, турецкого, греческого и других народов. Это **послужило** причиной того, что донское казачество стало настоящим феноменом российской истории. Нобелевский лауреат, писатель и житель Дона Михаил Шолохов рассказал о жизни казачества в романе «Тихий Дон».

Для того чтобы лучше понять и полнее представить себе, что такое казачество, необходимо съездить туда, где оно **зародилось** и **расцвело**, — в станицу Старочеркасскую. В XVII веке она называлась городом Черкасском и являлась столицей Войска Донского. В городе были тысячи дворов, их окружали земляные валы, а **крепости** с **пушками** могли отбить атаку любого врага. Однако переход казачества на государственную службу изменил судьбу города. Чтобы ограничить свободу и **независимость** его жителей, в 1805 году столицу Войска Донского **перенесли** в город Новочеркасск. Черкасск **переименовали** в Старочеркасск, а позже **исключили** из состава городов и назвали станицей Старочеркасской. Многие казачьи традиции и культурные **ценности** были утеряны или забыты. Однако жители Дона до сих пор называют эту казачью станицу Старочеркасском.

В последние тридцать лет новейшей истории России общественные и культурные связи казаков стали восстанавливаться. Донское казачество сегодня — это этносоциальная **общность** людей, соблюдающих исторические традиции и в то же время адаптирующихся к современным политическим и экономическим условиям. Войско Донское существует и в настоящее время, а казаки снова несут военную службу на благо Родины.

2) Выберите правильный вариант ответа.

1. Казачество Дона — замечательное явление ☐ .
   а) донской литературы
   б) российской истории
   в) мировой культуры

2. Больше всего о казачестве можно узнать ☐ .
   а) в телевизионной программе
   б) на информационных сайтах
   в) в станице Старочеркасской

3. Судьбу города Черкасска изменил переход казаков на ☐ .
   а) военную службу
   б) службу империи
   в) службу врагам

4. Донское казачество сегодня — это ☐ общность людей.
   а) историко-политическая
   б) культурно-историческая
   в) этно-социальная

1) Ознакомьтесь с пословицами донских казаков, объясните их смысл.

Казак скорей умрёт, чем с родной земли сойдёт.

Казачьи песни слушать — мёд ложкой кушать.

Терпи, казак, атаманом будешь.

Казак сам не поест, а коня накормит.

Бери жену с Дона, проживёшь без урона.

На донской земле всё родится — надо только трудиться.

2) Напишите в блог небольшое рассуждение, выбрав в качестве темы одну из представленных в п. 1) пословиц. Прочитайте ваш текст в группе и обсудите его.

ЗАДАНИЕ 8.

1) Прочитайте текст из туристического путеводителя и дайте ему название. Определите по словарю значения выделенных в тексте слов.

Станица Старочеркасская расположена в двадцати километрах от Ростова-на-Дону — крупного южнороссийского города. Автомобильная дорога в неё лежит через городок Аксай, название которого можно перевести как «Белая вода».

Но по реке добираться до Старочеркасской, конечно же, интереснее: живописный широкий Дон, белые теплоходы, рыбаки на лодках, **песчаные** берега с зелёными **зарослями**. За ними куда-то за горизонт уходит степь. На воде прохладно и мягко, в степи — **гулко** и **сухо**. А степной **орёл** всё **кружит** и кружит над **бескрайними** донскими **просторами**.

Ещё один поворот по реке — и перед глазами **возникает знаменитый** Войсковой собор, белый, с зелёными

куполами и золотыми **крестами**. Если подняться на его **колокольню**, то сверху можно увидеть станицу, небольшую и **благоустроенную**. За ней с одной стороны ярко-жёлтые поля **подсолнечника**, с другой — синяя лента реки.

Хорошо отдыхать летом в Старочеркасской! Зелень садов, запах трав и цветов, **звон** церковных **колоколов**, который плывёт **сквозь** тишину. В центре станицы расположен музей-заповедник всероссийского значения. На его территории — исторические музеи, действующий мужской **монастырь**, несколько храмов. Ещё в станице есть музей под названием «Почтовая станция». Он находится на том месте, где в 1820 и 1829 годах во время своего путешествия останавливался Александр Пушкин.

Сегодня станица стала превращаться в туристическую Мекку. Она начала **приобретать** всероссийскую и даже мировую известность. Здесь стало традицией летом проводить фольклорные праздники и фестивали, исторические реконструкции жизни и быта казачества. В дни фольклорных **торжеств** вам посчастливится послушать старинные и современные казачьи песни. Иногда на такие фестивали приезжает больше людей, чем **постоянно** проживает в станице.

2) Ознакомьтесь с информацией §2 Б «Значения и употребление вида в глагольных конструкциях с инфинитивом» раздела 1 рабочей тетради.

3) Выполните задание 11 (рабочая тетрадь, с. 21).

4) Выпишите из текста инфинитивные конструкции, укажите вид инфинитива и объясните его употребление.

5) Прочитайте текст ещё раз и отметьте верные и неверные высказывания.

	да	нет
1. От Ростова-на-Дону до станицы семь километров.	☐	☐
2. По Дону ходит речной транспорт.	☐	☐
3. Станица Старочеркасская по размеру небольшая.	☐	☐
4. В ней всегда шумно.	☐	☐
5. На старочеркасской почтовой станции бывал Чехов.	☐	☐
6. Зимой в станицу приезжает много туристов.	☐	☐

3) Прочитайте ряды слов, составьте из них вопросы, пронумеруйте их согласно логической последовательности текста. Запишите вопросы, задайте их друг другу и получите ответы на них.

☐ добраться, можно, как, Старочеркасская

....

☐ увидеть, река, Дон, можно, что

....

☐ Войсковой, выглядеть, как, собор

....

☐ музей-заповедник, что, увидеть, интересно

....

☐ быть, Старочеркасск, поэт, когда, Пушкин

....

☐ летом, станица, что, проводиться

....

Б. 1) Рассмотрите фото станицы Старочеркасской (ЭР, кадры 43—47) и устно опишите их. Напишите три причины, по которым стоит посетить станицу.

1. ....
   ....

2. ....
   ....

3. ....
   ....

2) Представьте ситуацию: вы побывали на экскурсии в станице Старочеркасской. Напишите своим русским друзьям об увиденном. Для этого: а) выберите из списка 3—4 темы, которые вы хотите осветить в своём письме:

1. Донской край в древности.
2. Первые поселения казаков.
3. Образование Войска Донского.
4. Возникновение города Черкасска.
5. Войсковой собор Вознесения Христова.
6. Мирная жизнь казаков.
7. Воспитание детей в казачьих семьях.
8. История станицы Старочеркасской.
9. Старочеркасск сегодня.

Используйте материалы сайтов:
https://culttourism.ru/rostovskaya/starocherkasskaya/
http://otzovik.com/review_2334901.html
https://life-routes.ru/russia/rostov-region/stanica-starocherkasskaya.html
http://www.liveinternet.ru/users/bolivarsm/post361048787/

б) при составлении письма используйте приведённый ниже план и выражения:

План

1. **Вводная часть**:
   Здравствуй, ...! Привет, ...! У меня всё по-старому. Хорошо, что ты уже сдал (-а) сессию.

2. Основная часть:

Узнал о Донском крае много нового. История казачества очень интересная. В воскресенье был в станице Старочеркасской. Думал, что это глубокая провинция. Однако жизнь здесь кипит. Это прекрасное место для отдыха. Вот бы и тебе приехать сюда!

3. Заключительная часть:

До свидания. Жму руку. Пока.

Не забудьте написать число и своё имя.

В. Напишите рекламу фольклорного праздника по плану. Выберите лучшую рекламу в группе.

План

1. Где, какое событие/мероприятие, когда произойдёт.

2. Содержание программы.

3. Возрастные ограничения.

4. Стоимость билета.

5. Как доехать.

Для составления рекламы используйте:
а) информацию:

С 22:00 21 мая до 3:00 22 мая.
Театрализованное представление «Казачья свадьба» (с участием зрителей), концерт фольклорных коллективов.
Взрослые и дети с 16 лет.
Старочеркасский историко-архитектурный музей-заповедник.
Автобус №28 Ростов — Старочеркасск.
21:00, 21 мая.
Театральная площадь. 120 рублей с человека.
Акция «Ночь в музее».

б) слова и сочетания слов:

будет ждать, в программе, добраться до, отходит, приглашаются, проводится, состоится, цена билета

....
....
....
....
....
....
....
....

3

ПУТЕШЕСТВИЕ К ВОСХОДУ СОЛНЦА

- ■ Прилагательные со значением цвета.
- ■ Прилагательные со значением высокой степени признака.
- ■ Глаголы движения.

ЗАДАНИЕ 1.

1) Рассмотрите карту России (ЭР, кадр 31) и найдите на ней полуостров Камчатка, Охотское море, Берингово море, Берингов пролив.

2) Прочитайте текст из дневника путешественницы, объясните, как вы понимаете выражения:

была не была; голова пошла кругом, если не сейчас, то когда;
Камчатка — это Камчатка; назад пути нет

Готовимся к отъезду

Как получилось, что из всех туристических **направлений** мы выбрали именно Камчатку — этот огромный природный заповедник России? В ход шли аргументы: «если не сейчас, то когда?», «надо ехать, пока молодые» и «была не была». Нас не **смутили** ни плохая погода, ни перспектива спать в **палатке**, ни высокая стоимость поездки. Камчатка — это Камчатка, её красоту надо увидеть хотя бы раз в жизни.

Прочитали в Интернете, что на Камчатке особый климат, поэтому все растения там очень большие: трава в два раза выше человеческого роста, а **клубника** размером с яблоко. **Представили** себе, какие же там **комары**! Наверное, подлетают к человеку по трое и уносят в своё **гнездо**. ☺☺

Мы с друзьями купили билеты на июль — назад пути уже нет. Начали активно переписываться с туристическими агентствами по поводу программы, и голова пошла кругом: **вулканы**, **гейзеры**, вертолёты, природные парки... Как всё это **вместить** в три недели отпуска? Ну ничего, попробуем.

Купили спортивный **инвентарь**: **непромокаемые** штаны, **непродуваемую** куртку, толстые шерстяные носки, **вездеходные** ботинки, термобельё, полотенца, которые быстро **вытирают** тело и ещё быстрее **высыхают**, фонарик, походную посуду. Всё это не помещалось в рюкзак и не хотело **упаковываться**. В итоге получилось два огромных рюкзака, с которыми нам с трудом удалось спуститься в лифте. А представить, что с ними придётся идти по горам и **долинам**, просто невозможно. ■

Б.

1) Определите по словарю значения выделенных в тексте слов.

2) Вставьте подходящие по смыслу вопросительные слова, данные ниже. Ответьте на полученные вопросы.

какая? зачем? почему? сколько?

1. .... для путешествия друзья выбрали Камчатку?
2. .... на Камчатке трава?
3. .... дней длился их отпуск?
4. .... туристам много вещей?

В. Представьте ситуацию: вы прочитали этот текст в блоге своей однокурсницы; перескажите другу / подруге содержание текста, употребляйте выделенные слова.

ЗАДАНИЕ 2.

 1) Послушайте рассказ «Из дневника путешественницы. Предостережения» и определите по словарю значения слов и словосочетаний.

воровать, куст, мошкара, отбирать, передвигаться, провалиться;
подключиться к поездке, идти след в след

2) Скажите, почему мама одного из туристов волновалась. Употребляйте выражения:

вероятно, по всей вероятности, видимо, по всей видимости, возможно,
скорее всего

 Представьте ситуацию: вы отправляетесь в путешествие на Камчатку. Запишите, что вы должны для этого сделать: кого успокоить, с кем встретиться, кому позвонить, кому отправить электронные письма, о чём почитать, что купить. Используйте конструкции с инфинитивом. Начните свои записи так:

До поездки мне надо: *1) ...; 2) ...*

ЗАДАНИЕ 3.

Прочитайте продолжение дневника и восстановите порядок упоминания в нём информации.

LIVEJOURNAL ГЛАВНАЯ ТОП

Из дневника путешественницы

О Камчатке

Перед поездкой мы решили почитать о Камчатке в Интернете. И вот что мы узнали.

Камчатка — **полуостров** в северо-восточной части России. **Омывается** с запада Охотским морем, с востока — Беринговым морем и Тихим океаном. Полуостров **вытянут** с севера на юг на 1200 км. Его общая площадь — 270 тысяч километров.

Камчатка — один из наименее **заселённых** российских регионов. Здесь насчитывается всего 360 тысяч человек, из них 85% — жители городов Петропавловска-Камчатского, Вилючинска и Елизово. Остальное население живёт на побережье, где климат более мягкий и есть возможность ловить рыбу. Рыбная ловля — **основа** экономики Камчатки.

На полуострове можно встретить **представителей** 176 национальностей, народностей и этнических групп. Больше всего здесь русских, украинцев, белорусов, татар. Коренное население — коряки, ительмены, эвены, алеуты и чукчи.

На Камчатке протекает 15 рек. **Растительный** мир представляют 1200 видов растений. Здесь водится 220 видов птиц и большое количество видов рыб: в Беринговом море — 394 вида, в Охотском — 270. На Камчатке расположено 5 природных парков и 3 заповедника. ■

☐ 270 видов рыб   ☐ 5 природных парков

☐ 1200 видов растений   ☐ 15 рек

☐ 270 тысяч км   ☐ 360 тысяч человек

☐ 1200 км   ☐ 176 национальностей

☐ 220 видов птиц   ☐ 85% населения

☐ 394 вида рыб   ☐ 3 заповедника

Б. 1) Определите по словарю значения выделенных в тексте слов.

2) Ответьте на вопросы, употребляйте новые для вас слова.

1. Где расположена Камчатка?

2. Какими водами она омывается?

3. Является ли Камчатка густонаселённой территорией России?

4. Что является основой экономики региона?

5. Какие народы проживают на Камчатке?

6. Что можно сказать о флоре и фауне полуострова?

ЗАДАНИЕ 4.

А. 1) Прочитайте следующую часть дневника и определите по словарю значения выделенных в тексте слов.

Из дневника путешественницы

Петропавловск-Камчатский

Лететь из Москвы до Петропавловска-Камчатского — административного, промышленного и культурного центра Камчатского края — почти девять часов, и разница во времени такая же, так что прилетели мы туда сонные и **измученные**. Однако утро было замечательное, стояла совсем нетипичная для Камчатки погода: дождя не было, ярко светило солнце, и **синело** небо. В кафе заказали традиционный камчатский завтрак — блины с красной икрой, которую здесь едят вместо варенья, и чай с лимоном. Потом за нами приехал автобус и повёз на экскурсию по городу.

Экскурсовод рассказал нам, что Петропавловск-Камчатский — один из самых старых городов Дальнего Востока. Он появился в Авачинской **бухте** как база для морских экспедиций русского **мореплавателя** Витуса Беринга, который исследовал Дальний Восток с 1725 по 1743 год.

Строительство первых домов русского поселения началось здесь весной и закончилось осенью 1740 года. Поселение назвали в честь христианских святых Петра и Павла, так как 17 октября 1740 года корабли «Святой апостол Пётр» и «Святой апостол Павел» вошли в га́вань Авачинской бухты. Эту дату и принято считать днём рождения города.

В 1822 году он получил название Петропавловский порт, а жители называли его Петропавловск. С 1924 года город стал именоваться Петропавловск-Камчатский. ■

2) Ознакомьтесь с информацией §4 «Глаголы движения» раздела 1 рабочей тетради.

3) Выполните задания 18–21 (рабочая тетрадь, с. 30–33).

4) Выпишите из текста глаголы движения, охарактеризуйте их.

Б. 1) Прочитайте текст ещё раз, отметьте верные и неверные высказывания.

	да	нет
1. Русские поселились на Камчатке в XVIII веке.	☐	☐
2. Блины и красная икра — обычный завтрак на Камчатке.	☐	☐
3. Дождь на Камчатке — редкое атмосферное явление.	☐	☐
4. Петропавловск-Камчатский — очень молодой город.	☐	☐
5. Витус Беринг был жителем полуострова.	☐	☐

2) Выпишите из текста все даты и укажите, какие события с ними связаны. Расскажите об истории Петропавловска-Камчатского, используйте свои записи.

В. 1) Определите по словарю значения слов и составьте с ними словосочетания.

вулкан, гавань, застать, неразрывно, освоение, присоединение, судьба

2) Послушайте фрагмент радиопередачи об истории Петропавловска-Камчатского. Работайте в парах: задайте друг другу приведённые вопросы и получите ответы на них.

1. Где расположен Петропавловск-Камчатский?
2. Когда Камчатка присоединилась к Российскому государству?
3. Когда была открыта Авачинская бухта?
4. Кто посетил Петропавловск в 1787 году?
5. Сколько жителей было в посёлке в то время?
6. Сколько среди них было мужчин?
7. Как вы думаете, почему женщин было меньше?

ЗАДАНИЕ 5.

1) Прочитайте переписку Даши и Миши в чате. Определите значения выделенных слов.

Даша
Привет! Ты уже выкупил билеты и **путёвки** в турфирме?

Миша
Привет! Конечно, ещё вчера!

Даша
Смотри, не забудь их, когда поедешь в аэропорт, а то получится, как в прошлый раз.

Миша
Ок, не забуду.

Даша
Настя всё ещё сердится, что мы не пригласили её с собой? Но ведь в июле, когда мы будем на Камчатке, она улетает с родителями в Италию.

Миша
Да, знаю. Я сказал ей, что в следующий раз поедем все вместе. А вы уже купили вещи для **похода**?

Даша
Да, мы с Максом вчера купили вещи на всю **компанию**. **Перечисляю**, что **приобрели**: термобельё (на Камчатке летом может быть всего +10, бр-р-р!), непродуваемые куртки (там дуют сильные ветры) и непромокаемые брюки (там часто бывают туманы, и влажно).

Миша
Надо ещё ботинки на толстой **подошве**, чтобы можно было ходить в горах по снегу и по воде.

Даша
Время ещё есть, завтра походим, посмотрим.

Миша
Я думаю, что тёплые одеяла, **палатки** и рюкзаки мы сможем взять **напрокат** в турклубе.
Я договорюсь.

Даша
Здо́рово! Как ты думаешь, фонарики и **медикаменты** нужны?

Миша
Думаю, что нужны. В походе всякое может случиться. 😊 😊

Даша
А Макс решил на них сэкономить. Он говорит, что лучше купить побольше еды.

Миша
Ты же знаешь, как Макс любит поесть.

Даша
Да уж! Представляешь, он взял в магазине два трёхлитровых термоса (для супа и чая), сумку-холодильник (для бутербродов) и плитку, которая работает на бензине.

Миша
Это на тот случай, если он не найдёт в лесу кафе?

Даша
Вот-вот! А ещё он собирается взять **удочки**, чтобы ловить лосося, и огромную бутылку масла, чтобы этого лосося жарить.

Миша
Не забудьте взять большую коробку спичек!

Даша
Может быть, мы что-то забыли? Напиши или позвони, съездим в магазин.

Миша
Давай! До связи!

2) Запишите глаголы, называющие действия, которые совершают люди при электронной переписке. Составьте с ними предложения.

открыть, закрыть, ответить, удалить, послать, переслать, напечатать

3) Установите соответствие. Впишите ответы в матрицу.

1	
2	
3	
4	
5	
6	
7	

1) билет
2) поход
3) куртка
4) фонарь
5) подошва
6) термобельё
7) термос

а) непродуваемая
б) толстая
в) приобрести
г) выкупить
д) трёхлитровый
е) электрический
ж) туристический

4) Отметьте вопросы, которые Даша задала Михаилу.

☐ Зачем ты выкупил билеты в турфирме?

☐ Твоя подруга ещё сердится на нас?

☐ Необходимы ли в походе лекарства?

☐ Почему Макс мало ест?

☐ Что мы ещё не купили?

☐ Любит ли Михаил рыбу?

5) Выпишите из текста словосочетания с глаголами движения. Охарактеризуйте их: к какой группе глаголов движения относятся, переходные/непереходные, НСВ/СВ, имеют ли приставку, какое значение имеет приставка.

6) Работайте в мини-группах.
Представьте ситуацию: вы собираетесь пойти в поход в горы. Обсудите с другом в чате план действий. Употребляйте глаголы движения.

Б. **1)** Прочитайте рекламу туристической фирмы. Придумайте вопросы, которые можно задать туроператору.

Тем, кто любит активный отдых и дружит со спортом, предлагаем провести свой отпуск на Камчатке. В пятизвёздочном отеле «Начальник Камчатки» в городе Петропавловске-Камчатском вас ждут уютные номера и двухразовое питание. Стоимость проживания на одного человека в сутки — пять тысяч рублей. Стоимость экскурсий на человека — от десяти до двадцати тысяч. Предлагаем экскурсии на лодках в Авачинскую бухту и на вертолётах в Долину гейзеров. Экскурсии проводятся по мере формирования групп и проходят под руководством опытных инструкторов.

Более подробную информацию можно получить на нашем сайте: http://www.kamtravel.ipkam.ru.

Телефон (4152) 444-111, факс (4152) 297-100.

2) Напишите электронное письмо в российскую турфирму, в котором спросите оператора, как забронировать тур. Уточните информацию о сроках поездки, способах оплаты, условиях размещения.

Употребляйте выражения:

Я собираюсь ... и поэтому...;
Скажите, пожалуйста, ...;
Мне хотелось бы узнать, ...;
Что для этого нужно?
Уточните, пожалуйста, что/где/какой ...?

Не забудьте про формулы речевого этикета:

Уважаемые ... !
С уважением, ...

ЗАДАНИЕ 6.

 А. Слушайте продолжение рассказа из дневника путешественницы и вписывайте пропущенные слова.

LIVEJOURNAL   ГЛАВНАЯ   ТОП

Из дневника путешественницы

Вилючинский водопад

На следующий .... после завтрака за нами заехала машина и повезла на Вилючинский водопад. Его окрестности напоминают поверхность .... А вид у самого водопада просто сказочный: сочетание ...., льда и воды. Но чтобы увидеть водопад, надо .... на ледник, на самом верху которого — огромная дыра, в неё с высоты пятидесяти метров и .... вода.

После обеда мы поехали на минеральные источники. Сидели в горах в импровизированных .... ваннах и наслаждались горячей водой, которая бьёт прямо из горы. Местные .... говорят, вода из источника очень полезна для здоровья и помогает от многих болезней. ■

Б. Рассмотрите фото с изображением Вилючинского водопада (ЭР, кадр 48). Опишите водопад сначала устно, а затем письменно.

A. 1) Прочитайте части из дневника путешественницы о поездке к памятнику Берингу и расположите их в логической последовательности. Впишите номера частей в пустые клеточки.

LIVEJOURNAL   ГЛАВНАЯ ТОП

Из дневника путешественницы

Памятник Берингу

☐ Одним из **начинаний** царя Петра I было научное изучение географии России и, в первую очередь, составление географических карт. С этой целью на Дальний Восток отправился Витус Беринг со своей командой.

☐ Первым из путешественников, который **подтвердил** точность исследований Беринга, стал Джеймс Кук — английский военный моряк, знаменитый первооткрыватель **неизведанных** земель и руководитель трёх **кругосветных** путешествий.

☐ Он прошёл по **проливу** между Чукоткой и Аляской, **достиг** Северной Америки и открыл ряд Алеутских островов. Беринг **завершил** открытие северо-восточного побережья Азии и составил карту этих земель, которой много лет пользовались западноевропейские картографы. Капитан-командор умер в 1741 году, во время очередного путешествия.

☐ В октябре 1778 года Кук достиг Алеутских островов, здесь он встретил русских промышленников, у которых карта была более полной и точной. Кук **перерисовал** её и назвал пролив, который разделяет Азию и Америку, именем Беринга.

☐ Позднее имя Беринга получили остров и море на севере Тихого океана. А в **археологии** северо-восточную часть Сибири, Чукотку и Аляску часто называют общим термином «Берингия».

☐ Витус Беринг родился в Дании в 1681 году. Его жизнь **сложилась** так, что он стал мореплавателем и офицером русского флота.

☐ В Петропавловске-Камчатском есть немало памятных мест, связанных с историей мореплавания. В центре города стоит памятник основателю города Витусу Берингу. Экскурсовод рассказал нам о жизни этого человека много интересного. ∎

2) Определите по словарю значения выделенных в тексте слов.

Капитан-командор Витус Беринг

Петропавловск-Камчатский

3) Найдите соответствие. Впишите ответы в матрицу.

1. Кук встретил людей, у которых   а) остров, море и пролив.

2. В городе много мест, которые   б) между Азией и Америкой.

3. Именем Беринга назван   в) где похоронен мореплаватель.

4. Он прошёл по проливу   г) в кругосветных путешествиях.

5. Трижды этот мореплаватель был   д) изучению географии страны.

6. Русский царь положил начало   е) были географические карты.

     ж) связаны с морскими путешествиями.

1	2	3	4	5	6

Б. 1) Отметьте верные и неверные высказывания.

	да	нет
1. Памятник Берингу находится за городом.	☐	☐
2. Витус Беринг родился в России, но жил в Дании.	☐	☐
3. Беринг составлял географические карты Камчатки.	☐	☐
4. Мореплаватели Европы использовали карты Беринга.	☐	☐
5. Джеймс Кук высоко оценил исследования Беринга.	☐	☐
6. Русские моряки представили Куку свои документы.	☐	☐
7. Берингия — северо-восточная часть Азии.	☐	☐

2) Прочитайте текст согласно выстроенной вами последовательности и выделите цветными маркерами информацию, которая касается а) Витуса Беринга; б) Джеймса Кука.
Расскажите об этих мореплавателях, используйте свои записи.

В. Напишите небольшой рассказ об авторе «Дневника путешественницы». Предположите, какая у неё семья, укажите возраст, опишите характер и возможную манеру поведения, интеллектуальный уровень, образование и круг интересов.

....
....
....
....
....
....
....
....

бухта = залив
сопка = невысокая гора

А. 1) Восстановите очередной фрагмент дневника, вставьте нужные предлоги.

LIVEJOURNAL   ГЛАВНАЯ   ТОП

Из дневника путешественницы

Экскурсия по Авачинской бухте

Сегодня у нас по программе экскурсия .... Авачинской бухте. Катер выходит .... Петропавловска-Камчатского и **пересекает** залив. Бухта очень живописна благодаря **величественным скалам** и сопкам, которые её окружают. Отсюда открываются виды .... Корякский, Авачинский и Вилючинский вулканы. Самый красивый .... них — Авачинский высотой около трёх тысяч метров. Его покрывает **голубоватый** снег и чёрные камни. И всё это .... фоне нежно-розового **предрассветного** неба.

.... скалах редкая растительность, тут и там .... воды **торчат** одинокие гигантские камни. Прибавьте .... этому огромное количество разнообразных птиц, которые **кружат** над катером, рыбу, которая **выпрыгивает** .... воды, дождь, который заливает с головы до ног, сильный ветер, который поднимается неожиданно, и вы получите полное представление .... нашем водном путешествии.

Но, несмотря ни на что, любители морских круизов, рыбалки и дайвинга каждый день отправляются .... залив.

Проплываем .... скалистых берегов. Гид рассказывает нам, что животный и растительный мир здесь достаточно разнообразный: .... берегам встречаются медведи и лисы, ... волнах качаются тихоокеанские чайки, ... сопках растут берёзы, кедры, рябины, цветы и травы.

.... **пролив** попадаем .... Тихий океан, проплываем .... скалы «Три брата», которая является и памятником природы, и своеобразным символом Авачинской бухты.

.... обратном пути останавливаемся .... небольшого острова Старичков. Катер **сопровождают** три дельфина и касатка. .... острове издали видим **белохвостых орланов** и **пёстрых нерп**. Когда мы налюбовались красотой природы и **промокли** окончательно, нас позвали .... каюту греться и пить горячий чай. ■

---

2) Определите по словарю значения выделенных слов.

3) Прочитайте восстановленный текст и напишите, что говорится в тексте о ...

а) популярности Авачинской бухты ....

....

б) её красоте ....

....

в) разнообразии её флоры и фауны ....

....

г) погоде ....

....

4) Вставьте подходящие по смыслу вопросительные слова, данные ниже. Ответьте на полученные вопросы.

сколько? кто? какая? какие? почему?

1. .... растительность на скалах бухты?
2. .... туристам было холодно на катере?
3. .... качается на волнах залива?
4. .... звери водятся на берегах?
5. .... морских животных плыло за катером?

Б. **1)** Определите по словарю значения слов и словосочетаний и составьте с ними предложения.

грузовой, раскинуться, сообщение;
вулканическое происхождение, глубоководный залив,
стихийные океанические явления

2) Послушайте текст «Авачинская бухта» и дополните предложения.

1. Сама природа создала эту .... гавань.
2. Авачинская бухта очень красивая и ....
3. Морской порт работает ....
4. Бухта представляет собой .... залив.
5. Её берега имеют .... происхождение.

3) Пронумеруйте приведённые вопросы согласно логической последовательности текста. Задайте эти вопросы друг другу и получите ответы на них.

☐ Где находится город Петропавловск-Камчатский?

☐ Какие реки впадают в залив?

☐ Где расположена Авачинская бухта?

☐ Какова площадь Авачинской бухты?

☐ Как бухта соединяется с океаном?

В. Рассмотрите фото Авачинской бухты и вулканов (ЭР, кадры 49—51). Опишите их сначала устно, а затем письменно.

Г. Подготовьте и запишите на диктофон короткий рекламный радиоролик об Авачинской бухте для туристической компании. Включите в него информацию из прочитанного и прослушанного текстов.

ЗАДАНИЕ 9.

А. **1)** Прочитайте продолжение дневника путешественницы о полёте в Долину гейзеров. Определите по словарю значения выделенных слов.

LIVEJOURNAL   ГЛАВНАЯ   ТОП

Из дневника путешественницы

Полёт в Долину гейзеров

Ура! Мы летим в Долину **гейзеров**, достигаем главной цели нашего путешествия. Виды из вертолёта открываются потрясающие: широкая **дельта** реки, зелёные **холмы**, огромные лесные пространства; **лысые** коричнево-жёлтые вулканы и, наконец, Долина гейзеров.

Первое, что бросается в глаза, — это река **бирюзового** цвета, а за ней **дымится** долина. Знакомство с ней **ошеломило**. Цвета окружающей природы космические: **изумрудные** горы, **лазурное** небо, синие ручьи, белый снег, розовые ковры из **родод́ендронов**, и всё это в лёгком **тумане**. Вокруг ледники, тут и там из земли вырываются **столбы** воды и пара. Красота нереальная! Вы, наверно, уже поняли, что на Камчатке везде так.

Нас предупредили, что по территории заповедника следует ходить в **сопровождении** инструктора и только по специальным деревянным мостикам, так как температура **почвы** здесь семьдесят градусов и можно **обжечь** ноги. Инструктор много рассказывает о долине и приводит разные факты. Например, что она мировой памятник природы и входит в состав государственного биосферного заповедника России, что её территория составляет тридцать два квадратных километра и что долина великолепна круглый год. Но особенно она необычна зимой, когда с неба падает снег, а навстречу ему из-под земли **бьют** струи горячей **стоградусной** воды.

Ранней весной здесь появляется первая на всём полуострове трава. Очень любят Долину гейзеров медведи, которые приходят сюда после зимней **спячки** поесть и создать семьи. Более того, у них в этом месте свой спа-курорт: в горячей **минерализированной** земле они лечат **израненные** о камни лапы.

Рядом с Долиной гейзеров есть Долина смерти, куда раньше тоже были **пешеходные** экскурсии. Но там очень высокая концентрация **сероводорода**, от которого можно **погибнуть**, особенно если дует сильный ветер. Конечно, в безветренный день в Долине смерти человеку не опасно. Однако на Камчатке такую погоду представить трудно, поэтому туда лучше не ходить. ◼

2) Дополните предложения словами из текста в нужной форме.

обжечь, почва, сопровождение, туман, холм

1. Туристы гуляли по заповеднику в .... экскурсовода.

2. На .... растут деревья, кустарники и цветы.

3. Горячей водой медведь сильно .... лапы.

4. .... на территории долины очень горячая.

5. На долину и реку опустился густой ....

3) Выберите правильный вариант ответа.

1. Основная цель путешествия — ☐ .
   а) Долина гейзеров
   б) спа-курорт
   в) лысые вулканы

2. Долина гейзеров особенно необычна ☐ .
   а) весь год
   б) летом
   в) зимой

3. Количество сероводорода очень большое ☐ .
   а) в лёгком тумане
   б) на полуострове
   в) в Долине смерти

4. Территория заповедника составляет ☐ км^2.
    а) 70
    б) 32
    в) 100

Б.
1) Выпишите из текста прилагательные, которые обозначают цвета.
2) Образуйте от данных слов и словосочетаний прилагательные.

а) прилагательные со значением неполноты признака:

жёлтый ....

голубой ....

серый ....

розовый ....

красный ....

синий ....

Aa	Прилагательные со значением неполноты признака имеют суффиксы **-оват-/-еват-**. Эти суффиксы добавляются к основе прилагательного и соответствуют словам **немного**, **чуть-чуть**. *Например*: зелёный ⟶ зелен**оват**ый

б) прилагательные, обозначающие цвет одного предмета по цвету другого предмета:

лимон ....

сирень ....

рубин ....

персик ....

апельсин ....

Aa	Прилагательные, обозначающие цвет одного предмета по цвету другого предмета, для которого он является характерным, образуются добавлением к основе существительного суффиксов **-н-**, **-ов-/-ев-**, соответствующих сравнительному союзу **как**. *Например*: изумруд ⟶ изумруд**н**ый малина ⟶ малин**ов**ый

Aa	В сложных прилагательных первая часть обозначает оттенок, а вторая часть — основной цвет. Такие прилагательные образуются с помощью соединительных гласных **о** или **е**; пишутся через дефис. *Например*: жёлтый и зелёный ⟶ жёлт**о**-зелёный синий и зелёный ⟶ син**е**-зелёный голубой как небеса ⟶ небесн**о**-голубой

в) сложные прилагательные:

цвет синий, оттенок серый ....

цвет зелёный, оттенок синий ....

цвет жёлтый, оттенок розоватый ....

....

чёрный как уголь ....

красный как огонь ....

3) Рассмотрите фото Долины гейзеров (ЭР, кадры 52–55) и соотнесите их с текстом. Опишите фото устно, употребляйте прилагательные со значением цвета.

В. **1)** Определите значения слов и словосочетаний и составьте с ними предложения.

булькать, выбрасывать, дымить, извергаться, кипеть, шипеть; на каждом шагу, не уступать по размерам, работать специфически

2) Слушайте очередной фрагмент из дневника путешественницы — «Долина гейзеров». Вписывайте пропущенные слова.

LIVEJOURNAL ГЛАВНАЯ ТОП

Из дневника путешественницы

Долина гейзеров

Мы думали, что Долина гейзеров — огромное поле, где на каждом шагу .... на разную высоту гейзеры, а на самом деле это именно долина. На её территории находятся .... гейзеров, двадцать из них большие. Например, гейзер Великан выбрасывает за одну минуту тридцать тонн кипятка на .... сорок метров.

Гейзеры Камчатки не уступают по .... гейзерам Исландии и Новой Зеландии. Камчатские гейзеры шипят, кипят, ... и булькают, но постоянно воду не извергают, так как «работают» специфически. Они кипятят .... воду, а уже потом отправляют её в атмосферу. Время нагрева воды у .... гейзера индивидуально: один гейзер извергается каждые пять минут, а другой — раз в .... часов. ■

Г. Представьте ситуацию: вы решили поехать путешествовать на Камчатку. Напишите письмо автору «Дневника путешественницы» на форум http://forum.awd.ru/viewtopik.php?f=616&t=148857 Камчатка: волшебное путешествие в неизведанный кРай. Напишите ей, что вы прочитали на форуме её путевые заметки, выразите своё отношение к прочитанному, сообщите о желании посетить Камчатку, задайте интересующие вас вопросы.

ЗАДАНИЕ 10.

А. **1)** Объясните значения выражений и составьте с ними предложения.

волны с барашками, страшно подумать, упасть в обморок, хоть плачь

2) Прочитайте запись в дневнике путешественницы о последнем дне группы на Камчатке и скажите, как вы понимаете его заключительную фразу.

Из дневника путешественницы

Пора домой

Сегодня наш последний день на Камчатке. Он грустный-прегрустный. Сколько всего не успели посмотреть — страшно подумать. Вулканы Толба́чик и Дзендзу́р, Голубые озёра... Уезжать не хочется, хоть плачь.

Но отпуск подходит к концу, и пора начинать новую, а вернее, старую жизнь. Надо опять учиться спать на кровати, пользоваться столовыми приборами, носить каблуки и юбки.

Утром отправились на местный рынок. От вида рыбных рядов можно упасть в обморок: горы копчёной и солёной рыбы, шесть видов красной икры и ещё очень вкусная малина величиной со сливу. Купили продукты и поехали на пикник на берег Тихого океана. Берег чёрный-пречёрный и широкий-преширокий, океан серый-пресерый и бескрайний-пребескрайний, волны большие-пребольшие и с барашками.

И опять кажется, что ты на другой планете. На Камчатке, конечно, очень красиво, и эту красоту высоко ценишь, ведь чтобы полюбоваться ею, нужно приложить большие физические усилия. ∎

 широкий → **преширокий**
(*приставка* **пре-** = **очень**)

3) Выпишите из текста слова, построенные по данной модели.

....

....

....

Как вы думаете, почему автор использовал эти слова для описания природы?

Б. Расскажите, как путешественники провели свой последний день на Камчатке.

В. Представьте ситуацию: вы совершили путешествие на Камчатку. Напишите сообщение на форум путешественников или на свою страничку в социальной сети, поделитесь своими впечатлениями, порекомендуйте для путешествия именно это место.

МОДУЛЬ

ТРАДИЦИИ И ОБЫЧАИ

1 Чем народ славен

2 В круге жизни

3 Фольклор — мудрость народа

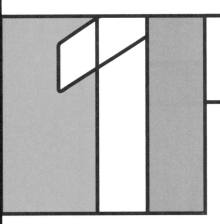

ЧЕМ НАРОД СЛАВЕН

■ **Сочинительные союзы.**

ЗАДАНИЕ 1.

 1) **Прочитайте высказывание и скажите, как вы его понимаете.**

Русские народные промыслы – это форма народного творчества. В ней отражаются русские традиции, которые зародились много веков назад. Изделия русских промыслов передают неповторимость русской культуры.

2) **Прочитайте текст из «Энциклопедии ремёсел», выпишите из него названия центров русских народных промыслов и названия ремёсел.**

Русская культура очень интересна и загадочна. Большинство народных промыслов берёт своё начало в глубине веков, когда люди поклонялись солнцу и луне, земле и воде, ветру и огню и вкладывали особый смысл в свои отношения с ними. Отношения со стихиями строились как на знании законов звёздного неба, так и на вере в высшие силы.

В Древней Руси была высоко развита городская культура. Население составляло около пяти миллионов человек, которые проживали в 240 городах и поселениях. Поэтому одно из древних названий Руси — Гарда́рика, или Страна городов. Жители городов занимались различными ремёслами. При этом многие необходимые в быту предметы делались при помощи только одного инструмен-

та — топора. Лев Толстой отмечал, что русский человек с помощью топора может «и ложку вырезать, и дом построить».

Ремесленники производили ткани и шили из них одежду, строили корабли и возводили здания из белого камня (поэтому русские города часто называли белокаменными), обрабатывали кожу и делали из неё обувь, получали из руды железо и ковали из него оружие, вырезали из дерева и делали из глины посуду. Продолжением домашних деревенских ремёсел стали художественные промыслы XIX века, в которых отразилась русская традиционная культура.

Секреты мастерства передавались из поколения в поколение, от отца к сыну, от мастера к мастеру и дошли до наших дней. Русские народные художники в Хохломе и сегодня делают расписную деревянную посуду, в Жостове — металлические подносы, в Гжели — изделия из фарфора, в Палехе и Федоскине — шкатулки, в Вологде — кружева, в Павловском Посаде — платки и шали, в посёлке Дымково — глиняные игрушки.

Сегодня эти прекрасные произведения можно увидеть в музее или на выставке, приобрести в магазине или художественном салоне, поскольку русское народное искусство продолжает свою жизнь.

3) Найдите соответствие. Впишите ответы в матрицу.

1. Традиционная культура нашла   а) продолжает развиваться.

2. Родители учили своих детей   б) единственным инструментом.

3. В древности люди поклонялись   в) отражение в русских промыслах.

4. Русское народное творчество   г) звёздам и стихиям.

5. Топор нередко был   д) тайнам ремесла.

1	2	3	4	5

Б. **1) Пронумеруйте приведённые вопросы согласно логической последовательности текста.**

☐ Что стало основой художественных промыслов?

☐ Чем занимались ремесленники?

☐ Где изготовляли яркую деревянную посуду?

☐ Как в Древней Руси относились к природе?

☐ Почему Русь называли Гардарикой?

2) Соотнесите вопросы в п. 1) с данными ниже ответами на них. Впишите ответы в пустые клеточки.

☐ а) Люди её обожествляли.

☐ б) В стране было много городов.

☐ в) Строили дома, делали одежду, обувь и посуду.

☐ г) Её делали в Хохломе.

☐ д) Деревенские домашние ремёсла.

В.

1) Прочитайте текст ещё раз и письменно изложите мнение автора текста по приведённым ниже вопросам. Употребляйте выражения:

автор считает, что; на взгляд автора; по мнению автора; автор пишет, что; по его мнению

1. Чему поклонялись и во что верили люди в древности?

2. Какой уровень цивилизации был на Руси?

3. Как передавали свои знания древние мастера?

2) Расскажите, что вы узнали о развитии культуры и ремёсел в Древней Руси.

ЗАДАНИЕ 2.

А.

1) Восстановите текст из «Энциклопедии ремёсел», вставьте нужные предлоги.

Хохломской промысел начал свою историю .... деревнях, расположенных .... Волгой. .... деревнях было своеобразное разделение труда: .... одной вырезали деревянную посуду, ... другой наносили .... неё рисунок. Архивные материалы указывают .... то, что этот промысел зародился .... XVII веке. Но и сегодня здесь живут мастера-художники, которые делают деревянную посуду ....старинным рецептам. Но .... деревянных изделий короткая жизнь, поэтому в настоящее время известна посуда только XIX века.

Характерная .... хохломы техника (роспись красной и чёрной красками .... золотому фону) находит аналоги .... древнерусском искусстве, ... золотой и серебряной посуде, которую делали мастера .... русских царей. Однако ....хохломских ремесленников был свой способ «золочения» посуды. Дерево покрывали оловянным порошком, сверху олифой, а затем нагревали .... печи. От высокой температуры олифа становилась прозрачной, а олово делалось золотым и просвечивало через неё.

2) Прочитайте восстановленный текст и выпишите из каждого абзаца ключевые слова. Перескажите текст, используйте свои записи.

Б.

Рассмотрите фото изделий с хохломской росписью (ЭР, кадры 56—57) и устно опишите её.

рас**пис**ывать/рас**пис**ать, рос**пис**ь, рас**пис**ной — однокоренные слова

В. 1) Послушайте фрагмент радиопередачи о хохломских узорах, отметьте верные и неверные высказывания.

	да	нет
1. Узоры из травы редко встречаются в хохломской росписи.	☐	☐
2. Дешёвая и дорогая посуда имела разные узоры.	☐	☐
3. Дорогую посуду расписывали вручную.	☐	☐
4. В XIX веке изделия из Хохломы поставляли в другие страны.	☐	☐
5. В XX веке хохломской росписью украшали мебель.	☐	☐

2) Пронумеруйте приведённые вопросы согласно логической последовательности текста, задайте эти вопросы друг другу и получите ответы на них.

☐ В каком веке хохлома появилась в Европе?

☐ Что рисовали на дорогой посуде?

☐ Есть ли в хохломских росписях птицы?

☐ Какой узор имела дешёвая посуда?

☐ Что является традиционными элементами росписи?

3) Послушайте текст ещё раз и запишите, какие предметы украшали хохломской росписью. Перескажите текст, используйте свои записи.

И. Баканов. Хохломские мастера за работой. 1929 г.

А. 1) Рассмотрите фото с изображением жостовских подносов (ЭР, кадры 58—60). Опишите их сначала устно, а затем письменно.
Используйте материалы сайтов:
http://www.zhostovo.ru/rus/hammered
http://slavyanskaya-kultura.ru/slavic/trade/zhostovskaja-rospis.html

2) Прочитайте текст и определите по словарю значения выделенных слов.

Жостовская роспись **подносов** — один из русских народных промыслов. Он **возник** в середине XVIII века на Урале, где были расположены металлургические заводы. В первой половине XIX века подносы начали изготавливать в деревне Жостово под Москвой. Купец Филипп Вишняков, открывший здесь первую мастерскую по **производству** подносов, и не подозревал, что основал уникальный промысел, который вскоре станет **ведущим** в стране.

Сначала подносы делали из папье-маше — очень прочного и лёгкого картона, изготавливаемого по специальному рецепту. Живопись, украшавшая подносы, была одинаковой: пейзажи, **списанные** с картин известных художников, лошади, **чаепития**. В 1830 году начали производить подносы, изготовленные из металла. На них появились совсем другие рисунки: ярко **засияли** цветы и фрукты, полетели птицы и бабочки. Классический живописный натюрморт был по-своему понят и переработан народными мастерами, он **радовал** глаз и приносил удовольствие покупателям.

Жостовские подносы делают и сегодня. Роспись обычно производят по чёрному, белому, синему или зелёному фону, причём мастер работает сразу над несколькими подносами. По форме они бывают круглые, восьмиугольные, треугольные, прямоугольные и **овальные**.

Б. 1) Выберите правильный вариант ответа.

1. Роспись металлических подносов возникла ☐ .
   а) в Москве
   б) на Урале
   в) в Жостове

2. С 1830 года на подносах стали изображать ☐ .
   а) чаепитие и цветы
   б) лошадей и птиц
   в) цветы и фрукты

3. Жостовские подносы начали производить в ☐ .
   а) XIX веке
   б) XXI веке
   в) XVIII веке

4. Форма жостовского подноса не может быть ☐ .
   а) квадратной
   б) овальной
   в) в виде ромба

2) Вставьте подходящие по смыслу вопросительные слова и ответьте на полученные вопросы.

почему? из чего? где? какие? как? кто?

1. .... находились металлургические заводы?
2. .... основал в Жостове производство подносов?
3. .... первоначально изготовлялись подносы?
4. .... животные изображались на подносах?
5. .... покупателям нравились подносы?
6. .... мастер работает над своими изделиями?

3) Перескажите прочитанный текст.

4) Выпишите из текста все причастия. Охарактеризуйте их: активное/пассивное, настоящего/прошедшего времени, полное/краткое. Замените в предложениях причастные обороты придаточными предложениями со словом который и запишите новые варианты предложений. Предложения с краткими причастиями в роли предиката трансформируйте в активные конструкции.

В. **1)** Послушайте рассказ радиожурналиста о жостовских подносах и дополните предложения.

1. В XIX веке подносы были не только посудой, но и ....

2. Жостово было и .... центром этого народного промысла.

3. Коллекция подносов представлена в ....

4. По знаку на подносах можно узнать время его ....

2) Послушайте текст ещё раз и запишите информацию, которая касается коллекции жостовских подносов в Русском музее в Санкт-Петербурге.

....

....

....

....

....

....

Г. Представьте ситуацию: вы менеджер туристической фирмы и получили электронное письмо от клиента. Прочитайте письмо и напишите ответ на него.

Здравствуйте, уважаемые господа!

Я узнал, что ваша фирма организует экскурсии в музей народного творчества, и хочу сделать заявку на организацию такой экскурсии. Наша семья (4 человека) планирует посетить ваш город 7 июля 2018 года. Сколько времени длится экскурсия? Сколько будут стоить услуги экскурсовода? Есть ли льгота для студентов? У меня есть ещё вопросы: где в вашем городе продаются изделия народных мастеров? Есть ли среди них жостовские подносы и хохлома? Посоветуйте, пожалуйста, магазины, в которых их можно купить.
Заранее благодарю,

Роман Прозоров

ЗАДАНИЕ 4.

А. 1) Восстановите текст из «Энциклопедии ремёсел», дополните его данными словами в нужной форме.

выпускаемый, камин, крупный, необходимый, неповторимый, производить, существовать

Гжель — название одного из подмосковных сёл, а также символ .... народного искусства. Гжелью называют и **фарфоровые** изделия с рисунком синей краской по белому фону, ... в этом селе. С 70—80-х годов XVIII века Гжель стала центром производства художественной майолики. Гжельские **гончары** трудились **от зари до зари**, они делали из **глины** .... в быту вещи, которые пользовались большим **спросом**.

Работа с фарфором требовала немалого **терпения** и искусства, так как роспись не допускала **переделок**. К середине XIX века Гжель стала самым .... **поставщиком** керамических изделий во всей России.

В Гжели .... не только посуду, но и небольшие фигурки солдат, крестьянок, ребятишек и городских **модниц**. Эти композиции были очень **выразительны** и **покоряли** покупателей **душевностью**.

Много лет подряд народные мастера делали **изумительные** по красоте и разнообразию **изразцы** для печей и .... Более пятисот таких экземпляров можно увидеть в коллекции Эрмитажа.

История Гжели началась давно, но у этого народного искусства оказалась долгая жизнь. Знаменитый промысел .... и сегодня, в разные города и страны улетают синие птицы Гжели, чтобы украсить дома людей или просто создать им хорошее настроение.

2) Выпишите из восстановленного текста выделенные слова и определите по словарю их значения.

3) Ознакомьтесь с информацией раздела 7 «Сочинительные союзы» рабочей тетради.

4) Выполните задания 1, 2 (рабочая тетрадь, с. 107, 108).

Сочинительные союзы:
и, также, тоже;
или, либо; а, но;
не только …, но и …,
как …, так и …

5) Найдите в тексте предложения с сочинительными союзами. Объясните, какую роль в предложении выполняют эти союзы.

Б. Прочитайте восстановленный текст и ответьте на вопросы; используйте сочинительные союзы.

1. Что носит название «Гжель»?

2. Когда появилась гжельская майолика?

3. Какого цвета гжельский фарфор?

4. Почему создание изделий из фарфора требует большого терпения?

5. Что, кроме посуды, производили гжельские мастера?

6. Какую коллекцию из Гжели можно увидеть в Эрмитаже?

В. **1)** Слушайте рассказ экскурсовода о тематике и технике гжельского рисунка и вписывайте пропущенные слова.

Тематика и техника гжельского рисунка

Мастера из Гжели фиксировали в росписях окружающий мир и плоды собственной фантазии: природу, городскую и деревенскую жизнь, свои ………………………… от русской архитектуры и иконописи. Чаще других изображений встречались мотивы природы: птицы, растения, ………………………… .

Сегодня тематика гжели делится на три вида: растительная (ягоды, веточки, травка, цветы), орнаментальная (квадраты, «ёлочки», «капельки», «жемчужинки») и ………………………… (времена года). Инструменты живописца самые простые: стеклянная палитра, палочка для смешивания красок, кисточки и баночки ………………………… .

Техника гжельского рисунка имеет две особенности: она наносится вручную, и в ней используются .... три краски. Белая — для фона, а синяя и голубая — для рисунка. Однако эта роспись совсем не скучная: в ней насчитывается более .... оттенков синего и голубого цветов.

2) Послушайте текст ещё раз, выберите неверные суждения и исправьте их.

1. Народные мастера воплощали в работе только свои фантазии.

....

2. Сегодня в гжельских росписях используется тематика трёх видов.

....

3. Гжельские рисунки наносятся при помощи специальных станков.

....

4. Гжельская роспись скучная и однообразная.

....

3) Рассмотрите фото изделий мастеров из Гжели (ЭР, кадры 61—63) и устно опишите их. Используйте сайт http://www.gzhel.su.

ЗАДАНИЕ 5.

А. **1) Прочитайте части текста и расположите их в логической последовательности. Впишите номера частей в пустые клеточки.**

☐ Мастера изготавливали из папье-маше расписные шкатулки, чашки, тарелки, брошки, заколки для галстука и пудреницы. Самыми популярными композициями первых палехских миниатюр были «охоты», «пастушки́», «идиллии», «гуляния».

☐ Современные палехские мастера берут сюжеты из классической литературы, сказок, песен и повседневной жизни. Художники не только пишут миниатюры, но и занимаются другими видами изобразительного искусства: монументальной живописью, книжной графикой, театральными декорациями. И снова пишут иконы.

☐ Однако в 20-е годы XX века вместо иконописной школы был создан народный промысел лаковой миниатюры. Бывшие иконописцы стали создавать новые композиции. Но росписи, как и в Средние века, выполняли на чёрном фоне золотом и красками, смешанными с яичным желтком. Такие краски обладают большой прочностью и не смываются водой.

☐ До революции 1917 года в посёлке Палех Ивановской области существовала известная на всю Россию школа иконописной живописи, возникшая ещё до эпохи Петра I. Палехские мастера участвовали в росписи и реставрации соборов Московского Кремля.

2) Послушайте фрагмент экскурсии по музею палехской росписи и проверьте свои ответы на задание в п. 1).

3) Работайте в парах.

Первый собеседник: вы турист, задайте вопросы экскурсоводу о народном промысле лаковой миниатюры: о посёлке Палех, о технике росписи, о популярных композициях, о современных палехских мастерах.

Второй собеседник: вы экскурсовод, ответьте на вопросы туриста.

Б. 1) Рассмотрите изделия палехских мастеров (ЭР, кадры 64—66) и посмотрите фрагмент документального фильма «Палех». Расскажите, что вы узнали о Палехе и его мастерах. Используйте информацию из текста, фото- и видеоматериалов.

2) Представьте ситуацию: вы попали на фабрику, где работают палехские мастера. Расспросите их о жизни в посёлке Палех, о современных тенденциях в работе, о том, где они берут свои сюжеты и какие проблемы у них существуют.

ЗАДАНИЕ 6.

А. Рассмотрите изображения федоскинской миниатюры (ЭР, кадры 67—70). Скажите, уместны ли изображённые на них предметы в современном интерьере.

Б. Прочитайте текст из «Энциклопедии ремёсел» и запишите полные ответы на вопросы после текста.

Федоскинская миниатюра в чём-то похожа на палехскую, но и отличается от неё, как роза отличается от лилии.

Федоскинская миниатюра — это живопись масляными красками в классической манере. Она возникла в 1795 году в подмосковном селе Федоскино, где купец Пётр Коробов организовал фабрику. На ней начали изготовлять табакерки, коробочки для бисера и шкатулки из папье-маше. Основными мотивами федоскинской росписи стали популярные в конце XVIII века сюжеты: тройки, чаепития, сцены из крестьянской жизни. Более всего ценились ларцы и шкатулки, украшенные копиями картин русских и западноевропейских художников. Процесс изготовления таких миниатюр достаточно сложный, он требует большого таланта и знания старинных секретов, которые бережно передаются мастерами друг другу уже третий век подряд.

1. В каком веке возникла миниатюра в селе Федоскино?

....

2. Что изготовляли на фабрике Петра Коробова?

....

3. Какие изображения были популярны в XVIII веке?

....

4. Хотелось бы вам приобрести работы мастеров из Федоскина? Почему?

....

В. Скажите, чем федоскинская миниатюра похожа на палехскую, а чем отличается от неё. Употребляйте союзы как ... так и; и ... и ...; так же как и; если ... то, предложно-падежные конструкции: в отличие от + Р.п.; по сравнению с + Т.п. и синтаксические модели: что похоже на что чем; что отличается от чего чем.
Используйте материалы сайтов:
http://fedoskino.ru/
https://anashina.com/fedoskinskaya-lakovaya-miniatura/
https://palech.ru/catalog/palekh/

ЗАДАНИЕ 7.

А. 1) Прочитайте текст из «Энциклопедии ремёсел» и выпишите из него слова, которые соответствуют приведённым ниже определениям.

Платок всегда был необходимым предметом русского женского национального костюма. Он согревает зимой и украшает летом. Выйти на улицу с не покрытой платком головой считалось очень неприличным. Этот обычай сохранился до наших дней: в православных храмах женщины должны находиться в платках. Дорогой платок в старину был символом богатства и приданым для невесты.

Павловопосадские шали — это шерстяные или шёлковые платки с разнообразными рисунками. Их производство началось в России в середине XIX века в небольшом подмосковном городе Павловский Посад.

На первых павловопосадских платках изображались языческие символы: дерево жизни, лебеди, певчие птицы. Но постепенно в традиционный узор стали вписываться как европейские (крупные цветы, вазы, виноградные ветви), так и восточные орнаменты. Поэтому павловопосадские платки и шали не похожи ни на какие другие.

Сегодня эти изделия популярны, как и прежде. Современные модельеры шьют из шалей пальто, шапки, жакеты, платья, сарафаны, юбки и даже спортивные костюмы. Несмотря на то что многие годы павловопосадский платок считался предметом женской одежды, сейчас стали выпускать платки и шарфы для мужчин, которые их с удовольствием носят.

1. Предмет национальной русской одежды для женщин — ....

2. Большой (о размере предмета или детали) — ....

3. Делать что-либо красивым — ....

4. Имущество, которое дают невесте, — ....

5. Головной убор из материи — ....

6. Давать тепло, делать тёплым — ....

7. Маленький (о размере предмета или детали) — ....

2) Отметьте верные и неверные высказывания.

	да	нет
1. Производство шалей возникло в Москве.	☐	☐
2. В рисунках есть европейские и восточные мотивы.	☐	☐
3. В храме женщины должны находиться в платках.	☐	☐
4. Платки традиционно носили только богатые женщины.	☐	☐
5. Сегодня из них шьют одежду и обувь.	☐	☐

Б. **1) Прочитайте текст ещё раз и выделите цветными маркерами информацию, которая касается а) рисунков на шалях; б) видов одежды из шалей.**

2) Рассмотрите изображения павловопосадских платков (ЭР, кадры 71–73). Перескажите текст, используйте фото и свои записи.

В. **1) Определите по словарю значения слов и составьте с ними словосочетания.**

вязаный, гусь, коза, мастерица, нить, паутинка, пуховый, скорлупа

2) Прочитайте текст из «Энциклопедии ремёсел» и ответьте на данные после него вопросы.

Оренбургский пуховый платок — вязаный платок из пуха коз и шёлковой или хлопковой нити. Его производство зародилось в Оренбургском крае в XVIII веке. Вяжут платки женщины-мастерицы. Оренбургские платки обычно белые и тонкие, как паутинка. Они имеют сложный узор и служат русским женщинам не одеждой, а украшением. Качество такого платка определяют по двум параметрам: платок должен проходить через обручальное кольцо и помещаться в скорлупе от гусиного яйца.

Оренбургский пуховый платок

1. Из чего делают оренбургские платки?

2. Когда появился этот промысел?

3. Как используются оренбургские платки?

4. Какое изделие является качественным?

3) Расскажите, что вы узнали об оренбургских платках.

Г. Представьте ситуацию: вам предстоит взять интервью у мастерицы, которая вяжет оренбургские платки. Сформулируйте и запишите вопросы, которые вы задали бы ей.

ЗАДАНИЕ 8.

А. 1) Восстановите текст, вставьте в него данные слова в нужной форме.

внешний, внимание, игрушка, народный, обладать, развивать, служить, способствовать, технология, традиция, требование

Русская игрушка

1. Игрушки, сделанные .... мастерами, передают их доброту и теплоту их рук. В прошлые века основными материалами для изготовления .... были дерево и глина, солома и лён, а позднее — папье-маше.

2. Современные родители уделяют особое .... экологичности и развивающему характеру игрушек. Русская народная игрушка соответствует этим .... , кроме того она не производится серийно: каждое изделие делается вручную и имеет неповторимый .... вид.

3. Настоящая народная игрушка — это не только предмет детской игры, но и подлинное искусство, обладающее своей спецификой. Русская игрушка многофункциональна, что отличает её от компьютерных игр эпохи высоких .... Во-первых, она всегда была важным средством социализации ребёнка, выполняла воспитательную функцию, помогая усваивать нормы межличностных отношений. Безусловно, игрушка формировала эстетические представления в соответствии с народной .... Традиционная игрушка являлась также прекрасным средством тренировки пальчиков малыша, что помогало .... речь. Она .... и образовательной функцией: в игре незаметно осваивались понятия размера, формы, цвета, навыки счёта. Простота формы .... развитию фантазии, собственного творчества ребенка. Конечно, игрушка всегда .... развлечением для детей. При этом её отличают безопасность, прочность, простота в уходе.

2) Соотнесите части прочитанного текста с данными вопросами и ответьте на них.

☐ Какие игрушки родители хотят покупать детям сегодня?

☐ Какие функции выполняет народная игрушка?

☐ Как изготовливают народную игрушку?

☐ Из какого материала делали игрушки на Руси?

☐ Как игрушки помогают развитию детей?

Б. Рассмотрите фото с изображением национальных русских игрушек (ЭР, кадры 74—75) и расскажите, что вы узнали о русской игрушке. Используйте материалы сайтов:
http://ela66.blogspot.ru/2016/01/blog-post.html
http://pogodki.narod.ru/masterigr.htm

В. 1) Прочитайте фрагмент статьи с сайта об истории русской матрёшки, посмотрите фото (ЭР, кадры 76—80) и выпишите из него информацию, касающуюся а) материала, из которого делают матрёшку; б) автора росписи первой матрёшки; в) времени появления популярной игрушки.

История матрёшки

В России издавна делали немало разнообразных деревянных игрушек, но всё-таки матрёшка считается наиболее популярной. Удивительно, но до конца XIX века никаких матрёшек в России вообще не было. Во второй половине 1990-х годов в Петербурге прошла выставка японского искусства. В числе экспонатов на этой выставке была представлена фигурка буддийского мудреца Фукуруму, в которую было вложено ещё несколько деревянных фигурок. Считается, что японская фигурка и стала образцом для русской матрёшки.

Русская матрёшка
Василия Звёздочкина

Первая русская матрёшка была вырезана в Москве в мастерской мецената А.И. Мамонтова. Выточил её мастер-игрушечник Василий Звёздочкин, а расписал художник Сергей Малютин. Матрёшка состояла из 8 фигурок, которые были расписаны по-разному. В 1900 году А. Мамонтов представил матрёшку на Всемирной выставке в Париже, где новая игрушка получила бронзовую медаль и мировую известность. Тогда же на неё пошли заказы из разных стран, выполнить которые небольшая мастерская А.И. Мамонтова уже не могла. Поэтому производство перенесли в Сергиев Посад, где с XIV века находился центр изготовления традиционных деревянных игрушек и где работали высококвалифицированные мастера. Позже популярную игрушку начали делать в Семёнове, Полховском Майдане, Вятке и других местах. Название «матрёшка» оказалось очень подходящим для популярной игрушки: в русской провинции имя Матрёна в то время было одним из самых распространённых и любимых женских имён.

Матрёшка изготавливается из мягкого дерева — берёзы или липы, затем раскрашивается красками и покрывается лаком. Уже самые первые матрёшки были очень разнообразны и по форме, и по росписи. Иногда матрёшка представляла собой целую семью, в которой было от 2 до 24 фигурок. В 1913 году мастер выточил матрёшку из 48 фигурок специально для проходившей в Петербурге выставки игрушек. А самая большая сергиево-посадская матрёшка из 60 куколок была выточена в 1967 году.

С конца XX века начинается новый этап в развитии искусства матрёшки. Появляются авторские матрёшки, которые представляют отечественных и зарубежных государственных деятелей, героев сказок, памятники архитектуры. Такая матрёшка — лучший сувенир, напоминающий о поездке в Россию. Можно встретить и матрёшку, расписанную под «гжель», «жостово», «хохлому», «палех». Иными словами, современная матрёшка как бы концентрирует всё богатство художественных традиций русского прикладного искусства.

2) Найдите соответствие. Впишите ответы в матрицу.

1. История матрёшки
2. Название «матрёшка» —
3. Город Сергиев Посад является
4. Внутри матрёшки находятся
5. Авторские матрёшки расписывают

а) ещё несколько куколок.
б) в разных стилях.
в) связано с популярным женским именем.
г) началась в XIX веке.
д) столицей русской игрушки.

1	2	3	4	5

3) Прочитайте ряды слов, составьте из них вопросы, пронумеруйте их согласно логической последовательности текста. Запишите вопросы, задайте их друг другу и получите ответы на свои вопросы.

☐ соединять, художественный, игрушка, какой, традиции, разный

....

☐ матрёшка, дерево, какой, вырезать

....

☐ деревянный, самый большой, сколько, состоять, куколка, из, матрёшка

....

☐ матрёшка, когда, известность, Европа, получить

....

☐ турист, напоминать, что, матрёшка, сегодня

....

Г.

1) Подготовьте презентацию на тему «Русская матрёшка» и покажите её на занятии. Задайте вопросы слушателям и ответьте на их вопросы.
Вам помогут материалы сайтов:
http://ela66.blogspot.ru/2016/01/blog-post.html
http://pogodki.narod.ru/masterigr.htm

2) Письменно изложите мнение автора о том, почему матрёшка признаётся самой известной русской игрушкой. Употребляйте выражения:

автор считает/полагает, что; по его мнению; по мнению автора

3) Расскажите, что вы узнали о русских народных промыслах. Какие изделия народных мастеров вы хотели бы привезти из России в качестве подарка своим родителям и друзьям? Начните свой рассказ так:

На занятиях по русскому языку мы читали о русских народных промыслах, и я узнал(-а), что они… . Особенно мне понравилось…

2

В КРУГЕ ЖИЗНИ

- Образование сложных прилагательных.
- Выражение реального / ирреального условия в простом и сложном предложении: предложно-падежные конструкции, подчинительные союзы.
- Выражение причины в простом и сложном предложении: предложно-падежные конструкции, подчинительные союзы.

ЗАДАНИЕ 1.

 1) Прочитайте текст из «Энциклопедии праздников» и скажите, как вы понимаете сочетания слов:

водить хороводы, духовная поддержка, земледельческий календарь, национальная память, связь времён

Национальная культура — это национальная память каждого народа. Культура отличает один этнос от другого, помогает ощутить связь времён и даёт духовную поддержку. Русские очень ценят своё культурно-историческое прошлое.

Вся жизнь русского человека, с её трудами и праздниками, всегда была связана с земледельческим народным календарём, который назывался месяцесловом. Месяцеслов — своеобразная энциклопедия, где день за днём описывался весь год крестьянской жизни. Каждому дню и месяцу в этом календаре соответствовали свои традиции, праздники, обычаи и обряды.

В месяцеслове соединились язычество и христианство. Христианство, принятое в X веке, подарило русским Рождество и Пасху, а от времён язычества остались Масленица и праздник Ивана Купалы. В эпоху христианства языческие праздники получили новое толкование, и некоторые из них вошли в православную жизнь. При этом они сохранили яркие и весёлые народные традиции: люди продолжали водить хороводы, петь песни, показывать кукольные спектакли, играть в народные игры, шить национальную одежду. Сегодня в России отмечаются как старые, так и новые праздники, соблюдаются как религиозные, так и светские обычаи.

2) Выберите фразу, которая, по вашему мнению, наиболее полно отражает содержание текста.

1. Язычество сыграло в русской культуре важную роль.

2. В русское православие вошли элементы язычества.

3. Русские сохраняют своё культурное прошлое.

3) Отметьте верные и неверные высказывания.

	да	нет
1. Национальная культура является национальной памятью народа.	☐	☐
2. Люди должны знать свои исторические корни.	☐	☐
3. В X веке древние обычаи были утрачены.	☐	☐
4. Месяцеслов описывал быт богатых людей.	☐	☐
5. Водить хороводы — русская народная традиция.	☐	☐

Б. Скажите, как праздники отражают культурно-историческое прошлое народа. Какие традиции русских сохранились и действуют сегодня? Какие обычаи соблюдают в ваших странах и как они связаны с культурой и историей народа?

ЗАДАНИЕ 2.

А. **1) Определите по словарю значения слов и составьте с ними словосочетания.**

запретить, значимость, колядки, повелеть, светлый, славить, солнцеворот, торжество

2) Слушайте рассказ о Рождестве и Новом годе в России и вписывайте пропущенные слова.

Рождество и Новый год в России

Рождество Христово с древности было радостным праздником. На Руси после принятия христианства появилась традиция широко и .... праздновать Рождество. В конце декабря — начале января славяне-язычники отмечали Солнцеворот. Они считали, что в это время солнце «поворачивает на .... , а зима — на мороз». Некоторые реалии этого праздника вошли в православное торжество. Например, пение колядок .... в традицию славить Христа. А вот рождественскую ёлку в России стали .... только в XIX веке. Хотя ещё в 1699 году Пётр I повелел ставить в домах хвойные деревья, но это касалось только .... Нового года.

Однако ёлка в дореволюционной России, как и в других европейских странах, всё же стала .... деревом, которое символизирует вечную жизнь. После революции 1917 года перестали праздновать Рождество и украшать ёлку. Вернулась она только в 1935 году, но уже в качестве .... символа.

3) Послушайте текст ещё раз, выберите неверные суждения, исправьте их и запишите правильный вариант. 🎧

1. Язычники отмечали Солнцеворот в конце января.

....

....

2. По царскому указу в XVII веке в домах стали ставить новогодние ёлки.

....

....

3. В советское время все праздновали Рождество.

....

....

4) Расскажите об истории празднования Рождества в России.

Рождество Христово в храме Христа Спасителя

Б. **1) Прочитайте текст из «Энциклопедии праздников» и выпишите из него выделенные слова. Определите по словарю их значения.**

Рождество Христово

Рождество Христово — религиозный праздник рождения Иисуса Христа. Православная церковь отмечает этот праздник по юлианскому календарю 7-го января в отличие от других христианских церквей, которые празднуют его по григорианскому календарю 25-го декабря.

В дореволюционной России Рождество наряду с Пасхой было самым важным праздником, его отмечали и в царском дворце, и в крестьянской избе. Однако многие рождественские традиции были **утрачены** в советское время. Некоторые в **изменённой форме** стали частью празднования Нового года.

В современной России у праздника Рождества есть национальные **особенности**. В рождественскую ночь **верующие** идут в церковь на **литургию**, а утром садятся за праздничный завтрак. **Количество** людей, находящихся за столом, должно быть **чётное**, в **противном случае** ставят ещё один стул и столовый прибор.

Подготовке рождественского угощения уделяется особое внимание. Ещё летом русские хозяйки солят и **маринуют** овощи, варят ягодное и фруктовое **варенье**, чтобы зимой поставить их на рождественский стол. Его меню всегда **сытное** и разнообразное, ведь **накануне** закончился **строгий пост**, который сегодня соблюдают не только верующие, но и некоторые атеисты. На Рождество обычно готовят салаты из рыбы, красной икры, овощей и фруктов, **целиком зажаривают** гуся, пекут пироги и торты. Перед этим праздником также принято делать **генеральную уборку** всего дома.

В деревнях на юге России и сегодня на рождественской неделе дети ходят по домам знакомых и соседей, поют рождественские песни, читают стихи и танцуют — иными словами, колядуют. Хозяева дома угощают мальчиков и девочек фруктами и конфетами, дарят им небольшие сувениры. Считается, что вместе с детьми в дома приходит и сам младенец Иисус.

2) Выберите правильный вариант ответа.

1. Рождество в России празднуют ☐ .
   а) 25 декабря
   б) 1 января
   в) 7 января

2. Рождественские традиции были утрачены ☐ .
   а) до революции 1917 года
   б) в советское время
   в) на современном этапе

3. Готовиться к Рождеству в России начинают ☐ .
   а) летом
   б) зимой
   в) ночью

4. Дети ходят по домам, чтобы ☐ .
   а) убирать в них
   б) готовить еду
   в) колядовать

3) Впишите в предложения слова в нужной форме.

заготавливать, празднование, разнообразный, соблюдать, церковь

1. .... Рождества в России имеет свои особенности.

2. В рождественскую ночь верующие идут в ....

3. Русские женщины с лета .... овощи и фрукты для зимних праздников.

4. У рождественского стола богатое и .... меню.

5. В России некоторые атеисты .... пост.

В. Напишите письмо своей русской преподавательнице, в котором расскажите о своём участии в праздновании Рождества в России.

ЗАДАНИЕ 3.

А. **1) Определите по словарю значения данных слов и составьте с ними словосочетания.**

дополнительный, летоисчисление, наряжать, расхождение

2) Послушайте рассказ о старом Новом годе и ответьте на вопросы.

1. Когда стали отмечать старый Новый год?

2. Почему россияне празднуют два Новых года?

3. Сколько дней между этими праздниками?

Б. **1) Восстановите текст из «Энциклопедии праздников», вставьте нужные предлоги.**

Встреча старого Нового года .... России имеет особые традиции. Накануне этого праздника принято **гадать**; считается, что **гадания** .... ночь .... 13 .... 14 января обязательно **сбываются**. Этот ритуал сохранился .... языческих времён, особенно его любят девушки. Однако он не одобряется православной церковью, ведь один только бог знает, что ждёт человека .... будущем.

.... ночь .... старый Новый год целая компания родственников и друзей, соседей и просто знакомых ходит .... домам и желает хозяевам хорошей жизни. После весёлого и шумного **обхода** собираются .... доме и устраивают общее **застолье**. .... этот праздник обязательно варят **кашу**: если она получается вкусная, то новый год будет счастливым.

Но самая распространённая традиция старого Нового года — это приготовление **вареников**, часть которых обязательно должна быть .... сюрпризами. Сюрпризом может быть что угодно: сахар (..................... сладкой жизни .... новом году), соль (..................... не самой сладкой жизни), **пуговица** (..................... новой вещи), мелкая монетка (..................... деньгам), **фасоль** (..................... рождению детей), **нитка** (..................... дороге), **лавровый лист** (..................... славе). .... каждой местности и **даже** .... каждой семье значения сюрпризов могут различаться, но налепить побольше вареников, а затем съесть их .... шутками и смехом, ... сахаром и сметаной — очень добрая и весёлая традиция.

2) Определите по словарю значения выделенных в тексте слов.

3) Прочитайте восстановленный текст и пронумеруйте высказывания согласно его логической последовательности.

☐ Приготовление каши — старая традиция праздника.

☐ Вареники принято есть со сметаной и сахаром.

☐ В большом доме устраивают общий праздничный стол.

☐ Если в варенике оказалась фасоль — жди прибавления в семье.

☐ На старый Новый год девушки хотят узнать свою судьбу.

В. 1) Скажите, от каких слов образованы сложные прилагательные:

разноцветный, своеобразный, всемирный

2) Образуйте от данных слов сложные прилагательные:

прошлый год ....

разные образы ....

равные права ....

старая мода ....

общий для всех ....

общий для всего народа ....

общий для национальностей ....

3) Скажите, какая традиция празднования старого Нового года вам понравилась больше других и почему. Употребляйте сложные прилагательные.

Г. 1) Перед вами список продуктов, необходимых для приготовления вареников с творогом. Перечислите продукты и назовите их количество.

Для теста:

Продукты	Единица меры	Количество
мука	стакан	3
молоко	стакан	1
масло растительное	столовая ложка	1
соль	чайная ложка	$^1/_2$

Для начинки:

Продукты	Единица меры	Количество
творог	грамм	300–400
яичный желток	яйцо	1
сахар	чайная ложка	по вкусу
сметана	стакан	по вкусу

2) Прочитайте рецепт вареников с творогом. Подчеркните глаголы в инфинитиве, определите их вид и подберите к ним видовую пару.

Тесто. Муку высыпать в большую емкость и смешать с солью. В муке сделать углубление и вылить в него тёплое молоко. Добавить масло и замесить тесто. Если тесто липнет к рукам, добавить муки. Смочить руки растительным маслом и помесить тесто. Завернуть тесто в пищевую плёнку и оставить на полчаса.

Начинка. Творог тщательно растереть ложкой, добавить яичный желток и всё хорошо перемешать.

Важно! Творог для вареников должен быть плотный, некислый и не очень мокрый.

3) Ознакомьтесь с процессом приготовления вареников. Определите по словарю значения выделенных слов.

Тесто разделить на три части. Из каждой части **скатать** тонкую **колбаску** и разрезать её на небольшие **кусочки**. Каждый кусочек **обвалять** в муке и **раскатать** в небольшой **кружок**. Творог положить на середину кружка и **слепить** вареник. Он должен иметь форму **полумесяца**.

Важно! На старый Новый год в начинку добавить сюрпризы.

Взять кастрюлю, налить воду и довести её до кипения. **Опустить** вареники в кипящую воду и варить. Когда вареники **всплывут**, достать один из них, положить на тарелку и **надавить** на него пальцем. Если вареник **восстановит** форму, значит он готов.

Вынуть вареники из воды и положить на большое блюдо. Подавать с сахаром и сметаной.

4) Составьте все возможные словосочетания.

приготовить	со сметаной
сделать	углубление
смочить	с сахаром
замесить	на кусочки
завернуть	сюрпризы
добавить	яйцо
покупать	воду
резать	на вареник
иметь	тесто
надавить	в магазине
налить	в плёнку
подавать	руки
	начинку

5) Представьте ситуацию: вы в России отмечали старый Новый год и делали вареники к праздничному столу. Вам очень понравилось это блюдо. Расскажите своим друзьям, как вы готовили вареники. Употребите глаголы НСВ и СВ.

д.

1) Ознакомьтесь с информацией §6 А «Выражение реального условия» раздела 2 рабочей тетради.

2) Выполните задания 14, 15 (рабочая тетрадь, с. 50, 51).

3) Расскажите в группе о том, что обещают сюрпризы в варениках. Используйте конструкции реального условия.

ЗАДАНИЕ 4.

А.

1) Определите по словарю значение выделенных в тексте слов.

2) Прочитайте части текста и расположите их в логической последовательности. Впишите номера частей в пустые клеточки.

☐ Своё имя она получила в честь христианской **святой**, жившей в III веке нашей эры. Любящий сын решил сделать своей матери подарок: царица подписала указ об **основании** университета 25 января, в день святой Татьяны. Так она стала **покровительницей** Московского университета и всех российских студентов.

☐ Иногда для проведения праздника им предоставлялись рестораны. Перед **приходом** студентов оттуда убирали всю дорогую мебель и **посуду** и заменяли её **дешёвой**, на случай если студенты что-нибудь разобьют во время весёлого торжества. Полиция знала об этом празднике и не арестовывала веселящихся студентов и даже помогала им добраться домой после вечеринки.

☐ 25 января в российских городах отмечается замечательный праздник — Татьянин день. Он известен ещё как День российского студенчества. История этого праздника следующая. В 1755 году государственный деятель граф Иван Иванович Шувалов представил императрице Елизавете Петровне **прошение** об открытии университета в Москве. Это произошло в день **именин** матери Шувалова Татьяны.

☐ В советское время церковь при Московском университете закрыли, студенческие гуляния **посчитали** слишком шумными и фактически **отменили** их. Новая жизнь праздника началась в 1992 году, когда ректор Московского университета Виктор Антонович Садовничий предложил студентам снова отмечать Татьянин день. Сегодня это любимый праздник всего российского студенчества.

☐ С 25 января 1855 года Татьянин день стал отмечаться ежегодно во всех городах, где были **высшие учебные заведения**. В Московском университете праздник включал торжественную речь ректора, посещение церкви святой Татьяны и общеуниверситетский обед в столовой. Дальше начиналось самое интересное: студенты отправлялись гулять на улицы Москвы, пели песни и веселились.

3) Пронумеруйте высказывания согласно логической последовательности текста.

☐ Ректор МГУ возобновил праздник студентов.
☐ Перед вечеринкой в ресторанах заменяли посуду.
☐ После революции церковь святой Татьяны закрыли.
☐ Царица Елизавета подписала указ 25 января.
☐ Полиция не арестовывала студентов в день праздника.
☐ Шувалов сделал матери подарок на её именины.
☐ Святая Татьяна стала покровительницей университета.

Б. **Ответьте на вопросы:**

1. Почему российские студенты отмечают Татьянин день?
2. Когда Татьянин день стал праздником студентов в России?
3. Как отмечают День российского студенчества?

В. **1) Ознакомьтесь с информацией §6 Б «Выражение ирреального условия» раздела 2 рабочей тетради.**

2) Выполните задание 16 (рабочая тетрадь, с. 52).

3) Представьте ситуацию: русский друг приглашает вас в Москву на празднование Татьяниного дня. Расскажите, как бы вы хотели его провести. Используйте свои записи и конструкции ирреального условия.

А. Слушайте рассказ о Дне защитника Отечества и вписывайте пропущенные слова.

День защитника Отечества

23 февраля в России отмечается День защитника Отечества. Традиция поздравлять .... возникла давно. В 1698 году Пётр I учредил орден, которым награждали за воинские подвиги. Зимой 1918 года были .... декреты о создании армии и флота, и 23 февраля стал Днём Советской армии и военно-морского флота. В январе 2006 года Государственная Дума .... 23 февраля как День защитника Отечества. В рядах современной российской армии и флота служит один миллион двести тысяч человек.

Русская армия имеет славную историю. Далекие предки современных русских (русы) были .... воинами. В конце VI века византийский император писал о них: «Русы любят свободу и не склонны ни к .... , ни к повиновению, храбры, в особенности в своей земле, выносливы, легко переносят холод и жару, ... в одежде и пище. Юноши их искусно владеют оружием».

Сегодня граждане России считают День защитника Отечества не только праздником армии, но и праздником .... мужчин — защитников в самом широком смысле слова. День 23 февраля стал выходным в 2002 году. В этот день матери и дочери, жёны и сёстры, подруги и женщины-коллеги .... мужчин с их замечательным праздником.

Б. 1) Послушайте текст ещё раз и выберите правильный вариант ответа.

1. В ☐ году появился орден, которым стали награждать воинов.
   а) 2006
   б) 1918
   в) 1698

2. В конце VI века о русах писал ☐ .
   а) император Византии
   б) русский император
   в) предок русских

3. Предки современных русских были ☐ .
  а) покорными
  б) храбрыми
  в) трусливыми

4. Сегодня 23 февраля является праздником ☐ .
  а) всех женщин
  б) всех воинов
  в) всех мужчин

2) Работайте в парах.
  Первый собеседник: **задайте другу вопросы о празднике «День защитника Отечества», истории и традициях его празднования.**
  Второй собеседник: **ответьте на заданные вопросы.**

B. **Объясните значения приведённых ниже русских пословиц.**

Смелость города берёт.
Один в поле не воин.
Сам погибай, а товарища выручай.
Лучше смерть славная, чем жизнь позорная.

ЗАДАНИЕ 6.

A. **1) Восстановите текст, дополните его словами в нужной форме.**

начаться, обращение, одинаковый, пройти, профсоюз, солидарность, традиция, украшения

8 МАРТА *Международный женский день!*

23-го февраля россияне поздравляют всех мужчин, а 8-го марта — всех женщин. Женский день 8 Марта очень любят в России. История этого праздника .... в XIX веке, когда 8-го марта 1857 года в США, в городе Нью-Йорке, ... **манифестация** (1) работниц швейных и обувных фабрик. Они требовали нормальных условий труда и .... с мужчинами зарплаты. После этого **события** (2) появились женские .... , и женщины получили избирательное право.

В 1910 году в столице Дании Копенгагене на Международной женской конференции социалисток было предложено праздновать 8-го марта Всемирный женский день. Это стало .... к женщинам всех стран бороться за свою **независимость** (3) и равноправие. Впервые этот праздник отметили в 1911 году в Австрии, Германии и Швейцарии. В России праздновать этот день начали в 1913 году. 8-е Марта является днём международной .... трудящихся женщин в борьбе за свои экономические и политические права. ООН официально **признала** (4) Международный женский день в 1976 году.

В современной России 8 Марта — праздник весны и любви, это дань **уважения** (5) мужчин к матерям, жёнам и подругам. Россиянкам в этот день по .... дарят цветы, духи и ....

2) Соотнесите выделенные в тексте слова с данными определениями. Впишите ответы в пустые клеточки.

☐ а) политическая или психологическая самостоятельность
☐ б) массовое уличное шествие
☐ в) объявить существующим и законным
☐ г) почтительное отношение к человеку
☐ д) факт общественной или личной жизни

Б. Прочитайте восстановленный текст, расскажите об истории праздника 8 Марта и скажите, празднуют ли его в вашей стране. Если да, то как.

В. Обсудите в группе вопрос, актуальны ли сегодня выступления женщин за свою независимость и равноправие.

ЗАДАНИЕ 7.

А. 1) Прочитайте текст из «Энциклопедии праздников» и выпишите из него выделенные слова. Определите по словарю их значения.

Масленица — весёлый языческий праздник, который вошёл в число православных торжеств и сегодня является частью жизни россиян. Масленица длится неделю, после неё начинается Великий пост, а затем наступает время Пасхи. Наиболее важным днём Масленой недели считается последний день — воскресенье, которое в России называется **Прощёным**. В этот день близкие и знакомые просят друг у друга прощения за **причинённые обиды** и **неприятности**.

В Древней Руси Масленица была посвящена **воспоминаниям** об умерших, а блины были **поминальным** угощением. Субботу накануне Масленницы и сейчас именуют родительской. В этот день в церкви поминают умерших родителей и других родственников. Но прошло время, и **грустный** языческий праздник превратился в весёлую Масленицу, однако традиция печь блины сохранилась. Жёлтые и круглые, горячие и масляные, они стали символизировать солнце и весеннее **пробуждение** природы.

Кроме того, часть масленичных обычаев была связана с темой семейных отношений. На Масленицу поздравляли молодожёнов, их заставляли целоваться у всех на глазах и посыпали снегом. А тех неженатых парней и незамужних девушек, которые ещё не вступили в брак, «наказывали»: к ноге привязывали веточку дерева или ленту, и, чтобы её снять, надо было откупиться деньгами или угощением.

2) Выпишите из текста слова, которые соответствуют приведённым определениям.

последний день недели ....

весёлый языческий праздник ....

круглые жареные изделия из теста ....

люди, которые недавно поженились ....

люди, у которых нет семьи ....

3) Выберите правильный вариант ответа.

1. Масленица ☐ .
   а) осталась языческим праздником
   б) вошла в православную традицию

2. В последний день Масленицы ☐ .
   а) просят прощения
   б) вспоминают умерших

3. На Масленицу ☐ .
   а) варят кашу
   б) пекут блины

4. В прошлом праздник был связан ☐ .
   а) с наказаниями
   б) с темой семьи

Б. Послушайте текст «Масленица в современной России» и дополните предложения.

1. В Прощёное воскресенье люди собираются на площади и ....

....

2. Куклу наряжают в ....

3. Молодая весна принесёт ....

В. 1) Ознакомьтесь с информацией § 5 «Выражение причины» раздела 2 рабочей тетради.

2) Выполните задания 12, 13 (рабочая тетрадь, с. 48, 49).

3) Ответьте на вопросы.

1. Благодаря чему в современной России отмечают языческий праздник Масленицы?

2. В связи с чем последний день Масленой недели называется Прощёным воскресеньем?

3. Почему на Масленицу принято печь блины?

4. Почему в этот праздник сжигают соломенную куклу?

Г. Напишите статью для интернет-газеты о народных праздниках, популярных в вашей стране, и прочитайте её в группе.

ЗАДАНИЕ 8.

А. 1) Прочитайте текст и определите по словарю значения выделенных слов.

2) Соотнесите части текста с их названиями.

☐ Праздничное угощение.
☐ Пасхальная ночь в церкви.
☐ Главный праздник христиан.
☐ Яйцо — символ возрождения.

1. Пасха является самым важным православным праздником, который пришёл на Русь из Византии в конце X века. Пасха — светлый праздник **воскресения** Иисуса Христа. Согласно церковному преданию, после этого события святая Мария Магдалина путешествовала по разным странам. Когда она была в Риме у императора Тиберия, она вручила ему красное яйцо со словами: «Христос воскрéсе!»

2. В России на Пасху христиане обмениваются **троекратными** поцелуями и говорят: «Христос воскрéсе!» — «Воистину воскресе!» При этом они дарят друг другу крашеные яйца. В христианской традиции яйцо является символом **возрождения**, а красный цвет означает радость верующих, узнавших о спасении Христа.

3. Русские соблюдают пасхальные традиции. На этот праздник принято красить яйца, готовить **творожные** пасхи и печь из теста **куличи**. Творожная пасха, или пасха из **творога**, делается в виде **усечённой** пирамиды — символа Гроба Господня. На её боковых сторонах помещаются православные кресты и буквы «Х.В.», что означает — «Христос воскресе». Но самым главным кулинарным шедевром всегда был и остаётся кулич, который напоминает о **жертве** Спасителя за грехи всего человечества.

4. В субботу накануне Великого воскресения яйца, пасхи и куличи кладут в корзины и несут в церковь. Священник **кропит пищу** и всех присутствующих святой водой. В этих обрядах участвуют не только верующие, но и люди, далёкие от религии. Утром после торжественной ночной **службы (всёнощной)** все идут домой есть освящённую пищу.

Б. Ответьте на вопросы.

1. В каком веке праздник Пасхи пришёл на Русь из Византии?
2. Кому Мария Магдалина преподнесла красное яйцо?
3. Как русские приветствуют друг друга на праздник Пасхи?
4. Что означает в христианстве красный цвет?
5. Какую еду принято готовить в России на Пасху?
6. Почему в пасхальную ночь люди идут в церковь?

В. Рассмотрите иллюстрации к заданиям этого параграфа. Скажите, какие русские праздники понравились вам больше всего. Расскажите, что вы о них узнали.

....
....
....
....
....
....
....
....
....
....
....

ФОЛЬКЛОР — МУДРОСТЬ НАРОДА

- Выражение цели в простом и сложном предложении: инфинитивные и предложно-падежные конструкции, подчинительные союзы.
- Прямая и косвенная речь.

ЗАДАНИЕ 1.

 1) Прочитайте текст из энциклопедического словаря и дополните его приведёнными словами в нужной форме.

ввести, влияние, глубокий, живопись, информация, лирический, напечатать, народ, поговорка, учёный

Фольклор — коллективная художественная деятельность .... , которая отражает его жизнь, философию, принципы и идеалы. Народное творчество зародилось в .... древности и стало исторической основой всей мировой культуры. Термин «фольклор» был .... в научный оборот в 1846 году английским .... Уильямом Томсом для обозначения художественной и материальной культуры народа. К фольклору имеют отношение все виды искусства: музыка, хореография, ... , театр, архитектура, прикладное искусство.

В русской традиции чаще всего фольклором называется литературное народное творчество, которое возникло до создания письменности и под .... которого появилась книжная литература. Его особенностью является устный способ передачи .... , а также то, что его авторами и носителями обычно выступали сельские жители. Русский фольклор передавался из поколения в поколение в виде загадок, пословиц, ... , былин, легенд, колядок, песен, сказок, однако имена их авторов неизвестны. Эти произведения могли быть по объёму как небольшими, так и пространными. Изучение русского фольклора началось после того, как в 1804 году был .... первый сборник русских былин, духовных стихов, исторических и .... песен, составленный народным певцом и поэтом Кириллом Даниловым.

2) Запишите полные ответы на данные вопросы.

1. Что такое фольклор?

....

....

2. Кто и когда впервые использовал этот термин?

....

....

3. Какие виды искусства входят в фольклор?

....

....

4. Какие особенности имеет русский фольклор?

....

....

5. Какие жанры входят в устное народное творчество?

....

....

6. Когда началось изучение русского фольклора?

....

....

3) Перескажите текст, используйте свои записи.

 1) Определите по словарю их значения выделенных в тексте слов.
2) Прочитайте фрагмент биографии и скажите, что вы узнали о В.И. Дале.

За свою жизнь Владимир Иванович Даль (1801–1872) **освоил** немало профессий. Он был прекрасным военным врачом и **крупным** министерским **чиновником**. Даль знал двенадцать языков и считался одним из первых в России специалистов по **тюркским** языкам. Владимир Иванович писал сказки, которые высоко **оценил** Александр Сергеевич Пушкин.

Но чем бы Даль ни занимался, он прежде всего оставался собирателем этнографического и языкового материала. Пятьдесят три года Владимир Иванович записывал русские слова и выражения, пословицы и поговорки, сказки, песни и загадки, чтобы затем **упорядочить** и **обнародовать** эти материалы. В результате его труда появился четырёхтомный «Толковый словарь живого великорусского языка», в который вошло двести пятнадцать тысяч слов, тридцать тысяч пословиц и поговорок и который занял **заслуженное** место в истории русской культуры.

3) Рассмотрите портрет В.И. Даля. Напишите о нём небольшой текст, в котором расскажите о его человеческих и профессиональных качествах. Употребляйте словосочетания:

обладать творческими способностями, иметь широкий кругозор,
собирать и систематизировать информацию, быть терпеливым и наблюдательным,
уметь анализировать

ЗАДАНИЕ 2.

A. **1)** Определите по словарю значения слов и составьте с ними словосочетания.

богатство, дудочка, загадка, исполнение (чего?), мироздание, обширный,
отгадать, отметить, придавать (что?), равнины, стадо, тундра

2) Прочитайте журнальную статью и выпишите из неё загадки. Скажите, есть ли похожие загадки в вашем языке. Если есть, загадайте их в группе.

Русские загадки

В древности загадки служили для описания мироздания и объяснения явлений природы. В эпосе разных народов им придавалось особое таинственное значение: отгадать загадку означало получить исполнение желания или избавиться от опасности. Народная литература «вопросов и ответов» восходит к древнеиндийской поэзии, к изречениям древнегреческих оракулов и к древним славянским сказаниям.

Русские придумывали загадки, когда познавали разнообразный и незнакомый окружающий мир. Велика территория России: её южные границы окружают горы, в центре находятся равнины с широкими реками, на севере располагается тундра, за которой начинается холодный океан. Это географическое богатство страны отмечено в русских загадках. Плавное и неторопливое течение русских рек ритмически передали в загадках жители Центральной России: **Течёт, течёт — не вытечет, бежит, бежит — не выбежит**. Люди, живущие в горах, придумали загадку про водопад: **День и ночь кричит, а голос не устанет**.

А вот загадку **Поле не мерено, овцы не считаны, пастух рогат** сложил тот, кто смотрел в даль широкой степи, где паслись стада домашних живот-

Идёт, иглы на себе несёт

ных и играл на дудочке пастух. Человек сравнил эту картину с огромным ночным небом, с молодым месяцем и яркими звёздами над головой.

Старинные загадки разгадать сложно, если не знать русской истории. Есть очень старая загадка о яйце: **Крепь-город да Белгород, а в Белегороде воску брат**. Дать ответ на неё помогут знания об архитектуре древнерусских городов: вокруг них всегда строилось несколько стен — земляных, белокаменных и кремлёвских. С этими архитектурными особенностями и сравнивается структура яйца: Крепь-город — это яичная скорлупа, Белгород — это белок, а брат воску — желток.

Из загадок русского народа можно узнать многое: что ели, какую одежду носили, как строили дома и организовывали домашнее хозяйство. Однако со временем загадки утратили своё мифическое и культурно-историческое значение. Для современного человека в них осталась лишь аллегорическая форма и образный язык. Люди стали видеть в загадках только упражнение для ума.

3) Выпишите из каждого абзаца ключевые слова и сформулируйте его основную мысль.

4) Восстановите порядок упоминания информации в тексте.

☐ Старинные русские загадки отгадать нелегко.

☐ В загадках содержится информация о народной жизни.

☐ Древние люди придавали загадкам особое значение.

☐ Сегодня загадки утратили свою первоначальную функцию.

☐ Русская природа помогала народу сочинять загадки.

Б. **Работайте в парах.**
Первый собеседник: расспросите вашего собеседника о значении загадок для русского человека, о том, как их разгадать, как в них описывается природа и что можно из них узнать.
Второй собеседник: ответьте на заданные вопросы.

В. Изложите письменно мнение автора текста об особенностях русских загадок. Употребляйте выражения:

автор полагает/считает/отмечает, что;
по его мнению; по мнению автора

....

....

....

....

....

Г.

1) Найдите соответствие. Впишите ответы в матрицу.

1. Не прядёт, не ткёт, а людей одевает.

2. Явился в жёлтой шубке — прощайте, две скорлупки!

3. Зелёные глаза — всем мышам гроза.

4. У тридцати двух воинов один командир.

5. Пять братьев — годами равные, ростом разные.

6. Тебе дано, а люди им пользуются.

7. Ношу их много лет, а счёту им не знаю.

8. Бел, да не сахар, нет ног, а идёт.

9. Сидит дед во сто шуб одет, кто его раздевает, тот слёзы проливает.

а) имя
б) лук
в) снег
г) волосы
д) цыплёнок
е) кошка
ж) овца
з) зубы и язык
и) пальцы

1	2	3	4	5	6	7	8	9

2) Загадайте друг другу загадки, существующие в вашем родном языке. Попробуйте отгадать их.

ЗАДАНИЕ 3.

 А.

1) Прочитайте продолжение журнальной статьи и выпишите из неё пословицы. Скажите, какая из приведённых в ней пословиц вам понравилась больше других и как вы поняли её смысл.

Народные загадки по своей форме похожи на пословицы, однако пословица отличается от загадки тем, что загадку нужно отгадать, а пословица — это всегда поучение. Русские пословицы — это меткие выражения, которые созданы коллективным автором — русским народом. Пословицы рождались в речи крестьян и ремесленников, охотников и торговцев. Они являются примером соединения высокого искусства и бытовой речи.

Смысл пословиц раскрывается в обыденной жизни. Чтобы убедить своего собеседника, русские нередко говорят: **Бережёного и Бог бережёт**; **Кончил дело — гуляй смело**; **На сердитых воду возят**; **Тише едешь — дальше будешь**.

Пословица содержит как прямой, так и более значимый пере-

В большом деле и маленькая помощь дорогá

носный смысл. Например, пословицу **Не всё то золото, что блестит** вспоминают, когда хотят сказать, что не всё яркое и красивое представляет настоящую ценность.

Многие пословицы состоят из двух рифмующихся частей: **Наказал Бог народ: наслал воевод**; **Красна птица пером, а человек — умом**; **С кем поведёшься, от того и наберёшься**.

Нередко существует несколько вариантов одной пословицы. Например, если хотят сказать о людях, которые быстро находят общий язык, то говорят так: **Рыбак рыбака видит издалека** или **Рыбак рыбака далеко в плёсе видит**.

Появляются новые пословицы: **Wi-Fi лишним не бывает**; **Красна секретарша не тем, что красавица, а тем, что с факсом управится**. Их источником также является профессиональная и бытовая речь, часто пословицами становятся фразы из известных художественных произведений, полюбившихся фильмов, популярных песен. Нередко старые пословицы получают новое оформление. Например, известная пословица **В гостях хорошо, а дома лучше** сегодня звучит как **В гостях хорошо, а дома Интернет**.

Пословицы обычно выражают эмоции. Как и создавшие их люди, пословицы учат и утешают, плачут и смеются, радуются и огорчаются.

2) Отметьте верные и неверные высказывания.

	да	нет
1. Пословица отражает события жизни.	☐	☐
2. Автор пословиц — народ.	☐	☐
3. Пословица всегда поучительна.	☐	☐
4. Пословицы не имеют вариантов.	☐	☐
5. Пословицы нередко имеют эмоциональную окраску.	☐	☐

3) Прочитайте план текста. К каждому пункту плана выпишите из текста ключевые слова и выражения. Перескажите текст по приведённому плану, используйте свои записи.

План
1. Отличие пословиц от загадок.
2. Возникновение русских пословиц.
3. Вариативность пословиц.
4. Эмоциональность пословиц.

Б. 1) Прочитайте русские пословицы и объясните их смысл.

Волков бояться — в лес не ходить.
Делу время — потехе час.
Копейка рубль бережёт.
Кто не работает, тот не ест.
    Один в поле не воин.
    Семеро одного не ждут.
    Слово — серебро, а молчание — золото.

2) Приведите примеры пословиц, существующих в вашем родном языке. Объясните их смысл.

3) Напишите небольшой рассказ на одну из тем, обозначенных в приведённых выше русских пословицах. Прочитайте его в группе.

4) Задайте вопросы друг другу об авторе рассказа и получите ответы на них. Выразите своё отношение к прослушанному тексту. Употребляйте выражения:

мне понравилось, что;
автор (не)верно / (не)правильно написал / отметил, что

 1) Слушайте текст о русских поговорках и вписывайте пропущенные слова.

Русские поговорки

Поговорка представляет собой .... жанр фольклора. В отличие от пословицы, она не содержит обобщающий поучительный смысл и не является законченным .... В народе говорится: **Поговорка — цветочек, а пословица — ягодка**. Поговорка — это словосочетание, образно отражающее одно из явлений жизни, это .... образ, заменяющий слово: **пороха не выдумает** означает «глупый человек, дурак»; **лисьим хвостом** могут назвать .... человека, а про весёлого и дружелюбного скажут: **Глянет — рублём подарит**.

Поговорка часто носит юмористический характер. Например, о каком-либо событии, которое .... когда произойдёт, говорят с насмешкой: **Когда рак на горе свистнет**, а неясную и запутанную речь определяют так: **Семь вёрст до небес и всё лесом**.

 2) Послушайте текст ещё раз и исправьте неверные суждения.

1. Поговорка обычно большое по объёму произведение.

....

2. В народе говорят, что поговорка — это ягодка.

....

3. В фольклоре хитрый человек ассоциируется с лисой.

....

Г. **1)** Прочитайте русские поговорки и объясните их смысл. Скажите, есть ли в вашем родном языке похожие поговорки. Если есть, назовите их.

Бабушка надвое сказала.
Выносить сор из избы.
Голод не тётка.
Два сапога пара.
    Ложка дёгтя в бочке мёда.
    Не в бровь, а в глаз.
    Собака на сене.

2) Соотнесите русские поговорки, данные слева, с толкованием, данными справа. Впишите ответы в пустые клеточки.

1. Нашла коса на камень.

2. Свинью подложить.

3. Слово не воробей.

☐ а) Сказанного вернуть нельзя.

☐ б) Доставить другому неприятность.

☐ в) Столкновение взглядов или интересов.

ЗАДАНИЕ 4.

 1) Слушайте фрагмент лекции о русской сказке и вписывайте пропущенные слова.

Русская сказка

Иван-царевич и Серый Волк.
Художник В. Васнецов

Русская народная **сказка** (1) — один из видов .... прозы. Это произведение о волшебных, необыкновенных событиях со счастливым концом. Обычно сказки адресованы детям и призваны .... им глубокую жизненную **мудрость** (2), прививать уважение к **предкам** (3), учить достойному отношению к другим народам.

Однако существуют сказки и для .... В таких сказках в первую очередь описывается национальное **мироощущение** (4) народа и разрешаются морально-этические, государственные и .... проблемы. Исследователи русской сказки считали, что она содержит **вечные** (5) человеческие ....

Слово «сказка» появилось в русских письменных **источниках** (6) в XVII веке. Первым собирателем русских сказок стал .... Александр Николаевич Афанасьев. Он подготовил сборник «Русские детские сказки», который вышел в Москве в 1870 году. В России наиболее популярными всегда были волшебные сказки и сказки о ....

2) **Соотнесите выделенные в тексте слова с данными определениями.**

☐ а) восприятие действительности
☐ б) предыдущие поколения
☐ в) письменный документ
☐ г) жанр фольклорной прозы
☐ д) не перестающий существовать
☐ е) знание, которое опирается на опыт

Б. 1) **Послушайте текст ещё раз и ответьте на вопросы.**

1. Кому обычно адресованы сказки?
2. Чему учат сказки детей и взрослых?
3. Когда появилось слово «сказка»?
4. Кто был первым исследователем русских сказок?
5. Когда и где вышел первый сборник русских сказок?

2) **Расскажите об особенностях русской сказки. Употребляйте выражения:**

из текста я узнал, что; в тексте говорится о том, что

ЗАДАНИЕ 5.

А. 1) **Скажите, как вы понимаете высказывание.**

Сказка «Мужик и медведь» — фольклорное произведение Древней Руси. Русские народные сказки всегда имеют поучительный смысл. В этой сказке показан разрыв отношений между миром природы и человеком.

2) **Определите по словарю значения слов и составьте с ними словосочетания.**

ботва, вершки, вражда, жать, зарычать, копать, корешки, репа, рожь, сеять, сломать, сочная

Б. Прочитайте сказку и найдите в ней слова и словосочетания, по которым можно определить, как главные герои относятся друг к другу.

Мужик и медведь

Мужик поехал в лес репу сеять. Пришёл к нему медведь и говорит:

— Мужик, я тебя сломаю.

— Не ломай меня, медведюшка, лучше давай вместе репу сеять. Я себе возьму корешки, а тебе отдам вершки.

— Хорошо, — сказал медведь. — Но, смотри, если обманешь, — в лес ко мне больше не приходи.

Выросла репа крупная и сочная. Приехал мужик осенью её копать. А медведь из чащи вылезает:

— Мужик, давай репу делить.

— Ладно, давай: тебе вершки, мне корешки.

Отдал мужик медведю всю ботву. А репу повёз в город продавать. Навстречу ему медведь:

— Мужик, куда ты едешь?

— Еду в город корешки продавать.

— Дай-ка попробовать — каков корешок?

Мужик дал ему репу. Медведь съел и как зарычит:

— Ну, мужик, обманул ты меня! Твои корешки сладкие. Теперь не езжай ко мне в лес, а то заломаю.

На другой год мужик посеял на том месте рожь. Приехал жать, а там медведь его дожидается:

— Теперь меня, мужик, не обманешь! Давай мою долю!

Мужик говорит:

— Бери корешки, а я себе возьму вершки.

Собрали они рожь. Отдал мужик медведю корешки, а рожь забрал и увёз домой. Медведь ничего с корешками сделать не смог. Рассердился он на мужика, и с тех пор у медведя с мужиком вражда пошла.

 1) Из приведённых слов выберите подходящие для характеристики а) мужика и б) медведя:

хитрый, злой, ленивый, жадный, экономный, хозяйственный, наивный, работящий, глупый, сердитый

2) Выскажите мнение о характере мужика и о поведении медведя; обоснуйте своё мнение. Употребляйте выражения:

на мой взгляд; по моему мнению; во-первых; во-вторых; с одной стороны; с другой стороны

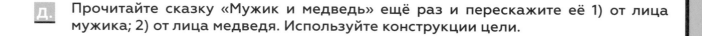

Г. 1) Ознакомьтесь с информацией §7 «Выражение цели» раздела 2 рабочей тетради.

2) Выполните задания 17, 18 (рабочая тетрадь, с. 54, 55).

Д. Прочитайте сказку «Мужик и медведь» ещё раз и перескажите её 1) от лица мужика; 2) от лица медведя. Используйте конструкции цели.

ЗАДАНИЕ 6.

А. 1) Определите по словарю значения слов и составьте с ними словосочетания.

запрягать (кого?), извести, косточка, лохмотья, мачеха, «Морозко», обронить, падчерица, перекрестить, повалить, поскакивать, потрескивать, пощёлкивать, рассердиться, раствориться, скрипнуть, сундук, черепки, шевелить

2) Прочитайте сказку и сформулируйте её основную идею.

Морозко

У мачехи была падчерица да родная дочка. Надо правду сказать, падчерица была золото, в хороших руках она бы как сыр в масле каталась, а у мачехи каждый день слезами умывалась. Придумала мачеха как падчерицу извести:

— Вези, вези, старик, её куда хочешь, да не вози к родным в тёплую хату, а вези в чисто поле, на мороз!

Старик заплакал, однако делать нечего — посадил дочку на сани, повёз бездомную в чистое поле, перекрестил, а сам поскорее домой, чтоб глаза не видали её смерти. Осталась бедненькая, трясётся от страха и холода и тихонько молитву творит.

Морозко по ёлкам потрескивает, с ёлки на ёлку поскакивает, пощёлкивает. Очутился на той ели, под которой девица сидит, и спрашивает:

— Тепло ли тебе, девица? Тепло ли тебе, красная?

Девица замерзать стала, чуть-чуть языком шевелит:

— Ой, тепло, голубчик Морозушко!

Тут Морозко сжалился над девицей, окутал её тёплыми шубами, отогрел пуховыми одеялами. Подарил он красной девице сундук с приданым, платье, шитое серебром и золотом, и шубу. Надела она и стала такая красавица! Уселась на сундучке, такая весёленькая, такая хорошенькая! Сидит и песенки поёт.

> красная де́вица =
> красивая девушка

А мачеха по ней поминки справляет — напекла блинов.

— Ступай, муж, вези хоронить свою дочь.

Старик поехал. А собачка под столом:

— Гав, гав! Старикову дочь в золоте, в серебре везут, а старухину женихи не берут!

— Молчи! На́ блин, скажи: старухину дочь женихи возьмут, а стариковой одни косточки привезут!

Скрипнули ворота, открылись двери, несут сундук высокий, тяжёлый, идёт падчерица, нарядная, румяная, красивая. Мачеха глянула и говорит:

— Старик, старик, запрягай других лошадей, вези мою дочь поскорей! Посади на то же поле, на то же место.

Повёз старик на то же поле, посадил на то же место. Пришёл и Морозко, поглядел на свою гостью, попрыгал-поскакал, а хороших речей не дождался и рассердился на девушку.

В этот день старуха говорит мужу:

— Старик, ступай, мою дочь привези, да саней не повали, да сундук не оброни!

А собачка под столом:

— Гав, гав! Старикову дочь женихи возьмут, а старухина в мешке черепки привезёт!

— Не ври! На́ пирог, скажи: старухину в золоте и серебре везут!

Растворились ворота, старуха выбежала встречать дочь, а у неё вместо богатого платья одни лохмотья, а в сундуке вместо подарков одни черепки. Заплакала старуха, да поздно!

Б. 1) **Выберите правильный вариант ответа.**

1. Мачеха решила избавиться от падчерицы, потому что ☐ .
   а) все мачехи злые
   б) у неё есть дочь
   в) ненавидела её

2. Старик отвёз девушку в лес, так как ☐ .
   а) не любил дочь
   б) боялся жену
   в) боялся смерти

3. Дочь старика была хорошо ☐ .
   а) одета и обута
   б) воспитана
   в) устроена в жизни

4. Мачехина дочь получила в подарок ☐ .
   а) одни черепки
   б) платье и шубу
   в) сундук и шубу

2) Пронумеруйте высказывания согласно логической последовательности текста.

☐ а) Мачеха напекла блинов.

☐ б) Морозко с ветки на ветку скачет.

☐ в) Перекрестил старик дочь.

☐ г) Девушка развеселилась и песни запела.

☐ д) Дочь старика плакала каждый день.

☐ е) Повёз старик свою падчерицу в лес.

3) Найдите в первом абзаце текста русскую поговорку. Скажите, как вы понимаете её значение.

4) Прочитайте сказку ещё раз и перескажите текст от лица 1) старика, 2) старухиной дочери.

В. **1)** Посмотрите отрывок из кинофильма «Морозко» и найдите соответствие. Впишите ответы в матрицу.

1) сани   а) лапушка

             б) безжалостный

2) сила   в) неперечливая

             г) самоходные

3) Морозко   д) злой

             е) морозильная

4) девушка   ж) быстроходные

             з) батюшка

             и) птичка-невеличка

1	2	3	4

2) Опишите внешний вид, состояние героев, место и ситуацию, в которой они находятся. Расскажите, какие действия они совершают.

Г. **1)** Ознакомьтесь с информацией раздела 6 «Прямая и косвенная речь» рабочей тетради.

2) Выполните задания 1—4 (рабочая тетрадь, с. 100—104).

3) Преобразуйте диалоги из текста сказки «Морозко» в предложения с прямой речью; обратите внимание на пунктуационное оформление таких предложений. Замените прямую речь косвенной.

4) Выпишите из текста сказки предложения с конструкциями цели; передайте их содержание, употребляя синонимичные конструкции.

 Д. Перескажите сказку а) от лица Морозко, б) от лица дочери старика. Используйте косвенную речь и конструкции цели.

ЗАДАНИЕ 7.

 А. 1) Посмотрите фрагмент мультфильма «Царевна-лягушка». Предположите, в какую эпоху происходит действие, скажите, кто является действующими лицами. Опишите их состояние, ситуацию, в которой они оказались, и место, где происходят события.

2) Прочитайте следующий эпизод из сказки о Царевне-лягушке и предположите, как дальше будут развиваться события.

...Прошло время. Позвал царь своих сыновей с их жёнами в гости. Загрустил Иван-царевич, а лягушка ему говорит: «Ты поезжай один, а как услышишь шум, скажи, что это твоя лягушонка едет». Уехал Иван-царевич, а лягушка превратилась в Василису Премудрую. Приехала она к царю. Увидели Василису все и поразились её красоте и мудрости...

Б. 1) Прочитайте выражения, которые часто используются в русских сказках. Скажите, как вы их понимаете.

близко ли, далёко ли; долго ли, коротко ли; в тридесятом царстве; залиться горькими слезами; за тридевять земель; избушка на курьих ножках; палаты белокаменные; побежать во всю прыть; пойти куда глаза глядят; разорвать в клочки; сахарные уста

2) Прочитайте продолжение сказки и определите по словарю значения выделенных слов.

...Иван-царевич побежал домой, нашёл там лягу́шечью кожу и бросил её в печь, сжёг на огне. Василиса Премудрая вернулась домой и видит — нет лягушечьей кожи. Говорит она Ивану-царевичу:

— Ах, Иван-царевич, что же ты наделал! Если бы ты ещё только три дня подождал, я бы вечно твоей была. А теперь прощай. Ищи меня за тридевять земель, в тридесятом царстве.

Обернулась Василиса Премудрая белой лебедью и улетела в окно. Иван-царевич поплакал, поплакал, поклонился на четыре стороны и пошёл куда глаза глядят — искать жену Василису Премудрую.

> Персонажи русских сказок:
> **Иван-царевич — младший сын царя**
> **Василиса Премудрая — мудрая женщина**

Шёл он близко ли, далёко ли, долго ли, коротко ли и проголодался. В чистом поле **попадается** ему медведь. Иван-царевич хотел убить зверя. А медведь говорит ему человеческим голосом:

— Не бей меня, Иван-царевич, когда-нибудь тебе пригожусь.

Пожалел медведя Иван-царевич и пошёл дальше. Летит над ним **селезень**. Хотел он его убить, а селезень говорит ему человеческим голосом:

— Не бей меня, Иван-царевич! Я тебе пригожусь.

Он пожалел селезня и пошёл дальше.

Бежит заяц. Иван-царевич опять хочет в него стрелять, а заяц говорит человеческим голосом:

— Не убивай меня, Иван-царевич, я тебе пригожусь.

Пожалел он **зайца**, пошёл дальше. Подходит к синему морю и видит — на берегу лежит **щука**, едва дышит и говорит ему:

— Ах, Иван-царевич, пожалей меня, брось в синее море! Он бросил щуку в море, пошёл дальше берегом.

Пришёл он в лес. Там стоит избушка на курьих ножках, кругом себя **поворачивается**. В той избушке живёт Баба-Яга. И говорит она Ивану-царевичу:

Царевна-лягушка. Художник В. Васнецов

— Жена твоя у Кощея Бессмертного. Хочет он её себе в жёны взять. А Кощея нелегко победить: его смерть на конце **иглы**, та игла в яйце, яйцо в утке, утка в зайце, заяц сидит в каменном сундуке, а сундук стоит на высоком дубе. Тот дуб Кощей Бессмертный, как свой глаз, бережёт.

Пошёл Иван-царевич к дубу. Видит — стоит, шумит высокий дуб, на нём сундук, а достать его трудно. Вдруг, откуда ни возьмись, прибежал медведь и **выворотил** дуб с корнем. Сундук упал и разбился. Из сундука выскочил заяц — и побежал во всю прыть. А за ним другой заяц гонится, догнал и в клочки разорвал. Из зайца вылетела утка, поднялась высоко, под самое небо. А на неё селезень **кинулся**, утка яйцо выронила, упало яйцо в синее море. Тут Иван-царевич залился горькими слезами — где же в море яйцо найти! Вдруг подплывает к берегу щука и держит яйцо в зубах.

Иван-царевич **разбил** яйцо, достал иглу и сломал у неё конец. Пришлось Кощею, хоть он и Бессмертный, умереть. А Иван-царевич пошёл в Кощеевы палаты белокаменные. Выбежала к нему Василиса Премудрая, поцеловала его в сахарные уста. Иван-царевич с Василисой Премудрой **воротились** домой и жили долго и счастливо до глубокой старости.

В. 1) Отметьте верные и неверные высказывания.

	да	нет
1. Иван-царевич уничтожил лягушечью кожу.	☐	☐
2. После этого его жена осталась дома.	☐	☐
3. Иван-царевич не пожалел зверей.	☐	☐
4. Свою жену он нашёл в лесу.	☐	☐
5. Смерть Кощея была на конце иглы.	☐	☐
6. Заяц принёс яйцо из воды.	☐	☐
7. Василиса Премудрая любила своего мужа.	☐	☐

2) Подготовьте презентацию по теме «Русский фольклор», включите в него информацию из текстов этого параграфа. Покажите презентацию на занятии и расскажите о русском фольклоре. Ответьте на вопросы слушателей.

3) Задайте вопросы автору презентации и получите ответы на них. Выразите своё отношение к прослушанному. Употребляйте выражения:

я думаю / считаю, что; мне показалось, что; мне (не) понравилось, как

ЗАДАНИЕ 8.

А. Прочитайте текст и скажите, почему писатели в своей работе обращаются к фольклору.

Устное народное творчество родилось раньше классической литературы. Писатели и поэты часто использовали народные идеи и сюжеты в своих произведениях.

Самый известный русский поэт Александр Сергеевич Пушки в прологе к поэме «Руслан и Людмила» описал морской залив — мифическое место на краю древнего мира, которое славяне называли «лукомо́рье». На лукоморье стоит древний дуб, он достаёт ветвями до самого неба, а корнями уходит глубоко в землю и соединяет мир богов и мир людей. У этого дерева поэт поместил образы фольклорных персонажей.

В сказочных картинах автор не только рисует фольклорные образы, но и создаёт образ всей Руси.

Б. Подготовьтесь к чтению стихотворения А.С. Пушкина «У лукоморья дуб зелёный».

1) Посмотрите мультфильм, который снят по произведению А.С. Пушкина и который поможет понять содержание стихотворного текста.

2) Определите по словарю значения слов и составьте с ними словосочетания.

брести, бурый, виденье, витязь, грозный, дол, заводить, колдун, королевич, мимоходом, пленять, ступа, темница, тужить, чахнуть

Миниатюра «У лукоморья дуб зелёный». Палех

В. 1) Прочитайте стихотворение и найдите соответствие.
   Впишите ответы в матрицу.

* * *

У лукоморья дуб зелёный;
Златая цепь на дубе том;
И днём и ночью кот учёный
Всё ходит пó цепи кругом;
Идёт направо — песнь заводит,
Налево — сказку говорит.

Там чудеса: там леший бродит,
Русалка на ветвях сидит;
Там на неведомых дорожках
Следы невиданных зверей;
Избушка там на курьих ножках
Стоит без окон, без дверей;
Там лес и дол видений пóлны;
Там о заре прихлынут волны
На брег песчаный и пустой,
И тридцать витязей прекрасных
Чредой из вод выходят ясных,
И с ними дядька их морской;
Там королевич мимоходом
Пленяет грозного царя;
Там в облаках перед народом
Через леса, через моря
Колдун несёт богатыря;
В темнице там царевна тужит,
А бурый волк ей верно служит;
Там ступа с Бабою Ягой
Идёт, бредёт сама собой,
Там царь Кащей над златом
чахнет;
Там русский дух … Там Русью пахнет!

И там я был, и мёд я пил;
У моря видел дуб зелёный;
Под ним сидел, и кот учёный
Свои мне сказки говорил.

Устаревшие слова:
брег = берег
злато = золото
песнь = песня
град = город
Мифические персонажи русских сказок:
леший
русалка

1) дуб   а) бурый

2) цепь   б) песчаный

3) кот   в) без дверей и окон

4) русалка   г) их никто не знает

5) звери   д) тридцать

6) волк   е) зелёный

7) дорожки   ж) сидит на дереве

8) избушка   з) учёный

9) берег   и) золотая

10) витязи   к) раньше их никто не видел

1	2	3	4	5	6	7	8	9	10

2) Выучите стихотворение наизусть, расскажите его на занятии.

МОДУЛЬ

ПОЙДЁМ В КИНО!

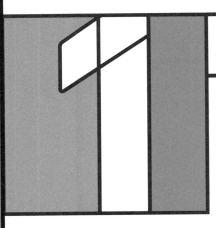

АХ, ЭТО СТАРОЕ КИНО...

- **Глаголы со значением количественных и качественных изменений.**
- **Выражение уступки в простом и сложном предложении: предложно-падежные конструкции, подчинительные союзы.**

ЗАДАНИЕ 1.

 А. Восстановите текст об истории кинематографа, выбрав из каждого ряда подходящее по смыслу слово.

1) возникло	начало	проявило
2) изобретение	направление	появление
3) долгими	далёкими	длинными
4) сделан	сделанный	создан
5) всегда	иногда	повсюду
6) мирного	мирового	всемирного
7) направлен	получен	признан

1. Как известно, кино (1) .... свою историю в 1895 году в Париже, когда братья Луи и Огюст Люмьер продемонстрировали публике первый в мире короткометражный фильм «Прибытие поезда на вокзал Ла Сьота». Зрителям новое (2) .... понравилось, но некоторые из присутствующих были напуганы: с экрана на них двигался поезд.

2. В России кино началось с работ операторов Владимира Сашина и Альфрéда Федéцкого, снимавших документальные ленты, которые были не очень (3) .... — всего полторы-две минуты. Первые сеансы прошли в мае 1896 года в Санкт-Петербурге и в Москве. А первый в России игровой кинофильм под названием «Стенька Разин» был (4) .... в 1908 году актёром и режиссёром Владимиром Ромáшковым.

3. После революции 1917 года наступила эпоха советского кино, которое (5) .... отличалось самобытностью. Успех к советским кинематографистам пришёл ещё во времена немого кино: новаторские киноленты вызывали большой интерес в стране и за рубежом.

4. Наиболее известными фильмами того времени считаются работы кинорежиссёра Сергея Эйзенштейна, который оказал значительное влияние на развитие как советского, так и (6) .... кино. Его фильм «Броненосец «Потёмкин» (7) .... Американской киноакадемией в числе лучших фильмов всех времён и народов. В этой киноленте режиссёр снял непрофессиональных актёров, им также были созданы кинематографические приёмы, которых ранее специалисты не знали.

Б.
1) Прочитайте восстановленный текст и озаглавьте его.
2) Соотнесите данные вопросы с частями текста. Задайте эти вопросы в группе и получите ответы на них.

☐ Какой фильм советской эпохи назван в числе лучших?
☐ Когда и кем был создан первый кинофильм?
☐ Каких актёров снимал режиссёр С. Эйзенштейн?
☐ Когда началась эпоха советского кино?
☐ Чего испугались первые зрители?
☐ В каком году вышел первый русский игровой фильм?

В. Расскажите, что вы узнали об истории русского кинематографа.

ЗАДАНИЕ 2.

А. Восстановите текст из «Популярной энциклопедии кинематографа», дополнив его данными словами в нужной форме.

главный, молодой, номинация, популярность, престижный, талантливый

Кино пользовалось в Советском Союзе очень большой .... , кинотеатры всегда посещало много зрителей. В стране было создано немало .... киноработ. В 1934 году сразу несколько советских фильмов: «Гроза» режиссёра Владимира Петрова, «Весёлые ребята» Григория Александрова и «Окраина» Бориса Ба́рнета — были показаны на Венецианском кинофестивале, где каждому из них был присуждён .... приз. В 1958 году фильм режиссёра Михаила Калатозова «Летят журавли» получил на Каннском кинофестивале одну из наиболее .... кинопремий мира — «Золотую пальмовую ветвь». Фильмы «Война и мир» (1968) режиссёра Сергея Бондарчука, «Дерсу́ Узала́» (1975) — совместный советско-японский проект и «Москва слезам не верит» (1981) режиссёра Владимира Меньшова получили премию «Оскар» в .... «Лучший фильм на иностранном языке».

После распада СССР в конце XX века кино почти не снималось. Его возрождение началось не так давно, поэтому современное российское киноискусство пока ещё .... , но оно продолжает лучшие традиции советского кинематографа: художественный фильм «Утомлённые солнцем» (1995) режиссёра Сергея Михалкова и анимационный фильм «Старик и море» (2000) Александра Петрова стали обладателями престижной премии «Оскар».

Б. **Прочитайте восстановленный текст, выберите неверные суждения и исправьте их. Запишите правильный вариант.**

1. Кино не было популярно в советскую эпоху.

....

....

2. На Каннском фестивале был показан фильм «Летят журавли».

....

....

3. Возрождение российского кино началось в конце XX века.

....

....

В. **1) Скажите, как вы понимаете приведённые ниже высказывания.**

1. Киноискусство является синтезом литературы, театра, живописи и музыки. Однако оно выражает своё понимание окружающего мира и усиливает свои связи с действительностью.

2. Специалисты постоянно улучшают аудиовизульные технические средства. Это повышает разнообразные возможности киноискусства и расширяет сферу художественного творчества.

2) Ещё раз прочитайте §1Б «Основные значения возвратных глаголов» раздела 1 рабочей тетради.

3) Выполните задание 7 (рабочая тетрадь, с. 14).

4) Выпишите из приведённых выше высказываний глаголы со значением количественных и качественных изменений. Определите, на изменение какого признака они указывают и как они образованы. Добавьте к этим глаголам частицу -ся и трансформируйте предложения.

ЗАДАНИЕ 3.

А. 1) Дополните микротексты подходящими по смыслу фразами. Впишите ответы в пустые клеточки.

а) С этой же целью актёры **утрировали** жесты и **преувеличивали** свою мимику.
б) Сюжет немых фильмов в основном строился на историях о любви.
в) До появления звукового кино существовали немые фильмы, то есть фильмы, не имеющие звука.
г) Актёры немого кино очень **требовательно** относились к своей внешности.

1. ☐ Вместо синхронной фонограммы в качестве звукового **сопровождения** использовалась живая музыка: таперы играли различные музыкальные произведения на пианино, стоящих рядом с экранами.

2. Самые важные **реплики**, которые называются титрами, писали на отдельных кадрах. Это делалось для того, чтобы зрителю было понятно содержание. ☐. Большинство актёров приходило в немое кино из театров или из совсем других профессий, ведь институтов кинематографии тогда не существовало.

3. ☐ У мужчин всё было идеально: волосы, **усы**, **бороды**, костюмы и галстуки. Женщины одевались в дорогие наряды, ярко красили глаза и губы, отбеливали лица. Это было необходимо для контрастного изображения, поскольку киноплёнка была недостаточно **светочувствительной**.

4. ☐ Но был в этих кинолентах и юмор, правда, очень **своеобразный**. Шутки заключались **в нелепых** ситуациях, или гэгах, которые придумывались прямо на съёмочных площадках. **Попасть** тортом в лицо собеседнику, **выпасть** из машины на крутом повороте, упасть на ровном месте — всё это гэги. В современном киноискусстве эти приёмы кажутся **примитивными**, но **на заре** кинематографа они смешили публику и создавали хорошее настроение.

2) Определите по словарю значения выделенных в тексте слов.

Б. 1) Распределите слова из текста по частям речи:

делаться, живой, заключаться, казаться, кинематография, крутой, кинолента, пианист, синхронный, съёмочный

глагол	существительное	прилагательное
1)	1)	1) ....
2)	2)	2) ....
3)	3)	3) ....

2) Объясните значения слов.

Образец: зритель — тот, кто смотрит фильм или спектакль;
немое (кино) — такое, которое не имеет звука.

актёр — ....

собеседник — ....

тапёр — ....

гэги — ....

шутка — ....

живая (музыка) — ....

звуковой (фильм) — ....

синхронная (фонограмма) — ....

титры — ....

В. Напишите изложение по приведённому ниже плану.

План

1. Музыкальное сопровождение немых фильмов.

2. Необходимость титров, жестов и мимики.

3. Внешний вид актёров немого кино.

4. Особенности немого кинематографа.

ЗАДАНИЕ 4.

А. Послушайте рассказ об актрисе немого кино Вере Холодной и выберите правильный вариант ответа.

1. Впервые Вера Холодная появилась на экране в ☐ году.
   а) 1926
   б) 1914
   в) 1919

2. Вера Холодная снялась в ☐ фильмах.
   а) четырёх
   б) шестнадцати
   в) пятидесяти

3. Актрисе поставили памятник в ☐ .
   а) Москве
   б) Одессе
   в) Полтаве

Б. Прочитайте текст из «Популярной энциклопедии кинематографа» и определите по словарю значения выделенных слов и выражений.

Современники отмечали, что Вера Холодная была очень **приветливой**, **скромной** и трудолюбивой, слава не **вскружила** ей **голову**. Она любила книги и классическую музыку. Сама **шила** себе платья и шляпы, в которых снималась в фильмах. В 1910 году Вера вышла замуж, с мужем они воспитывали двух дочерей — родную Евгению и **приёмную** Нонну. В 1975 году в СССР вышел художественный фильм режиссёра Никиты Михалкова «Раба любви», **в основу** его **сюжета легли факты биографии** актрисы Веры Холодной.

В. Посмотрите фрагмент документального фильма «Раба любви. Вера Холодная» и расскажите, что вы узнали об актрисе. Используйте прослушанную и прочитанную информацию. Выберите из приведённых слов подходящие для характеристики актрисы:

весёлая, добрая, доброжелательная, жестокая, завистливая, задумчивая, злая, искренняя, любящая, насмешливая, ответственная, организованная, работоспособная, серьёзная, тактичная, чуткая

Г. 1) Слушайте рассказ об актёре немого кино Иване Мозжухине и вписывайте пропущенные слова.

Иван Мозжухин

Если Веру Холодную признавали королевой русского немого кино, то .... был Иван Ильич Мозжухин. Он учился на юридическом факультете Московского университета, затем .... в театре. В кино начал работать с 1908 года. Самый известный его фильм — «Отец Сергий» по повести Льва Толстого. Актёр снялся в ста фильмах, кроме того, писал .... и сценарии.

Иван Мозжухин обладал большим талантом, его внешность была яркой и запоминающейся. Его глаза могли .... любые чувства: гнев и отчаяние, любовь и радость, досаду и грусть. Все признавали их магическую силу и глубину. В 1920 году он .... из России, работал в Париже и Голливуде. Однако, скорее всего, предвидел, что его не забудут и на родине: свой огромный .... актёр завещал России.

2) Послушайте текст ещё раз и ответьте на вопросы.

1. Кто такой Иван Мозжухин?

2. Где он учился?

3. Когда он пришёл в немое кино?

4. За что его любили зрители?

5. Почему он считал, что его не забудут на родине?

Актёр Иван Мозжухин

ЗАДАНИЕ 5.

А. Ознакомьтесь с информацией и скажите, что вы узнали о режиссёре В. Пудовкине.

Будущий русский режиссёр, кинотеоретик, сценарист и актёр Всéволод Пудóвкин в юности увлекался физикой, математикой, астрономией, живописью и игрой на скрипке. Родители хотели, чтобы он стал врачом, но Всеволод поступил на физико-математический факультет Московского университета. Однако в 1920 году в жизни Пудовкина произошли большие изменения — он стал студентом Высшей государственной школы кинематографии.

Б. Прочитайте текст, отметьте верные и неверные высказывания, данные ниже.

В 1925 году режиссёр Всеволод Пудовкин снял немую комедию под названием «Шахматная горячка». Действие происходит в Москве, в дни Международного шахматного турнира. Весь город играет в шахматы. Один молодой человек настолько ими увлечён, что пропускает собственную свадьбу. Его невеста в отчаянии. Однако чемпион мира по шахматам Хосе Рауль Капабланка, который играет в фильме самого себя, спасает пару от ссоры. В кинофильме можно увидеть немало мировых шахматных звёзд того времени, среди них Карлос Торре и Фрэнк Маршалл. В одной из сцен на несколько секунд появляется будущий известный писатель Владимир Набоков, который снимался в фильме в качестве статиста.

	да	нет
1. В 1925 году режиссёр снял исторический фильм.	☐	☐
2. Его действие происходит на свадьбе.	☐	☐
3. Жениха и невесту мирит писатель.	☐	☐
4. В фильме снялись шахматные звёзды.	☐	☐
5. Главную роль в фильме играет Владимир Набоков.	☐	☐

В. Посмотрите фрагмент фильма «Шахматная горячка», опишите героев и ситуацию, в которой они оказались. Скажите, какие действия они совершают. Предположите, как дальше будут развиваться события.

ЗАДАНИЕ 6.

А. Ознакомьтесь с информацией скажите, что вы узнали об Александре Невском.

Александр Невский — историческая личность, князь и русский полководец, канонизированный православной церковью в 1547 году.

Невский — родоначальник линии московских государей, покровитель Русской православной церкви, «золотая легенда» средневековой Руси. По результатам опроса, проведённого в 2008 году, россияне назвали Александра Невского среди десяти самых популярных исторических фигур России.

Б. 1) Прочитайте части текста о фильме «Александр Невский» и расположите их в логической последовательности.

☐ После сражения русские женщины собирают раненых. Князь судит ливонцев: рядовых воинов отпускает, рыцарей оставляет для выкупа. После этого псковичи и новгородцы празднуют победу.

☐ «Александр Невский» — советская историческая кинолента о древнерусском князе, победившем ливонских рыцарей в 1242 году на Чудском озере. Фильм был снят в 1938 году, он считается одной из лучших работ режиссёра Сергея Эйзенштейна.

☐ В конце фильма Александр Невский произносит свою знаменитую фразу: «Если кто с мечом к нам придёт, от меча и погибнет! На том стоит и стоять будет Русская земля!»

☐ Жители другого города, Новгорода, собирают войско для освобождения Пскова и просят опытного полководца Александра, прозванного Невским, его возглавить. Войска русских и ливонцев сражаются на берегах замёрзшего Чудского озера. Лёд на озере слишком тонкий, поэтому рыцари в тяжёлых доспехах тонут. В этой битве русичи побеждают врагов и берут в плен их предводителей.

☐ Фильм основан на исторических событиях XIII века. На западные границы Руси наступают войска Ливонского ордена. Они захватывают город Псков, мучают и убивают его жителей. Рыцари делят ещё не завоёванные русские земли и надеются на поддержку Папы Римского.

2) Послушайте текст «Фильм "Александр Невский"» и проверьте расположение частей в составленном вами тексте.

В. **1) Пронумеруйте вопросы согласно логической последовательности текста и ответьте на них.**

☐ Кто захватил город Псков?

☐ В каком городе собрали войско?

☐ Кто поддерживал ливонских рыцарей?

☐ Почему рыцари тонули в Чудском озере?

☐ Какое историческое событие показано в фильме?

☐ Почему рядовых ливонцев отпустили?

2) Передайте содержание этих высказываний другими словами.

1. С талантом и профессиональным мастерством актёра Николая Черкасова, сыгравшего роль Александра Невского, прекрасно сочетались его физические данные: огромный рост, мужественное и приятное лицо, сильный низкий голос. Одним словом, древний летописец остался бы доволен.

2. Съёмки битвы на Чудском озере проходили летом, для чего во дворе Московской кинофабрики выстроили декорации. Асфальт посыпали мелом и солью, залили жидким стеклом. Вместо натурального льда использовали куски дерева, которые покрасили в белый цвет.

Г. **1) Посмотрите фрагмент фильма «Александр Невский». Как вы думаете, какое событие показано в этом отрывке?**

2) Представьте ситуацию: вы посмотрели фильм «Александр Невский». Расскажите друзьям об этом фильме по плану.

План

1. Кто такой Александр Невский?

2. Когда о нём сняли кинофильм?

3. Кто режиссёр этого фильма?

4. Какие исторические события легли в основу киноленты?

5. Кто играет главную роль?

6. Как проходили съёмки?

7. Понравился ли вам этот фильм?

8. Рекомендуете ли вы посмотреть фильм друзьям?

3) Задайте вопросы автору рассказа и получите ответы на них.

А. Прочитайте справку о фильме «Весёлые ребята» и дополните предложения, данные после текста.

Классика советской кинокомедии

Фильм «Весёлые ребята» считается классикой советской кинокомедии. Он был снят в 1934 году, и в нём многое было сделано впервые. Это была первая музыкальная кинокомедия режиссёра Григория Александрова и композитора Исаáка Дунаéвского. Актриса Любовь Орлова сыграла в этом фильме свою первую лирико-комедийную роль. Хотя для создателей картины это был дебют, она с огромным успехом обошла все экраны страны. Песни из фильма распевали на улицах. На Втором международном кинофестивале в Венеции, где фильм демонстрировался под названием «Москва смеётся», он получил премию за режиссуру и музыку и был включён в число лучших в мире кинолент.

В этой весёлой музыкальной истории рассказывается о жизни талантливого молодого парня Кости Потехина (его сыграл певец Леонид Утёсов). Костя — пастух, который живёт в небольшом приморском городке и прекрасно играет на скрипке. Однако отдыхающие на Чёрном море принимают его за модного дирижёра и приглашают в гости для выступления. Затем простодушный Костя едет в Москву и производит сенсацию в Московском мюзик-холле. Он становится руководителем джазового оркестра, а домработница Анюта (актриса Любовь Орлова), влюблённая в Костю и имеющая прекрасный голос, — певицей. Джаз-оркестр приглашают выступить в Большом театре, но комедия есть комедия: в силу разных причин музыкантам приходится репетировать своё выступление на похоронах, которые сопровождались живой музыкой. Несмотря на все приключения, музыканты всё-таки выступают в Большом театре, где имеют большой успех.

1. Актриса Любовь Орлова исполнила в фильме .... роль.

2. Песни, звучащие в фильме, очень нравились зрителям, поэтому они

....

3. В Италии фильм получил премию ....

4. Костя Потехин — талантливый музыкант, но в начале фильма он работает

....

5. Отдыхающие на курорте считают, что Костя .... ,

и ....

6. Героиня Любови Орловой — домработница Анюта, которая ....

....

Б. Соотнесите ответы и данные после них вопросы. Впишите ответы в пустые клеточки.

1. ☐

— Фильм был снят в 1934 году.

2. ☐

— Режиссёром фильма был Григорий Александров.

3. ☐

— Потому что их написал очень талантливый и весёлый человек.

4. ☐

— Он пас домашних животных в городке у моря.

5. ☐

— Он поехал в Москву и возглавил джаз-оркестр.

6. ☐

— Костя, Анюта и музыканты пели и играли в Большом театре.

а) Кем работал главный герой фильма?

б) Почему песни из фильма понравились людям?

в) Где Костя стал дирижёром?

г) Куда пригласили выступать оркестр?

д) Когда появился фильм «Весёлые ребята»?

е) Кто снял этот фильм?

В. 1) Ознакомьтесь с информацией §8 «Выражение уступки» раздела 2 рабочей тетради.
2) Выполните задания 19, 20 (рабочая тетрадь, с. 58, 59).

3) Найдите в тексте предложения с конструкциями уступки; передайте их содержание, используя варианты синонимической замены.

Г. Ознакомьтесь с информацией и установите соответствие.
Впишите ответы в матрицу.

Композитор Исаак Дунаевский прожил всего пятьдесят пять лет. Несмотря на недолгую жизнь, он написал четырнадцать оперетт, три балета, сто шестьдесят хоров, песен и романсов, музыку к восьмидесяти восьми драматическим спектаклям, более пятидесяти сочинений для джаз-оркестра, девяносто девять симфонических и фортепианных произведений. Все его произведения всегда отличались высоким художественным вкусом, подлинной музыкальной красотой и культурой.

1) 55   а) джазовые композиции
2) 14   б) балет
3) 160   в) классическая музыка
4) 88   г) возраст
5) более 50-и   д) драматический театр
6) 99   е) оперетта
7) 3   ж) сочинения для голоса

1	2	3	4	5	6	7

Д. 1) Посмотрите фрагмент фильма «Весёлые ребята», опишите героев и ситуацию, в которой они оказались. Скажите, как музыка связана с действием. Предположите, как будут развиваться события дальше. Употребляйте выражения:

я знаю / мне известно, что; поэтому могу предположить, что

2) Напишите письмо своему другу, в котором расскажите о фильме «Весёлые ребята» и посоветуйте его посмотреть.

ЗАДАНИЕ 8.

А. 1) Рассмотрите фотографии актрисы Любови Орловой. Расскажите, кого и как она играет в фильме «Весёлые ребята».
2) Скажите, какой вы её себе представляете на сцене и в жизни. Выберите из приведённых слов и словосочетаний подходящие для характеристики актрисы:

дисциплинированная, изнеженная, капризная, обаятельная, открытая, неподражаемая, пунктуальная, скромная, терпеливая, целеустремлённая, эмоциональная; железная воля, замечательная актриса, мягкий / сложный характер

Любовь Орлова в жизни

и в роли почтальона
Стрелки в фильме «Волга-Волга»

Б. 1) Прочитайте текст о звезде советского кино и скажите, совпало ли ваше представление об актрисе с реальными фактами.

Звезда советского кино

Любовь Петровна Орлова была очень **разносторонним** человеком. Зрители знали её как актрису театра и кино, как певицу и танцовщицу. Она родилась в 1902 году в дворянской семье. По матери **состояла в родстве** с писателем Львом Николаевичем Толстым. В роду отца были мужчины, чьи имена вписаны в многовековую российскую историю. Однако в XX веке фамилию Орловых **прославила** очень талантливая женщина.

Родители видели Любу профессиональной пианисткой, поэтому в семь лет отдали учиться в музыкальную школу. Кроме того, девочка была **прирождённой** артисткой, она очень любила петь и танцевать. Однажды на выступлении маленькой Любы присутствовал великий певец Фёдор Шаляпин, который **предугадал**, что она будет известной актрисой. И действительно, через двадцать пять лет, после выхода фильма «Весёлые ребята» Любовь Орлова стала знаменитой.

Но до этого момента она много работала. С 1919 по 1922 год училась в Московской консерватории, затем поступила в театральный техникум, где занималась хореографией. В 1926 году её приняли в Музыкальный театр, в котором несколько лет она пела в хоре и изучала актёрское мастерство. Молодая женщина имела железный характер: артистка рано вставала, принимала ледяной душ и занималась танцами или вокалом, **беспощадно тренировала** своё тело, голос и память. Но помимо великолепного голоса и прекрасного чувства ритма у неё была незабываемая внешность.

Настоящая слава к ней пришла в 1934 году после встречи с режиссёром Григорием Александровым, который стал её мужем, коллегой и другом до конца дней. Он искал исполнительницу главной роли для своего фильма. Когда увидел в театре Любовь Орлову, то понял, что именно она его героиня.

Любовь Петровна снялась во многих фильмах своего мужа. Кроме «Весёлых ребят» были «Цирк» (1936), «Волга-Волга» (1938), «Светлый путь» (1940), «Весна» (1947), «Встреча на Эльбе» (1949), «Композитор Глинка» (1952). Она стала **лицом эпохи**, и её успех не был случайным. В 1947 году на Международном фестивале в Венеции Любовь Орлова разделила премию «Лучшая актриса года» со знаменитой шведской кинозвездой Ингрид Бергман.

2) Выберите правильный вариант ответа.

1. Л.П. Орлова известна как артистка ☐ .
   а) только эстрады
   б) театра и кино
   в) только кино

2. Она родилась в ☐ семье.
   а) талантливой
   б) дворянской
   в) актёрской

3. Родители хотели, чтобы их дочь стала ☐ .
   а) пианисткой
   б) актрисой
   в) балериной

4. Любовь Петровна была студенткой ☐ .
   а) балетной студии
   б) университета
   в) консерватории

5. Слава пришла к актрисе после ☐ .
   а) создания семьи
   б) окончания учёбы
   в) работы в театре

3) Дополните предложения словами, выделенными в тексте.

1. Молодой талантливый актёр .... свою фамилию.
2. Популярный продюсер .... будущее молодой певицы.
3. Молодой театральный режиссёр был .... человеком: он сочи-
   нял стихи и писал маслом картины.
4. Известная балерина на каждой репетиции ....
   .... своё гибкое тело.
5. Эта семья .... с очень известными людьми.
6. Если актёр или певец хочет стать .... , то
   ему, кроме таланта, необходимо иметь положительную харизму и огромную
   работоспособность.
7. Профессионалы увидели в девушке .... ар-
   тистку.

**4) Прочитайте ряды слов, составьте из них вопросы и пронумеруйте согласно
логической последовательности текста. Задайте вопросы друг другу и получите ответы на них.**

☐ стать, год, актриса, по-настоящему, какой, популярный
....
☐ Александров, жена, фильмы, Григорий, какие, играть
....
☐ мать, быть, Орлова, родственница, чей
....
☐ увидеть, какой, девочка, певец, будущий, русский, знаменитость
....
☐ дисциплинированность, факты, актриса, говорить, какие
....

A. 1) Послушайте беседу участников ток-шоу и найдите соответствие. Впишите ответы в пустые клеточки.

Мирослава, 25 лет, учитель

1. Думает, что современные актёры играют лучше.

2. Считает, что немое кино знакомит с историей.

Фёдор, 19 лет, электрик

Елена, 23 года, парикмахер

3. Считает, что в старом кино снимались великие актёры.

4. Предпочитает смотреть фильмы ужасов и детективы.

Константин, 33 года, инженер-химик

2) Послушайте полилог ещё раз, отметьте верные и неверные высказывания.

	да	нет
1. Сегодня актёры играют более естественно.	☐	☐
2. У современного кино больше возможностей.	☐	☐
3. В фильмах немого кино мало юмора.	☐	☐
4. Современные достижения возможны и без немого кино.	☐	☐
5. В немом кино простые сюжеты.	☐	☐

3) Выразите своё отношение к мнениям участников полилога. Употребляйте выражения:

я с ним / с ней (не) согласен / (не) согласна; в общем / в целом это правильно, но; я думаю иначе; да, но всё-таки

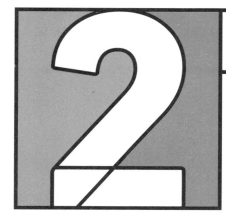

НОВЫЙ ЭТАП

- Деепричастия: значение, образование, употребление. Замена деепричастных оборотов синонимичными синтаксическими конструкциями.
- Выражение отрицания: частица не, слова нет, нельзя; отрицательные местоимения и наречия.
- Прилагательные с приставками не- и без-/бес-.

ЗАДАНИЕ 1.

 1) Определите значение слова о́ттепель. Выберите из данных слов однокоренные к нему слова:

темнота, теплота, тёплый, тёртый, толстый, темно, тепло, оттенить, темнеть, теплеть, тереть, тлеть

2) Ознакомьтесь с информацией и скажите, какой период 60-х годов XX века в России называют оттепелью.

Вторая половина пятидесятых и первая половина шестидесятых годов — время больших перемен в стране. Этому периоду историки и политики дали название «оттепель». И действительно, как в природе после долгой и суровой зимы наступает тёплая и весёлая весна, так и в Советском Союзе после репрессий и войны 1941—1945 годов начали происходить благоприятные изменения: были восстановлены города и промышленность, в космос полетел Юрий Гагарин, интенсивно и динамично развивались наука и искусство.

3) Прочитайте текст из «Популярной энциклопедии кинематографа», выпишите из него имена и фамилии советских режиссёров и названия их лучших фильмов.

Кинематограф периода оттепели

Благодаря оттепели установились своеобразные отношения между властью и творческой интеллигенцией, которая всегда играла роль национальной совести. Самые лучшие кинокартины были сняты именно в этот период. Замечательные фильмы, получившие национальное и международное признание, создали режиссёры Михаил Калатозов («Летят журавли»), Григорий Чухрай («Баллада о солдате»), Юрий Чулюкин («Девчата»), Лев Кулиджанов («Когда деревья были большими»), Михаил Ромм («Девять дней одного года»), Георгий Данелия («Я шагаю по Москве»). В этих художественных кинолентах рассказывалось о внутреннем мире современников, об отношении к жизни, о последствиях прошедшей войны, о любви, семье, профессиональном долге. Советские фильмы той эпохи очень популярны и в современной России: их смотрят и пожилые люди, и молодёжь, они транслируются по многим телеканалам, распространяются через

Интернет и на цифровых носителях. А высокое мастерство и профессионализм режиссёров, сценаристов, актёров, кинооператоров, композиторов и художников, создававших кино в годы оттепели, остаётся эталоном кинематографического искусства.

Б. **1) Продолжите ряды слов:**

восстанавливать фабрику, ...

передавать по радио, ...

развивать киноискусство, ...

снимать кино, ...

создавать киношедевр, ...

ставить фильм, ...

устанавливать освещение, ...

Слова для справки: аппаратура, декорации, Интернет, киноиндустрия, кинокартина, комедия, мультфильм, промышленность, сериал, телевидение, экономика.

2) Подберите синонимы к словам:

кинофильм ....

передавать (по каналам связи) ....

талант ....

изменения ....

баланс ....

3) Составьте из данных слов предложения и запишите их:

1) быстро, восстановить, Гагарин, и, искусство, космос, люди, наука, полететь, развиваться, разрушенный, страна, Юрий

....

....

2) век, второй, кинокартина, лучший, половина, появиться, режиссёр, самый, советский, XX

....

....

3) большой, год, и, Россия, смотреть, современный, удовольствие, фильм, шестидесятый

....

....

В. Прочитайте текст ещё раз и расскажите о советском кинематографе периода оттепели. Используйте свои записи.

А. **1) Восстановите текст из «Популярной энциклопедии кинематографа», вставив в предложения глаголы из скобок в прошедшем времени и в нужной форме.**

Экранизация классики

1. В шестидесятые годы XX века .... (экранизироваться) немало произведений русской классики. Среди них «Капитанская дочка» и «Евгений Онегин» А.С. Пушкина, «Идиот» и «Братья Карамазовы» Ф.М. Достоевского, «Анна Каренина» и «Воскресение» Л.Н. Толстого, «Дама с собачкой» и «Три сестры» А.П. Чехова. Но самой грандиозной и сложной работой .... (стать) экранизация четырёхтомного романа Льва Толстого «Война и мир». Картину .... (поставить) и .... (снять) в 1967 году режиссёр и актёр Сергей Бондарчук.

2. Этот фильм .... (явиться) в прямом смысле памятником отечественной литературе, кинематографии и актёрской школе тех времён, а также всему русскому народу, когда-либо освобождавшему родину от врагов. Вероятно, именно поэтому кинолента .... (пользоваться) огромной популярностью: четыре серии фильма .... (посмотреть) почти сто сорок четыре миллиона зрителей в России и других странах.

3. Сергей Бондарчук .... (создать) экранизацию, в которой цвет, стереофонический звук и широкий формат .... (использоваться) для точного изображения русской действительности в период войны 1812 года с Наполеоном.

4. Режиссёр картины .... (подчеркивать), что основное в романе Толстого — человеческие типы, носители русского национального характера, а главная тема романа — патриотическая. Создатели фильма .... (передать) в этой киноэпопее острое, нередко даже материальное чувство любви русских к своей родине.

2) Соотнесите вопросы с частями текста. Задайте эти вопросы в группе и получите ответы на них.

☐ Почему фильм стал памятником русскому народу?

☐ Какая тема киноэпопеи является главной?

☐ Сколько зрителей посмотрели этот фильм?

☐ В каком году сняли фильм «Война и мир»?

☐ Какие литературные произведения экранизировали во второй половине XX века?

☐ Какое историческое событие лежит в основе романа?

Скажите, как вы понимаете приведённое высказывание.

На вопрос о главном принципе, по которому подбирали съёмочную группу, режиссёр фильма отвечал: «Мы искали людей неравнодушных и активно работающих. Равнодушных или заранее уверенных в успехе не брали: за Толстого нельзя приниматься с холодным сердцем».

В. **Послушайте текст «Актёры фильма "Война и мир"» и найдите соответствие.**

Действия	Актёры		
	Людмила Савельева	Вячеслав Тихонов	Анатолий Кторов
1) походить на дворянина	☐	☐	☐
2) уметь хорошо танцевать	☐	☐	☐
3) играть в немом кино	☐	☐	☐
4) отказаться от других ролей	☐	☐	☐
5) выучить фрагмент текста	☐	☐	☐
6) долго работать в театре	☐	☐	☐
7) не понравиться при первом знакомстве	☐	☐	☐
8) создать точный толстовский образ	☐	☐	☐
9) уметь жертвовать	☐	☐	☐

Г. **Посмотрите фрагмент фильма «Война и мир». Опишите ситуацию и состояние героев — Пьера Безухова, Андрея Болконского и Наташи Ростовой. Расскажите, какие действия они совершают. Предположите, какие отношения их связывают.**

A. 1) **Восстановите текст, выбрав из каждого ряда подходящее по смыслу слово.**

1) делается	снимается	готовится
2) показывается	думается	рассказывается
3) навсегда	никогда	нигде
4) высокое	глубокое	широкое
5) признание	название	знание
6) ведущий	главный	центральный
7) сложности	необходимость	возможности

....

Во второй половине XX века (1) .... большое количество фильмов о Великой Отечественной войне. Одна из наиболее известных картин этого цикла — «Летят журавли» (1957), созданная по пьесе Виктора Розова «Вечно живые» режиссёром Михаилом Калатозовым и оператором Сергеем Урусевским. В этой киноленте (2) .... о молодом парне Борисе (актёр Алексей Баталов) и его невесте Веронике (актриса Татьяна Самойлова), которых (3) .... разлучила война: Борис добровольцем ушёл на фронт и погиб. Фильм «Летят журавли» имел (4) .... (5) .... Он очень понравился в СССР, где его за один год посмотрели двадцать восемь миллионов человек, и во Франции, где в кинотеатры было продано почти пять с половиной миллионов билетов. В 1958 году картина получила (6) .... приз Каннского фестиваля — «Золотую пальмовую ветвь». Кинолента привлекла зрителей глубокими чувствами и трагической первой любовью, которая стала вечной.

Фильм «Летят журавли» был новаторским и по теме (погибшие за родину вечно живы), и по форме. Режиссёр и кинооператор как будто заново открыли (7) .... кино. Кинокамера помогла зрителям приблизиться к героям, увидеть мир их глазами и прочувствовать жизнь как они. Именно этому фильму удалось выразить одну из основных идей оттепели: душа человека всегда больше предназначенного ей мира.

2) Раскройте скобки.

1. Картину .... (посмотреть) более .... (тридцать) миллионов зрителей.

2. Фильм .... (помочь) зрителям увидеть мир глазами .... (киногерои).

3. Режиссёр и сценарист .... (выразить) основную идею того .... (время).

Б. **1) Прочитайте текст ещё раз, дайте ему название и выделите цветным маркером информацию, которая касается а) создателей фильма и актёров; б) сюжета фильма.**

2) Назовите причины успеха фильма «Летят журавли».

В. **1) Определите по словарю значения слов и впишите их в предложения в нужной форме.**

благородство, внешность, воплотить, испытание, мужество, скрытый, честный

1. Актриса имела красивую, но совсем не типичную для советского кинематографа ....

2. Главная героиня фильма обладала .... духовной силой, которая помогла ей во время трудных ....

3. Актёр .... образ .... и доброго парня.

4. Его герой — образец .... и ....

2) Послушайте текст «Молодые актёры» и скажите, что вы узнали об актёрах Татьяне Самойловой и Алексее Баталове.

Г. Посмотрите фрагмент фильма «Летят журавли». Опишите ситуацию, в которой оказался главный герой. Предположите, как будут развиваться события в дальнейшем.

ЗАДАНИЕ 4.

А. 1) Дополните микротексты подходящими по смыслу фразами. Впишите ответы в пустые клеточки.

а) Работа над первой художественной картиной проходила непросто.
б) За свою долгую кинематографическую жизнь режиссёр Рязанов снял немало замечательных фильмов.
в) На втором курсе его руководитель сказал Рязанову:
г) Эльдар Рязанов — советский и российский кинорежиссёр, сценарист, актёр, продюсер и поэт.
д) После института он пять лет работал в документальном кино.

1. ☐ Режиссёром Рязанов стал случайно. Окончив школу, он **за компанию с приятелем** отнёс документы во ВГИК. Сдав вступительные экзамены, шестнадцатилетний Эльдар поступил на режиссёрский факультет. Учиться было нелегко — он был слишком молод и не имел **жизненного опыта**, необходимого для профессии режиссёра.

2. ☐ «Знаете, нам всё-таки придётся с вами расстаться. Мы вас отчисляем из института. Вы слишком молоды». Будущий режиссёр **пришёл в отчаяние** и, наверное, поэтому ответил очень логично: «Когда вы меня принимали, я был на два года моложе». — «Тоже верно. Ладно, **ничего не поделаешь**! Учитесь!» — решил преподаватель. И Рязанов стал учиться так хорошо, что сам великий Сергей Эйзенштейн, который в то время вёл занятия во ВГИКе, **выделял его среди других** студентов.

3. ☐ Путешествуя по Дальнему Востоку, Сахалину, Камчатке, Курильским и Командорским островам, плавая в Охотском море, молодой режиссёр приобрёл тот самый житейский и профессиональный опыт, который так необходим любому кинематографисту.

4. В 1955 году, начав работать на киностудии «Мосфильм», Эльдар Рязанов приступил к съёмкам музыкальной комедии под названием «Карнавальная ночь». ☐ Однако картина **удалась на славу** и принесла всесоюзную известность и молодому режиссёру, и молодым исполнителям главных ролей — Людмиле Гурченко и Юрию Белову. Фильм пользовался **невероятной популярностью**, тогда его посмотрели почти пятьдесят миллионов человек. Фразы из комедии быстро стали **крылатыми выражениями**, а песни — **настоящими хитами**.

5. ☐ Они и сегодня популярны у россиян. Среди них «Гусарская баллада», «Ирония судьбы, или С лёгким паром!», «Служебный роман», «Небеса обетованные».

2) Определите по словарю значения выделенных в тексте словосочетаний.

Б. 1) Прочитайте текст ещё раз и восстановите порядок упоминания в нём информации.

☐ Известный режиссёр обратил на студента внимание.

☐ Будущий режиссёр был очень молодым.

☐ Рязанов снял много популярных картин.

☐ Документалист немало путешествовал.

☐ На этот фильм продали пятьдесят миллионов билетов.

☐ Наконец он приобрёл опыт в работе и жизни.

☐ Когда Эльдар поступил в институт, он был моложе.

2) Перескажите текст, употребляйте выделенные слова.

В. 1) Ознакомьтесь с информацией §1 «Образование деепричастий» раздела 4 рабочей тетради.

2) Выполните задания 1, 2 (рабочая тетрадь, с. 85, 86).

3) Найдите в тексте предложения с деепричастными оборотами; укажите вид деепричастий, скажите, от каких глаголов и с помощью каких суффиксов они образованы.

4) Ознакомьтесь с информацией §3 «Значения деепричастий» раздела 4 рабочей тетради.

5) Выполните задания 4—6 (рабочая тетрадь с. 89—92).

6) Найдите в тексте деепричастные обороты и определите их значение. Приведите варианты их синонимичной замены.

Г. 1) Скажите, как вы понимаете приведённое высказывание.

Этот фильм не мог не понравиться зрителям: новогодний праздник, музыка, песни, танцы, молодость и любовь. Смешное было рядом с грустным, юмор с сатирой, а радость, по словам киноведа Неи Зоркой, так и рвалась из картины наружу.

2) Посмотрите фрагмент фильма «Карнавальная ночь». Скажите, почему кинокритики называли этот фильм радостным.

ЗАДАНИЕ 5.

А. Восстановите текст о режиссёре Кире Муратовой из журнала «Экран», вставляя нужные предлоги.

Кира Муратова, возможно, самый оригинальный и пока .... конца не оценённый кинорежиссёр. .... своё время её фильмы .... большим трудом вписывались .... советскую действительность. Они не являлись антисоветскими, просто были не совсем советскими, хотя .... них рассказывалось .... простой жизни простых людей.

Первой самостоятельной работой режиссёра можно считать провинциальную мелодраму «Короткие встречи», снятую .... 1967 году. Говоря .... своих ранних картинах, Муратова подчёркивала, что они создавались под влиянием известных мастеров Бергмана и Антониони, хотя нельзя сказать, что .... своих фильмах она подражала европейскому модернистскому кино.

У Киры Муратовой всегда был «свой голос». .... её профессиональной деятельности не наступали большие творческие перерывы, она всегда много работала и .... всю свою жизнь сняла двадцать фильмов.

Киношедевром признана её психологическая драма «Астенический синдром». Эта очень сложная постмодернистская кинолента была снята .... 1989 году. Через год .... Берлинском кинофестивале фильм получил специальный приз жюри — «Серебряного медведя».

Последняя картина «Вечное возвращение» вышла .... 2012 году. .... VII Римском кинофестивале её назвали «гипнотической воронкой». Критики отметили, что по части оригинальности, поэзии и юмора фильму .... фестивале не было равных. Вроде бы .... картине ничего особенного не происходит, однако оторваться .... неё невозможно, поскольку искусство режиссёра Киры Муратовой всегда настоящее.

Кира Муратова на съёмках фильма «Вечное возвращение»

Б. Прочитайте восстановленный текст и отметьте верные и неверные высказывания.

	да	нет
1. Кира Муратова — оригинальный кинорежиссёр.	☐	☐
2. В её фильмах показаны обыкновенные люди.	☐	☐
3. Она подражала модернистскому кино Европы.	☐	☐
4. Её фильм получил приз «Золотой медведь».	☐	☐
5. В её последнем фильме немало поэзии и юмора.	☐	☐

В. Расскажите, что вы узнали о кинорежиссёре Кире Муратовой.

Г. 1) Ознакомьтесь с информацией §10 «Выражение отрицания» раздела 2 рабочей тетради.

2) Выполните задания 25, 26 (рабочая тетрадь, с. 66, 67).

3) Найдите в тексте задания 5А предложения, в которых выражается отрицание. Скажите, какие средства выражения отрицания в нём использованы.

Д. 1) Послушайте описание фильмов «Короткие встречи» и «Вечное возвращение». Кратко перескажите их содержание.

2) Посмотрите фрагменты из этих фильмов и определите, какой картине какое описание соответствует. Скажите, что объединяет сюжеты этих фильмов.

3) Найдите соответствие.

Факты из фильмов «Короткие встречи» / «Вечное возвращение»	Актёры	
	Людмила Савельева	Вячеслав Тихонов
1) редко видит мужа	☐	☐
2) любит жену	☐	☐
3) рада помощнице	☐	☐
4) в квартире в шляпе	☐	☐
5) помогает по дому	☐	☐
6) в командировке	☐	☐
7) следит за собой	☐	☐
8) работает не в городе	☐	☐
9) хорошая хозяйка	☐	☐
10) приносит цветы	☐	☐
11) любит чужого мужа	☐	☐
12) ждёт совета	☐	☐

А. 1) Прочитайте текст о профессии кинооператора и соотнесите выделенные слова с определениями, данными ниже. Впишите ответы в пустые клеточки.

В **создании** (1) фильмов принимают участие не только актёры и режиссёры, но и люди многих других профессий. Среди них — кинооператоры, которые **отвечают** (2) за съёмку фильмов. У кинооператора непростая работа — ему надо понять **замысел** (3) режиссёра и **воплотить** (4) его на экране как техническими, так и художественными средствами. Он делает это с помощью масштаба изображения, композиции кадра, движения камеры и вариации цвета. На съёмочной площадке кинооператор — второй человек после режиссёра и, по сути, **соавтор** (5) фильма, от таланта которого во многом зависит успех картины.

Профессия кинооператора скорее мужская, чем женская, ведь приходится иметь дело с тяжёлой камерой, ездить в **длительные** (6) командировки, снимать по ночам и не всегда жить в комфортных условиях. Поэтому оператору нужна хорошая физическая подготовка. Кроме того, необходимо получить специальное образование, научиться работать с разного вида аппаратурой, творчески мыслить, быть **трудоспособным** (7), **стрессоустойчивым** (8), коммуникабельным, располагать художественным вкусом и чувством стиля, а также уметь руководить людьми.

☐ а) план действий
☐ б) нести ответственность за что-либо
☐ в) процесс реализации идеи
☐ г) выразить что-либо в конкретной форме
☐ д) такой, который не боится стрессов
☐ е) такой, который умеет трудиться
☐ ж) такой, который продолжается долгое время
☐ з) тот, кто вместе с кем-либо является автором чего-либо

2) **Найдите в тексте и запишите однокоренные слова к глаголу** снимать.

....

3) Выделите в тексте цветным маркером информацию, которая касается а) задач кинооператора; б) профессиональных качеств кинооператора. Расскажите, что вы узнали о профессии кинооператора. Используйте свои записи.

 Б. 1) Слушайте радиопередачу о кинооператоре Маргарите Пилихиной и вписывайте пропущенные слова.

Кинооператор Маргарита Пилихина

Хотя в художественном кино женщин-операторов традиционно не бывает, Маргарита Пилихина .... счастливым исключением. Она никогда не позволяла снисходительного отношения к себе, не ....

никаких слов по поводу того, что кино-оператор — не женская работа.

В двадцать четыре года Маргарита .... операторский факультет Всесоюзного государственного института кинематографии, затем работала на крупных советских киносту-диях. Сняла одиннадцать художествен-ных фильмов как .... и фильм-балет «Анна Каренина» как ре-жиссёр.

Маргарита Пилихина

Она преподавала в Институте кинематографии и работала с .... режиссёрами-постановщиками. Её операторская работа отличалась чёткой композицией кадра, смелостью профессиональных .... , ди-намичностью и лирической интонацией. На Международном кинофестивале в .... городе Сан-Себастьяне её фильм «Чайковский» получил диплом за выдающиеся художественные и технические качества.

2) Ответьте на вопросы.

1. Как относилась Маргарита Пилихина к работе кинооператора?

2. Сколько лет было Маргарите, когда она начала работать в кино?

3. Сколько картин Пилихина сняла как кинооператор?

4. По роману какого русского писателя она поставила фильм-балет?

5. За какой фильм она получила диплом в Испании?

В. **1) Образуйте прилагательные, обозначающие отсутствие признака.**

Образец: красивый ➝ **не**красивый;
опасный ➝ **без**опасный

1. **не-**: внимательный ....
доверчивый...
догадливый...
разговорчивый..
удачливый...

2. **без-/бес-**: инициативный ....
нравственный...

ответственный...

сердечный..

2) Объясните, как вы понимаете значение прилагательных.

безвкусный — невкусный, беспокойный — неспокойный, бесстрашный — нестрашный, безвольный — невольный

3) Послушайте текст ещё раз и напишите небольшой рассказ о том, какой вы представляете Маргариту Пилихину. Выберите из приведённых слов и выражений те, которые, по вашему мнению, можно употребить для её характеристики:

(без)деятельная, здравомыслящая, (без)инициативная, (не)добросовестная, (не)смелая, (не)принципиальная, самолюбивая, (не)зависимая, вспыльчивая; золотые руки, светлая голова, ни рыба ни мясо; не лезть за словом в карман, не бросать слов на ветер, пускать пыль в глаза.

ЗАДАНИЕ 7.

А. Ознакомьтесь с информацией и скажите, как современная российская молодёжь проводит свободное время.

В советское время у студентов и школьников было меньше возможностей для развлечений, зато для них снималось немало увлекательных фильмов. В сегодняшней России у молодых людей существуют разные способы провести время, свободное от работы и учёбы: посещение клубов, компьютерные игры и Интернет, граффити, занятия экстремальными видами спорта. Но для этой аудитории существует не слишком много удачных кинокартин. Однако фильм «Питер FM» о жизни молодёжи Санкт-Петербурга стал большой удачей режиссёра-дебютанта Оксаны Бычковой. Картина привлекла внимание молодых кинозрителей и очень им понравилась.

Б. **1) Послушайте описание фрагмента фильма «Питер FM» и допишите окончания существительных и прилагательных.**

диджей на популярн............ радиостанц............

выйти замуж за одноклассник............

победить на международн............ конкурс............

быть молод............ и талантлив............ архитектор............

говорить по мобильн............ телефон............

2) Послушайте описание фрагмента фильма ещё раз и найдите соответствие.

Факты	Мария	Максим
1) собирается ехать в Германию	☐	☐
2) хочет вернуть находку	☐	☐
3) работает на радио	☐	☐
4) из другого города	☐	☐
5) выходит замуж	☐	☐
6) по профессии архитектор	☐	☐
7) живёт в Санкт-Петербурге	☐	☐
8) не любит жениха	☐	☐
9) бросила девушка	☐	☐
10) теряет мобильный телефон	☐	☐

В. 1) Посмотрите фрагмент фильма «Питер FM», устно опишите внешний вид героев, их состояние и ситуацию, в которой они оказались.

2) Придумайте и напишите продолжение этой истории. Прочитайте свой рассказ в группе.

3) Задайте вопросы автору рассказа и получите ответы на них. Выразите своё отношение к прослушанному.

Г. 1) Восстановите текст, выбрав из скобок глагол нужного вида и поставив его в нужном времени и в нужной форме.

Жизнь постоянно их .... (сталкивать/столкнуть), но они не .... (знать/узнать) друг друга в лицо и поэтому .... (проходить/пройти) мимо. Максим случайно .... (ронять/уронить) Машин телефон в реку. Чтобы .... (сообщать/сообщить) ей об этом, он .... (звонить/позвонить) на радио «Питер FM», надеясь, что Маша .... (слушать/послушать) передачу. Маша, диджей этой программы, ... (отвечать/ответить) на звонок.

Между ними .... (возникать/возникнуть) понимание и тепло. И уже ничто не .... (мочь/смочь) .... (мешать/помешать) их встрече.

2) Прочитайте восстановленный текст. Это окончание фильма. Скажите, в чём вы оказались правы, а где ошиблись, когда писали продолжение истории.

3

В МИРЕ КИНО

■ **Выражение одновременности и последовательности действий: глаголы НСВ и СВ, предложно-падежные конструкции, деепричастия НСВ и СВ, подчинительные союзы.**

ЗАДАНИЕ 1.

 1) Восстановите текст об истории ВГИКа, дописав необходимые окончания и выбрав из скобок слово в нужной форме.
2) Прочитайте восстановленный текст и скажите, что вы узнали о ВГИКе.

История Всесоюзн_____ государственн_____ институт_____ кинематограф_____ .... (начала/началась) в 1919 году, когда в Москве создали первую в Росс_____ и мир_____ Высшую государственную школу кинематографии. Она располагалась в дв_____ небольш_____ комнат_____ бывш_____ частн_____ квартир_____ . Её руководител_____ стал Владимир Гардин, успешно .... (работающий/работавший) в немом кино ещё до революц_____ .

Это учебное заведение .... (открывалось/открылось) вскоре после революции, в .... (разрушившей/разрушенной) и голодной стране, в которой шла Гражданская война. Поэтому в киношкол_____ не было фотолаборатор_____ и киноплёнк_____ , учебн_____ аппаратур_____ , а студенты играли внутри больш_____ деревянн_____ квадрат_____ , ... (заменявшего/заменившего) экран.

В самом начале в школ_____ обучались только будущие актёры, которых .... (называли/назывались) кинонатурщиками. Они занимались гимнастик_____ чувств, эмоций и мимики, учились петь и танцевать, физически развивали своё тело.

Студенты жили в общежит_____ , нередко голодали, но, как могли, (поддерживали/поддержали) друг друга и очень активно .... (учили/учились). Чтобы заработать на еду, учебники и необходимое оборудование, они .... (устраивали/устроили) платные вечера, на которых .... (пели/спели), ... (читали/ прочитали) стихи и .... (играли/сыграли) спектакли.

Постепенно школа кинематографии стала известна не только на родин_____ , но и в друг_____ стран_____ . В американск_____ , немецк_____ и итальянск_____ пресс_____ .... появились положительные отзывы о её достижени_____ .

В 1923 год_____ на учёб_____ впервые .... (принимали/приняли) режиссёр_____ , инженер_____ .... (современн_____ оператор_____), декоратор_____ и сценарист_____ . В следующ_____ год_____ .... (открыла/открылась) мастерская мультипликационн_____ фильм_____ . Первый выпуск студент_____ состоялся в 1927 год_____ ; дипломы .... (получали/получили) семьдесят актёр_____ , пятнадцать режиссёр_____ и девятнадцать оператор_____ .

С эт_____ учебн_____ заведени_____ связана деятельность знаменит_____ кинорежиссёр_____ Серге_____ Эйзенштейн_____ , который .... (приходил/пришёл) преподавать в киношкол_____ в 1928 год_____ и работал там двадцать последующих лет.

Б. **1) Прочитайте высказывания и установите соответствие между ними и частями текста. Впишите ответы в пустые клеточки.**

☐ а) Студенты учились владеть телом и чувствами.

☐ б) О киношколе узнали за рубежом.

☐ в) Чтобы заработать на необходимое, студенты давали концерты.

☐ г) В помещениях киношколы было тесно.

☐ д) Занятия в киношколе вёл известный режиссёр.

☐ е) Через четыре года открылись и другие факультеты.

☐ ж) В школе не было необходимого оборудования.

2) Ответьте на вопросы.

1. Когда в России появилась первая киношкола?

2. Кто ею руководил?

3. Как в школе называли будущих актёров?

4. По какой причине в школе не было оборудования?

5. Почему студенты плохо питались?

6. В прессе каких стран писали о новом учебном заведении?

7. Сколько лет работал в киношколе С. Эйзенштейн?

В. **1) Напишите небольшой рассказ об истории первой в России киношколы от имени её студента/студентки. Прочитайте свой рассказ в группе и обсудите его.**

2) Задайте вопросы автору рассказа и получите ответы на них. Выскажите своё отношение к прослушанному.

Г. **1)** Прочитайте текст с сайта ВГИКа и подчеркните незнакомые вам слова и словосочетания. Спросите преподавателя, что они означают. Употребляйте выражения:

какое значение имеет слово …; что значит / означает слово

Весь цвет кинематографии России составляют выпускники Всесоюзного государственного института кинематографии (сокращённо ВГИК). Режиссёры, операторы, сценаристы, актёры и художники, окончившие его, работают в восьмидесяти странах мира. В 2008 году ВГИК получил статус университета. Сегодня в нём есть киностудия, пять павильонов, съёмочная и осветительная техника, цех по производству костюмов и декораций. Во ВГИКе ведётся обучение на восьми факультетах.

У входа во ВГИК

2) Найдите соответствие. Впишите ответы в матрицу.

Факультеты	Специальности

Факультеты

1) режиссёрский
2) актёрский
3) кинооператорский
4) сценарно-киноведческий
5) звукорежиссуры
6) художественный
7) продюсерства и экономики
8) анимации и мультимедиа

Специальности

а) продюсер
б) звукорежиссёр
в) литературный редактор
г) менеджер производства аудиовизуальной продукции
д) кинодраматург
е) художник анимации и компьютерной графики
ж) оператор
з) актёр
и) историк и теоретик кино
к) художник по костюмам
л) режиссёр
м) художник-постановщик

1	2	3	4	5	6	7	8

Представьте ситуацию: вы собираетесь поступать в Институт кинематографии. Расскажите в приёмной комиссии, на каком факультете вы хотели бы учиться и почему. Употребляйте синтаксические конструкции ирреального условия и выражения:

было бы интересно; *было бы здо́рово*; *хорошо бы*; *мне бы хотелось*

ЗАДАНИЕ 2.

А. 1) Слушайте текст о Московском кинофестивале и вписывайте пропущенные слова.

Московский кинофестиваль

Приз Московского кинофестиваля

Московский кинофестиваль является вторым .... (1) кинематографическим конкурсом мира после Венецианского. Его история началась в 1935 году, тогда в борьбе за главный приз приняли участие фильмы из .... (2) стран мира. Первым председателем жюри был режиссёр Сергей Эйзенштейн. Начиная с 1999 года .... (3) президента занимает актёр и режиссёр Никита Михалков. На фестивале проходит несколько конкурсов. Главный приз — «Золотой святой Георгий», за него .... (4) двенадцать художественных полнометражных фильмов. В конкурсе «Перспективы» участвует восемь экспериментальных и дебютных картин, которые оценивает .... (5) жюри. В рамках этой программы также показывают короткометражные киноленты.

2) Послушайте текст ещё раз, выберите неверные суждения и исправьте их. Запишите правильный вариант.

1. Кинофестиваль в Италии появился позже, чем в Москве.

....

....

2. На первом кинофестивале в Москве показали девятнадцать картин.

....

....

3. Сегодня в московском конкурсе участвует тридцать кинолент.

....

....

Б. 1) **Восстановите текст, выбрав из каждого ряда подходящее по смыслу слово.**

1) понимания   внимания   запоминания

2) многоразовые   многомиллионные   многочисленные

3) принуждает   присуждает   привыкает

4) исполнение   выполнение   пополнение

5) пользуется   используется   воспользуется

    Особого (1) .... заслуживают (2) .... номинации фестиваля. Жюри (3) .... призы за лучший фильм, лучшую режиссёрскую работу, лучшее (4) .... женской и мужской роли, а также специальный приз. Кроме того, вручается приз зрительских симпатий и приз за верность принципам школы Станиславского. Московский кинофестиваль (5) .... большой популярностью в России и в мире. Ежегодно на его открытие приезжают знаменитые актёры и режиссёры, которые представляют свои премьерные фильмы.

2) Коротко расскажите, что вы узнали о Московском кинофестивале.

3) Скажите, проходят ли на вашей родине кинофестивали. Если да, расскажите о них.

ЗАДАНИЕ 3.

1) Восстановите текст из «Популярной энциклопедии кинематографа», вставляя в него данные слова в нужной форме.

запечатлевать / запечатлеть, извиняться / извиниться, искусство, музыкальный, научный, показывать / показать, получать / получить, поражать / поразить, проникать / проникнуть, художественный

О документальном кино

Снимается документальное кино

Документальное, или неигровое, кино — это род кинематографа, который .... реальных людей в реальных обстоятельствах. Кстати, первый кинематографический опыт — фильмы братьев Люмьер, показанные в 1895 году, — был документальным.

Документальное кино может быть разным: это и событийная хроника, и .... съёмки, и авторская журналистика. Современная кинодокументалистика также признаётся .... , поскольку она соединяется с игровым (то есть с художественным) кино и использует элементы различных литературных и .... жанров.

Для неигрового кино, в отличие от .... , не надо писать сценарий и подбирать актёров, придумывать сюжеты, шить одежду, делать грим и декорации. Его материал — сама жизнь, которая .... , потрясает, выражает любые идеи и дарит яркие чувства. Мастеру этого вида кино надо только уметь всё это увидеть и .... на камеру.

Документальное кино в России началось в 1908 году с сюжета, снятого петербургским фотографом Александром Дранковым. Этот короткий фильм был посвящён Льву Толстому и его жизни в усадьбе Ясная Поляна. Кинооператор .... туда тайно и снимал Льва Николаевича скрытой камерой. Однако потом он .... , подружился с женой писателя и сумел .... его разрешение работать дальше. В результате Дранков сделал фильм «День восьмидесятилетия графа Л.Н. Толстого», который очень понравился зрителям и специалистам.

2) Восстановите порядок упоминания информации в тексте.

☐ Документальное кино сегодня — это искусство.

☐ Первое неигровое русское кино снял фотограф из Петербурга.

☐ Первый в истории кинофильм был документальным.

☐ Классик разрешил снимать о нём фильм.

☐ Документальному кино не нужны костюмы.

3) Выберите правильный вариант ответа.

1. Документальное кино показывает ☐ жизнь.
   а) выдуманную
   б) настоящую
   в) старую

2. Сегодня в неигровом кино есть элементы ☐ .
   а) живописи
   б) театра
   в) музыки

3. Первый русский неигровой фильм посвящён ☐ .
   а) великому писателю
   б) жене писателя
   в) братьям Люмьерам

4. В документальном кино главный человек — ☐ .
   а) актёр
   б) декоратор
   в) оператор

4) Подберите из текста синонимы к данным словам.

игровое (кино) ....

неигровое (кино) ....

настоящий...

тайно (делать что-либо) ....

снять (на камеру) ....

сочинять...

считаться (*чем?*) ....

удивлять...

Б. **1)** Прочитайте текст из «Популярной энциклопедии кинематографа», распределите выделенные в нём слова по частям речи и подберите к ним однокоренные слова.

Современная документалистика

Сегодня в России ежегодно снимаются документальные фильмы, которые показывают по телевизору. В них **затрагиваются** различные темы, помогающие зрителям **осмыслить** многовековую русскую историю и **знаковые** события современной жизни, дающие представление о возможностях человеческого мышления и работе интеллекта, рассказывающие о современных россиянах — от президента страны до скромного фермера.

Для документального кино проводят специальный конкурс, который называется «Лавровая ветвь». Лучшие фильмы ежегодно **награждают** премией «Лавр», которую **вручают** в девяти номинациях: за фильм на киноплёнке, за авторский фильм на видео, за **полнометражный** и **короткометражный** телефильмы, за **научно-популярный** фильм, за документальный сериал или цикл документальных **телепрограмм**, за лучший документальный дебют, а также **кинодокументалистам** — лучшему по профессии и за **вклад** в **кинолетопись**.

глагол	существительное	прилагательное
1)	1)	1) ....
2)	2)	2) ....
3)	3)	3) ....
4)	4)	4) ....

2) Отметьте верные и неверные высказывания.

	да	нет
1. Неигровое кино отражает только историю страны.	☐	☐
2. Операторы фиксируют основные моменты жизни.	☐	☐
3. Герои этого кино — люди из одной социальной группы.	☐	☐
4. Научно-популярные фильмы относятся к неигровому кино.	☐	☐
5. У документального кино свои конкурсы и награды.	☐	☐

В. Ознакомьтесь с информацией и скажите, с какими трудностями связана работа кинодокументалиста.

Специалистов документального кино всегда интересовали наводнения, землетрясения, пожары, военные конфликты, этнографические экспедиции, жизнь царствующих семей, технические достижения, автогонки и запуски ракет, то есть всё то, что сенсационно и способно привлечь внимание публики. Документалисты ездили и ездят по всему миру в поисках нужных и интересных сюжетов, нередко подвергая себя опасности. В истории кино сохранилась легенда об операторе, который вёл съёмку в саванне до тех пор, пока на него не прыгнул лев.

Г. 1) Напишите небольшой рассказ об операторе, на которого в саванне напал лев. Придумайте этому человеку имя и биографию, расскажите о его характере и интересах. Прочитайте свой рассказ в группе.

2) Задайте вопросы автору рассказа и получите ответы на них. Выскажите своё отношение к прослушанному.

Д. Скажите, чем отличается документальное кино от художественного и что в них общего. Употребляйте выражения:

по сравнению с (чем?); в отличие от (чего?); если сравнить… , то

ЗАДАНИЕ 4.

А. 1) Объясните, как вы понимаете значение слов и словосочетаний.

контекст, подтекст; внутренний мир, концепция ви́дения жизни, ограниченный бюджет, поиски красоты и духовности, художественная выразительность, элитарная культура

2) Слушайте текст «Авторское кино» и вписывайте пропущенные слова.

Авторское кино

В России популярно авторское, или альтернативное, кино. Оно отличается от других видов .... тем, что его от начала до конца делает один человек — режиссёр. Основным для него в этой работе является объяснение своих идей и .... , поэтому авторский фильм всегда рассказывает о внутреннем мире человека, о поисках красоты и духовности.

Альтернативное кино относится к элитарной культуре. Создатель такого фильма не думает о .... аудитории, так как знает, что найдутся зрители, которые поймут его и с удовольствием посмотрят картину. .... авторских фильмов, как правило, образованные и глубокие люди, разбирающиеся в современном искусстве, способные оценить символику фильма, его контекст и подтекст. .... , в авторском кино обычно присутствуют новые формы художественной выразительности, уникальные концепции ви́дения жизни.

Авторское кино обычно .... на маленькой киностудии, и у него почти всегда ограниченный бюджет. Однако самое главное в такой картине — не спецэффекты, а возможность помочь зрителю посмотреть на себя и окружающий мир ....

Б. **Послушайте текст ещё раз и ответьте на вопросы.**

1. Чем отличается авторского кино от других видов киноискусства?

2. Что является основным для режиссёра авторского кино?

3. Какие темы затрагиваются в авторских фильмах?

4. Какие зрители смотрят альтернативное кино?

5. Что самое главное в альтернативном кино?

В. **1) Объясните значения данных слов и словосочетаний. Проверьте себя по словарю.**

абсурд, воссоздать, загадочно, погрузиться в атмосферу, поразительный, «состаренный» звук, трагикомедия

2) Прочитайте текст из журнала «Экран», вставьте нужные предлоги.

Авторское кино Дмитрия Фролова

Среди современных российских создателей авторского кино выделяется Дмитрий Фролов. Он является сценаристом, режиссёром и оператором двадцати пяти короткометражных фильмов, которые принимали участие _____ отечественных и зарубежных кинофестивалях. Его фильм «Клоунада» _____ 2005 году получил специальный приз _____ новый язык _____ кинематографе _____ Международном фестивале независимого кино.

«Клоунада» — это трагикомедия абсурда, снятая _____ мотивам произведений писателя и поэта Даниила Хармса (1905–1942). _____ этой картине режиссёр воссоздаёт реалии тридцатых годов прошлого века, он реконструирует манеру операторских съёмок и актёрскую игру того времени, вводит_____ картину «состаренный» звук. Всё это помогает зрителю погрузиться _____ атмосферу эпохи, _____ которую жил и творил Хармс. Творчество этого литератора загадочно. Хармса нередко называют классиком абсурда, но он абсурден только _____ первый взгляд. Рассуждения писателя _____ времени, пространстве и существующем _____ них человеке отражают реальную жизнь, _____ которой абсурд занимает не последнее место.

В последние годы талантливый кинематографист Дмитрий Фролов работает над документальным эссе «Русские в поисках любви и смерти».

3) Выберите правильный вариант ответа.

1. Дмитрий Фролов снял ☐ фильмов.
   а) двадцать пять
   б) тридцать пять

2. Он получил специальный приз в ☐ году.
   а) 1942
   б) 2005

3. Творчество Даниила Хармса ☐.
   а) загадочно
   б) реалистично

4. Режиссёр ввёл в картину стилистику ☐.
   а) начала XXI века
   б) 30-х годов XX века

Г. Посмотрите фрагмент фильма «Клоунада». Опишите устно внешний вид героев и их действия. Как вы думаете, о чём хотел сказать режиссёр в этом фрагменте? Возможна ли подобная ситуация в жизни?

Д. Расскажите, что вы узнали об авторском кино.

ЗАДАНИЕ 5.

А. 1) Восстановите текст из «Популярной энциклопедии кинематографа», вставляя глаголы из скобок в нужном времени, виде и в нужной форме.

Актёр Олег Янковский

Олег Иванович Янковский (1944–2009) — известный российский актёр. За свою работу он .... (получать/получить) десять государственных и тридцать две кинематографические награды. Олег Янковский — бесконечно одарённый человек, любимый миллионами зрителей. Это .... (быть/бывать) великий актёр, интеллигентный, умный, красивый не только внешне, но и духовно. Он .... (действовать/подействовать) органично и убедительно в любой роли — от негодяя до святого. Он .... (мочь/смочь) бы .... (играть/сыграть) в любом фильме и в любые времена, даже в эпоху немого кино.

В театральное училище Янковский .... (попадать/попасть) случайно. Вместе с матерью и старшим братом Олег жил на Волге, в Саратове. После школы .... (решать/решить) .... (учиться/поучиться) в медицинском институте, но .... (видеть/увидеть) объявление о приёме в театральное училище. Он .... (заходить/зайти) в деканат, чтобы .... (знать/узнать) расписание экзаменов, но там .... (говорить/сказать), что Олега уже .... (зачислять/зачислить) на первый курс. Дома недоразумение .... (выясняться/выясниться): экзамены успешно .... (сдавать/сдать) его старший брат Николай, который, однако, ... (решать/решить) не .... (разлучать/разлучить) Олега с искусством. И Янковский .... (начинать/начать) .... (учиться/научиться) актёрской профессии.

2) Прочитайте восстановленный текст и цветным маркером отметьте в нём информацию, которая касается а) характеристики актёра; б) его биографии. Расскажите, что вы узнали об Олеге Янковском.

Б. 1) Послушайте текст «Первая роль в кино» и допишите окончания существительных и прилагательных.

учиться на театральн............ актёр............

работать в драматическ............ театр............

играть эпизодическ............ рол............

быть с театральн............ трупп............ на гастрол............

обедать в гостиничн............ ресторан............

сидеть за соседн............ столик............

иметь умн............ лиц............

2) Ответьте на вопросы.

1. Где работал молодой актёр?

2. В какой город театр поехал на гастроли?

3. Где киногруппа увидела Янковского?

4. Какое кино она снимала?

5. Почему, увидев актёра, режиссёр был удивлён?

3) Прочитайте приведённое высказывание. Объясните, как вы понимаете фразу *оставаться самим собой.*

Актёр Олег Янковский имел репутацию талантливого артиста и порядочного человека. Он не участвовал в плохих фильмах, бездарных сериалах и общественных скандалах. Он просто всегда оставался самим собой.

 1) Дополните микротекст подходящими по смыслу фразами. Впишите ответ в пустые клеточки.

а) За свою актёрскую жизнь он снялся в восьмидесяти пяти кинокартинах, первый успех пришёл к нему после фильма «Щит и меч».
б) По ошибке этот человек попадает к «старым русским» — одинокой небогатой женщине и её больной матери.
в) В фильме «Служили два товарища» Олег Янковский сыграл солдата Андрея Некрасова.

1. ☐ В этой роли он научился молчать и смотреть в камеру. Надо сказать, что делал он это очень выразительно.

2. После съёмок в этом фильме театральный артист стал знаменитым на всю страну. ☐

3. В 2000 году Олег Янковский поставил собственный фильм «Приходи на меня посмотреть». В нём он сыграл главного героя, богатого «нового русского». ☐ . По поводу своего режиссёрского дебюта Янковский говорил, что хотел снять добрую и светлую историю.

2) Найдите соответствие. Впишите ответы в матрицу.

1) выразительно   а) случайно
2) на всю страну   б) снять фильм
3) одинокий (-ая)   в) экспрессивно
4) по ошибке   г) про что-либо
5) поставить фильм   д) везде
6) по поводу чего-либо   е) неженатый/незамужняя

1	2	3	4	5	6

Г. 1) Посмотрите фрагмент фильма «Приходи на меня посмотреть». Прочитайте переписку Даши и Кати в чате. Что ответила Катя Даше? Ей понравился фильм «Приходи на меня посмотреть»? Что означает выражение ловлю на слове?

Даша
Кать, привет! Ты дома?

Катя
Да, а что?

Даша
Да хотела тебя спросить. Ты смотрела вчера фильм Олега Янковского?

Катя
«Приходи на меня посмотреть»? Да, посмотрела. Классный фильм!

Даша
А я не смогла досмотреть, убегала в универ. Так жаль!

Катя
Ну, ничего страшного. Встретимся, расскажу.

Даша
Ловлю на слове! Ты когда свободна?

Катя
....

Даша
Ок, договорились. Жди в 6. Тортик брать?

Катя
Нет, Дашка, я на диете :((Жду в 6. До встречи.

---

2) Работайте в парах.

Первый собеседник: Расскажите другу/подруге, какой фрагмент фильма вы посмотрели, опишите ситуацию, в которой оказались герои, предположите, кто они. Попросите друга/подругу рассказать вам продолжение фильма.

Второй собеседник: посмотрите весь фильм, расскажите другу/подруге его продолжение.

А. 1) Ознакомьтесь с информацией § 4 «Выражение одновременности и последовательности действий» раздела 2 рабочей тетради.

2) Выполните задания 9, 10 (рабочая тетрадь, с. 44, 45).

3) Слушайте биографию актера Александра Абдулова и вписывайте пропущенные слова.

Актёр Александр Абдулов

Актёр Александр Абдулов родился в 1953 году в .... семье. Впервые вышел на сцену, когда ему было пять лет. Учась в школе, он не думал о карьере артиста. Александр занимался .... и после школы поступил на факультет физкультуры педагогического института. Однако через год по .... отца он сдал экзамены в театральный институт и стал студентом.

Абдулов начал сниматься в кино ещё во время учёбы в институте. Хорошая .... подготовка давала ему возможность обходиться без дублёра, ведь он был мастером спорта по фехтованию и окончил школу верховой езды. Актёр .... в ста двенадцати фильмах. Его жизнь была также связана и с московским театром «Ленком», в котором он работал с 1975 года и до своей смерти в 2008 году.

В 1993 году Александр Абдулов .... фестиваль «Задворки», который проходил во дворе позади здания театра. На фестивале выступали известные актёры, певцы и рок-музыканты. .... деньги они отдавали на благотворительные цели. Например, на эти средства была отреставрирована церковь.

По словам друзей и родственников, в повседневной жизни Александр был весёлым, добрым и .... человеком. Он очень любил гостей и рыбалку.

4) Найдите в тексте и подчеркните предложения, в которых выражаются отношения одновременности или последовательности действий. Определите средства выражения этих значений.

5) Продолжите ряды слов.

театральная — карьера, ...

выйти — на сцену, ...

стать — актёром, ...

играть — в кино, ...

работать — без дублёра, ...

выступать — на сцене, ...

6) Выберите правильный вариант ответа. Найдите в тексте фразы, в которых аналогичная информация передаётся иначе.

1. Год рождения актёра — ☐ .

2. Впервые он сыграл в спектакле в ☐ лет.

3. Он поступил в театральный вуз через ☐ после школы.

4. Фестиваль «Задворки» начал свою историю в ☐ году.

5. Он снялся в ☐ фильмах.

6. Актёр поступил в театр в ☐ году.

7. Он служил в театре ☐ года.

а) 5

б) 112

в) 1975

г) 33

д) 1993

е) год

ж) 1953

Б.

1) Послушайте текст ещё раз и запишите наиболее значимую информацию.

2) Расскажите, что вы узнали о профессиональных и человеческих качествах актёра. Используйте свои записи.

В.

1) Слушайте продолжение рассказа об Александре Абдулове и его роли в фильме «Обыкновенное чудо» и вписывайте пропущенные слова.

Фильм «Обыкновенное чудо»

Знаменитым и любимым актёром Абдулов стал после роли юноши-медведя в .... фильме «Обыкновенное чудо», снятом в 1978 году. Это смешной и грустный фильм-сказка, в котором много музыки, юмора, волшебных .... и чудес. Но главным чудом в фильме стала любовь, которая даже из медведя смогла сделать человека.

Вместе с Александром Абдуловым в роли принцессы, влюблённой в юношу-медведя, снялась молодая .... Евгения Симонова. Режиссёр сначала не хотел .... её на эту роль. Но оператор так красиво снял актрису в чёрном бархатном костюме, что режиссёру ничего не .... делать, как оставить Евгению в картине.

Российские зрители хорошо знают и любят эту талантливую актрису. В её .... биографии более шестидесяти фильмов. Героини Симоновой обычно добрые, деликатные и .... женщины, умеющие, однако, противостоять жизненным трудностям.

2) Составьте вопросы, задайте их друг другу и получите ответы на них.

быть, фильм, какой, снять, «Обыкновенное чудо», год.

....

рассказываться, фильм, какой, история, этот

....

остаться, картина, помочь, Евгения, актриса, Симонова, кто

....

актриса, какие, женщины, характер, играть

....

Г. **1) Ознакомьтесь с информацией и назовите жанр фильма «Обыкновенное чудо».**

В фильме «Обыкновенное чудо» рассказывается о волшебнике, который превратил медведя в красивого юношу. При этом он поставил условие: юноша снова станет медведем, если прекрасная принцесса полюбит его и поцелует. Человек-медведь встретил замечательную принцессу. Молодые люди полюбили друг друга, но им пришлось расстаться, чтобы юноша опять не стал зверем. Однако эта философская сказка для взрослых, как и все подобные истории, заканчивается хорошо.

Кадр из фильма «Обыкновенное чудо»

2) Посмотрите фрагмент фильма «Обыкновенное чудо». Устно опишите состояние героев и их поведение. Расскажите, какие действия они совершают, и предположите, как в дальнейшем будут развиваться события.

1) Прочитайте статью о молодом актёре, опубликованном на сайте «Знаменитости» и отметьте в ней незнакомые слова и словосочетания. Спросите преподавателя, что они означают. Употребляйте выражения:

скажите / объясните, пожалуйста, что значит / означает слово …; я не понимаю, значение слова …

В последние годы в российском кино появилось немало молодых и талантливых актёров. Среди них — Максим Матвеев, которого сегодня называют звездой нового поколения, поскольку он актёр и настоящего, и будущего.

Максим Матвеев родился в 1982 году. Его родители были далеки от искусства: мама по профессии филолог, а отец моряк. Школьником Максим мечтал стать хирургом, потом фехтовальщиком и о профессии актёра не задумывался. Но во время школьного выпускного вечера на юношу обратил внимание театральный педагог Владимир Смирнов и посоветовал ему поступить в Саратовскую консерваторию на актёрский факультет. Максима приняли сразу на второй курс, и с этого момента началось его формирование как профессионала. Получив диплом, он отправился в Москву и поступил учиться в престижную Школу-студию МХАТ. После её окончания стал работать в театре, играл во многих спектаклях.

Первую роль в кино Максим сыграл в 2007 году в фильме «Тиски» режиссёра Валерия Тодоровского.

Примечательно, что в карьере Максима почти нет незначительных ролей: он сразу шагнул в мир большого кино, сыграв главных героев в различных кинопроектах и став любимцем публики. Молодой актёр уже снялся в тридцати девяти художественных фильмах.

2) Продолжите ряды слов, чтобы получились словосочетания с выделенными словами.

далёкий — от искусства, ...

главный — герой, ...

звезда — поколения, ...

любимец — публики, ...

незначительная — роль, ...

последние — годы, ...

престижная — школа, ...

шагнуть — в мир, ...

3) Отметьте верные и неверные высказывания.

	да	нет
1. В российском кино немало молодых профессионалов.	☐	☐
2. Родители актёра связаны с искусством.	☐	☐
3. Максима приняли на первый курс.	☐	☐
4. Окончив консерваторию, он продолжил учиться.	☐	☐
5. Артиста не сразу заметила публика.	☐	☐
6. Актёр снялся почти в тридцати фильмах.	☐	☐

Б. Рассмотрите фото актёра Максима Матвеева. Как вы думаете, какими чертами характера он обладает? Используйте в ответе информацию из текста.

ЗАДАНИЕ 8.

А. 1) Восстановите части текста, вставив данные слова в нужной форме.

двадцать, ледовый, математический, организация, советовать/посоветовать, символ, собственный, столичный, разносторонний, этап

2) Расположите части текста в логической последовательности и впишите их номера в пустые клеточки.

Актриса Чулпан Хаматова

☐ Чулпан Хаматова очень .... человек. Помимо творческой работы в кино у неё немало других творческих интересов: она вела телевизионные передачи и выступала в .... шоу, где вместе со своим партнёром заняла первое место. Однако актриса считает, что главный .... её жизни начался в 2006 году.

☐ Профессиональная и общественная деятельность актрисы отмечена .... наградами, среди которых — премия «Персона года-2009» в номинации «За активную гражданскую позицию» и две Государственные премии Российской Федерации, полученные в 2004 и 2014 годах. Вторую Госпремию она отдала на нужды фонда «Подари жизнь». Но самой главной наградой для Чулпан, по её .... словам, являются три замечательные дочери.

☐ Вместе с актрисой Диной Корзун она организовала фонд «Подари жизнь», который помогает детям с онкологическими заболеваниями. В 2009 году эта .... собрала более пятисот миллионов рублей для лечения детей.

☐ Окончив учёбу в Московском институте театрального искусства, Чулпан Хаматова работала в разных .... театрах. В кино её начали приглашать на третьем курсе, сегодня в её фильмографии более тридцати художественных фильмов, снятых российскими, немецкими и австрийскими режиссёрами.

☐ После школы она поступила в Финансово-экономический институт, но ушла оттуда и подала документы в театральное училище. Чулпан оказалась талантливой студенткой, уже на первом курсе преподаватели .... ей продолжить образование в Москве, где больше возможностей для профессионального роста.

☐ Чулпан Хаматова — современная молодая актриса, которую называют .... поколения. Она родилась в Казани в семье инженеров, училась в .... школе при университете. Девочка очень любила читать, ходить в музеи и театры, занималась фигурным катанием.

3) Прочитайте текст согласно его логической последовательности. Восстановите вопросы и соотнесите их с частями текста. Задайте вопросы друг другу и получите ответы на них.

☐ Какие премии (получать/получить) актриса?
☐ Когда она стала (сниматься/сняться) в кино?
☐ Куда она (поступать/поступить) после школы?
☐ Как (называть/назвать) Ч. Хаматову?
☐ Когда был (создавать/создать) фонд помощи детям?
☐ В каком шоу актриса (занимать/занять) первое место?

4) Найдите в тексте и выделите цветными маркерами два предложения, в которых выражаются отношения одновременности действий, и два предложения с отношениями последовательности действий. Укажите средства выражения этих отношений.

Б. Посмотрите фрагмент фильма «Я вам больше не верю» с участием актрисы Ч. Хаматовой. Опишите состояние героев и их поведение, придумайте им биографии. Предположите, как в дальнейшем будут развиваться события.

В. 1) Представьте ситуацию: вы киновед и пишете для журнала статью об известной актрисе. Расскажите о её личной, профессиональной и общественной жизни.

2) Задайте вопросы автору статьи и получите ответы на них. Выскажите своё отношение к прослушанному. Употребляйте выражения:

мне (не) понравилось, что/как; на мой взгляд, автор (как?) рассказал/показал

МОДУЛЬ

ЧТО НРАВИТСЯ РУССКИМ

1 Дела спортивные

2 В свободное время

3 Классика и современность

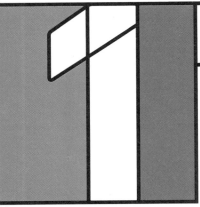

ДЕЛА СПОРТИВНЫЕ

- **Однокоренные слова разных частей речи.**
- **Выражение следствия в простом и сложном предложении: предложно-падежные конструкции, сочинительные и подчинительные союзы, синтаксические модели.**

 1) Определите по словарю значения слов и словосочетаний, составьте с ними предложения.

водоём, городки, гребля, стрельба, тир, фехтование; (бег) наперегонки, парусный спорт, подвижные игры

2) Восстановите текст об истории российского спорта, вставляя нужные предлоги.

Российский спорт берёт своё начало _____ подвижных играх, которые всегда были популярны _____ русского народа. Среди физических занятий выделяются игры _____ мячом, городки, бег наперегонки, скачки _____ лошадях, катание _____ коньках и санях, ходьба _____ лыжах, зимнее купание _____ открытых водоёмах. Именно _____ народной системе физического воспитания берут своё начало фигурное катание, плавание, верховая езда и парусный спорт.

История развития спорта _____ государственном уровне связана _____ именем Петра Первого. _____ его указу _____ стране были открыты различные учебные заведения, которые готовили профессиональные кадры _____ России. Обязательной дисциплиной в них были уроки _____ физическому воспитанию. Учащиеся занимались гимнастикой, фехтованием, греблей и даже танцами. Это считалось необходимым _____ подготовки дворянской молодёжи _____ офицерской службе. _____ начале XIX века открылись частные спортивные клубы, их членами стали российские аристократы. Строились ипподромы и тиры, выходили учебники _____ фехтованию, и плаванию, издавались спортивные журналы.

_____ конце XIX века появились демократические спортивные организации. Спорт стал доступным не только _____ дворян, но и _____ людей среднего класса. _____ 1911 году _____ стране был создан Российский олимпийский комитет. _____ 1914 году существовало уже почти восемьсот спортивных клубов и обществ, _____ них входило более пятидесяти тысяч спортсменов, среди которых проводились соревнования _____ первенство России. Русские спортсмены также участвовали _____ Олимпийских играх, мировых и европейских состязаниях.

3) Дополните предложения данными словами в нужной форме.

быть, воспитание, городки, государственный, обязанный, созданный, уровень, физический

1. Писатель Лев Толстой любил играть в ....
2. Уроки по .... были обязательными для дворян.
3. Парусный спорт .... своим появлением народным традициям.
4. В начале XIX века в России .... Олимпийский комитет.
5. На .... спорт развивался ещё в эпоху Петра Первого.

Граф Лев Толстой играет в городки

Б. Прочитайте восстановленный текст и цветным маркером отметьте в нём информацию, которая связана с названными понятиями.

1. Подвижные игры.
2. Имя Петра Первого.
3. Подготовка дворянской молодёжи.
4. Российский олимпийский комитет.
5. Участие в международных соревнованиях.

В. 1) Напишите заметку для специального выпуска интернет-газеты, посвященного Международному дню спорта. Расскажите в заметке об истории развития российского спорта. Опирайтесь на план.

> 23 августа 2013 года Генеральная Ассамблея ООН приняла решение отмечать 6 апреля как Международный день спорта.

> Ежегодно в России отмечают День физкультурника (вторая суббота августа) и День зимних видов спорта (7 февраля).

План

1. Истоки российского спорта.
2. Развитие российского спорта при Петре Первом.
3. Спортивные занятия дворян в XIX веке.
4. Российский спорт в начале XX века.

2) Прочитайте заметку вашего друга. Задайте вопросы автору сообщения и получите ответы на них. Выразите своё отношение к прочитанному. Употребляйте выражения:

я думаю/полагаю, что…; мне понравилось что / как;
автор (не)верно / (не)правильно написал / отметил, что…

Г. 1) Определите по словарю значения данных слов и составьте с ними предложения.

благополучие, заинтересованность, направление, опираться, целесообразность

2) Послушайте текст «Спорт в России в XX и XXI веках» и найдите соответствие. Впишите ответы в матрицу.

1) тридцатые годы

2) 1917 год

3) дети

4) студенты

5) 1928 год

6) 1975 год

7) направления в спорте

8) каждый год

а) массовое и профессиональное

б) соревнования на факультетах

в) восемьдесят миллионов

г) новые спортивные общества

д) два миллиона человек

е) шестьдесят спортивных обществ

ж) специальные соревнования

з) три с половиной миллиона

1	2	3	4	5	6	7	8

3) Послушайте текст ещё раз и ответьте на вопросы.

1. Почему люди сегодня занимаются спортом?
2. Как вы думаете, соревнования по каким видам спорта для детей могут называться «Золотая шайба», «Белая ладья», «Кожаный мяч»?

ЗАДАНИЕ 2.

 1) Определите по словарю значения данных слов и составьте с ними словосочетания.

борец, выскальзывать, грузчик, гантели, гири, захват, потеть, силач, соблюдать, сразиться, схватка

2) Прочитайте первую часть текста об Иване Поддубном, определите значения выделенных слов и проверьте себя по словарю. Заполните данную после текста таблицу, распределяя эти слова по частям речи.

Часть 1

Русский атлет, борец и артист цирка Иван Максимович Поддубный вошёл в историю мирового спорта. Он родился в 1871 году в **крестьянской** семье, все члены которой **обладали** крепким здоровьем и большой физической силой. В юности Иван работал грузчиком в порту города Севастополя. По утрам он бегал и делал **зарядку** с гантелями и гирями.

В 1896 году в город приехал цирк. Каждый вечер Иван приходил на **представления** и смотрел выступления борцов. В конце программы всем желающим **предлагалось сразиться** с цирковыми силачами. **Однажды** Поддубный вышел на

арену и победил почти всех борцов. Директор цирка пригласил его на работу, и с этого времени Поддубный начал заниматься классической борьбой **профессионально**. Он много тренировался, **соблюдал** строгий режим, **ежедневно** обливался холодной водой, не пил и не курил.

Поддубный не знал равных себе, он становился первым на всех главных чемпионатах России. В нужные минуты борец развивал энергию, а в самые тяжёлые моменты не терял **самообладания**. К тому же он был **артистичным** и умел нравиться публике. В 1903 году его пригласили в Париж на соревнования с известными спортсменами. Русский борец одержал там одиннадцать побед, но в последней схватке проиграл. Тело его **соперника**, чемпиона Парижа Рауля ле Буше, было смазано **оливковым** маслом, что, однако, **запрещалось** по правилам борьбы. Ле Буше потел и выскальзывал из рук Поддубного. В результате победу присудили спортсмену из Франции за то, что он **умело** выходил из захватов **сильного** соперника.

глагол	существительное	прилагательное	наречие
1)	1)	1)	1) ....
2)	2)	2)	2) ....
3)	3)	3)	3) ....
4)	4)	4)	4) ....

3) Предположите, как в дальнейшем сложилась судьба Ивана Поддубного.

Б. 1) Прочитайте окончание текста и скажите, вы ошиблись или оказались правы при выполнении задания в п. 3).

Часть 2

В следующем году в России состоялся международный чемпионат по классической борьбе. Приехали лучшие борцы мира, в том числе Рауль ле Буше. Поддубный на этом турнире не имел поражений. В схватке с ним французский чемпион признал себя побеждённым. В 1905 году Поддубный снова отправился в Париж на международный чемпионат с сильнейшими борцами мира. На этом соревновании он получил звание чемпиона мира. После этого были выступления во Франции, Италии, Бельгии, Германии, Алжире и Тунисе. И везде он оказывался самым сильным и поэтому первым. На чемпионатах мира, проходивших в столице Франции в 1906–1908 годах и в 1909 году в немецком городе Франкфурте, он опять победил.

Иван Максимович Поддубный провёл на манеже почти пятьдесят лет. Бывало, что он уступал соперникам в отдельных боях, но ни разу не проиграл ни одного серьёзного турнира. В прессе его называли «чемпион чемпионов», а публика считала полубогом. В 1947 году борец подготовил программу «Пятьдесят лет на арене цирка» и успешно с ней выступал.

Но потом у него был перелом ноги и инфаркт. Последние годы Иван Поддубный жил в городе Ейске, где и умер в 1949 году.

Иван Поддубный похоронен в городском парке, который теперь носит его имя. На чёрном камне надгробия золотыми буквами высечено: «Здесь русский богатырь лежит». Неподалеку от парка находится музей И.М. Поддубного и спортивная школа его имени. Именем великого борца и атлета назван теплоход.

Русские помнят своего выдающегося соотечественника. С 1962 года проводятся международные турниры по классической борьбе на приз имени Поддубного, где собираются сильнейшие борцы России и мира. В 2014 году в России вышел биографический художественный фильм «Поддубный», рассказывающий о жизни легендарного человека.

2) Укажите слова, которые используются в тексте как а) синонимы; б) антонимы.

атлет, бой, выиграть, лучший, отправиться, победа, победить, поехать, поражение, проиграть, сильнейший, соревнование, состязание, спортсмен, схватка, турнир, уступить, чемпионат

> одержать победу = победить;
> потерпеть поражение = проиграть

3) Подберите к глагольным сочетаниям эквивалентные им по значению глаголы.

давать ответ ....

дать имя (название) ....

дать совет ....

задавать вопрос ....

испытать испуг ....

носить имя ....

оказать помощь ....

принимать участие ....

просить прощения ....

просить совет ....

4) Прочитайте ряды слов, составьте из них вопросы и запишите их. Пронумеруйте вопросы согласно логической последовательности второй части текста и ответьте на них.

☐ Поддубный, раз, становиться, сколько, чемпион, борец, мир

....

....

☐ мир, выступать, какие, борец, страны

....

....

☐ поражение, французский, своё, почему, признать, спортсмен

....

....

☐ Иван, годы, выступать, сколько, арена, Поддубный

....

....

☐ он, считать, почему, полубог, публика

....

....

В. 1) Прочитайте ещё раз обе части текста об Иване Поддубном, найдите в них предложения, подтверждающие приведённые ниже высказывания. Пронумеруйте их согласно логической последовательности обеих частей текста.

☐ В 1909 году борец снова одержал победу на чемпионате мира.

☐ Спортсмен занялся классической борьбой.

☐ Поддубный выступал на арене полвека.

☐ Его заметили и предложили работу в цирке.

☐ У противника было жирное и скользкое тело.

☐ Публика любила борца за артистизм.

☐ Его родители имели очень хорошее здоровье.

☐ Он принимал участие в чемпионатах мира в Париже.

☐ В России помнят и чтут легендарного борца.

☐ Спортсмен ежедневно закалял своё тело.

☐ В конце жизни Поддубный получил серьёзную травму.

2) Расскажите, что вы узнали о русском борце Иване Поддубном.

Г. 1) Рассмотрите плакат с изображением Ивана Поддубного (с. 201) и опишите внешний вид борца. В описании употребляйте выражения:

высокий рост, крупное телосложение, сильный борец, развитые мускулы, хороший спортсмен

2) Работайте в парах.
Первый собеседник: вы журналист, и вам надо взять интервью у Ивана Поддубного. Запишите вопросы, которые вы задали бы ему.
Второй собеседник: предположите, как Иван Поддубный ответил бы на вопросы журналиста.

ЗАДАНИЕ 3.

А. 1) Восстановите текст из «Спортивной энциклопедии», дополнив предложения глаголами из скобок в нужном времени, виде и в нужной форме.

....

Футбол в России популярен, как и в других странах. В качестве самостоятельного вида спорта он .... (появляться/появиться) в конце XIX века, когда в Санкт-Петербурге, Москве, Одессе и Риге были открыты футбольные клубы.

В 1908 году был создан Всероссийский футбольный союз, после чего неоднократно .... (проводиться/провестись) всероссийские турниры. Несмотря на это, в дореволюционной России футбол не ....

Так начинался футбол в России

(становиться/стать) массовым видом спорта. Активный интерес к этой игре .... (возникать/возникнуть) после революции 1917 года, когда были организованы новые футбольные команды. Однако на большую международную арену сборная СССР по футболу .... (выходить/выйти) только на XV Олимпиаде в 1952 году. Через два года команда .... (выигрывать/выиграть) у сборной Швеции со счетом 7:0. В следующем году советские футболисты .... (одерживать/одержать) победу над командой ФРГ со счётом 3:2. Ещё через год футболисты .... (брать/взять) «золото» на Олимпиаде в Мельбурне. В 1960 году сборная .... (завоёвывать/завоевать) Кубок Европы, а в 1966 году — .... (входить/войти) в четвёрку сильнейших команд мира. «Золото» на Олимпийских играх 1988 года в Сеуле .... (становиться/стать) последней наградой сборной Советского Союза.

После распада СССР .... (начинаться/начаться) новая история российского футбола. Футбол в России сегодня .... (считаться/посчитаться) самым популярным и массовым видом спорта. В 2016 году одиннадцать футбольных команд, среди которых — «Зенит» из Санкт-Петербурга, «Ростов» из Ростова-на-Дону, московские команды «Локомотив» и «Спартак», а также «Краснодар», ЦСКА и «Рубин», вошли в сотню лучших команд Европы. В футбольных секциях, спортивных школах и клубах страны .... (заниматься/заняться) более полутора миллионов человек. В 2018 году Россия впервые в своей истории станет страной-хозяйкой чемпионата мира по футболу.

2) Прочитайте восстановленный текст и разделите его на смысловые части. Озаглавьте текст и каждую его часть. Запишите названия текста и его частей в виде плана, перескажите текст по плану.

Б.

1) Подберите к данным словам однокоренные и запишите их. Определите, к какой части речи они относятся, и составьте с ними словосочетания.

борьба, ...

защита, ...

победа, ...

проигрыш, ...

сила, ...

соперник, ...

тренер, ...

участие, ...

2) Продолжите ряды данных слов, составьте с некоторыми из них предложения.

атлетика ⟶ атлет
борьба ⟶ борец
прыжки ⟶ прыгун
фигурное катание ⟶ фигурист

Образец: спорт, спортивный, спортсмен, спортсменка

бег, ...

волейбол, ...

гимнастика, ...

плавание, ...

теннис, ...

футбол, ...

хоккей, ...

 1) Слушайте текст о футболисте Льве Яшине и вписывайте пропущенные слова.

Вратарь Лев Яшин

Лев Иванович Яшин родился в 1929 году в Москве. Он был вратарём спортивного .... «Динамо» и сборной команды СССР с 1949 по 1967 год. Одиннадцать раз Яшин признавался лучшим .... страны. Он выигрывал чемпионаты Европы и Олимпийские игры. В 1963 году Льва Яшина .... лучшим футболистом Европы и наградили призом «Золотой мяч».

Лев Яшин

В 1963 году Яшин играл за сборную мира в матче со сборной Англии. Эта игра была .... столетию английского футбола. Русский футболист демонстрировал .... реакцию и новые приёмы игры: он далеко и точно забрасывал мяч и уверенно руководил защитой. .... капитан английской сборной Бобби Чарльтон так охарактеризовал его игру: «Только .... Яшина вратарь стал активным полевым игроком». Начиная с 1960 года ежегодно ....

вратарю футбольного сезона в России вручается приз «Вратарь года» имени Льва Яшина. Чаще других — восемь раз — эту .... получал Игорь Акинфеев — капитан команды ЦСКА, который сегодня занимает пятнадцатое место в списке лучших вратарей XXI века.

Вратарь Игорь Акинфеев

2) Послушайте текст ещё раз и отметьте верные и неверные высказывания.

	да	нет
1. Лев Яшин был в команде футболистов защитником.	☐	☐
2. В сборной страны он играл почти двадцать лет.	☐	☐
3. Его признавали лучшим европейским футболистом.	☐	☐
4. Он играл в сборной команде Англии по футболу.	☐	☐
5. Яшин использовал новые приёмы игры вратаря.	☐	☐
6. Каждому вратарю поля футбольного сезона вручается приз	☐	☐

«Вратарь года».

3) Скажите, каким человеком, по вашему мнению, был футболист Лев Яшин. Выберите из приведённых слов подходящие для его характеристики:

бездарный, деятельный, (не)дисциплинированный, (не)коммуникабельный, ленивый, мужественный, настойчивый, (не)обязательный, слабый, талантливый, целеустремлённый

ЗАДАНИЕ 4.

А. **1) Восстановите текст из «Спортивной энциклопедии», вставив в него данные слова в нужной форме.**

ведущий, впервые, грандиозный, дата, завоевать, награда, отечественный, первый, поражение, сборная, хоккеист, чемпионат

Из истории российского хоккея

Официальной .... появления хоккея в России считается 1946 год, когда в стране .... был проведён чемпионат по хоккею с шайбой. В 1954 году в Швеции советские хоккеисты .... титул чемпионов мира, а через два года команда получила олимпийское золото. Особой датой в истории .... хоккея считается 1972 год, тогда советские спортсмены обыграли сильнейшую команду мира — .... Канады. Этот чемпионат явился .... событием, за его играми следили болельщики всего мира. С 1973 по 1976 год советские хоккеисты были .... на чемпионатах мира и Олимпийском турнире в Инсбруке.

В девяностых годах для .... наступил тяжёлый период. В профессиональном спорте, как и во всей стране, отсутствовала стабильность, поэтому .... хоккеистам приходилось работать в зарубежных клубах. После победы на .... мира в 1993 году сборная России не получала больших .... Только в 2008 году российские хоккеисты вернули себе титул чемпионов мира. Они завоевали его также в 2009, 2012 и 2014 годах. Период .... для российских хоккеистов окончился, и сборная России по хоккею снова в числе сильнейших игроков мира.

2) **Прочитайте восстановленный текст и дополните правую и левую колонки информацией из текста.**

Дата	События
1946 г.	
	Швеция, титул чемпионов мира
1956 г.	
	победа над сборной Канады
1973–1976 гг.	
	тяжёлый период
1993 г.	
	снова чемпионы мира

3) **Допишите окончания существительных и прилагательных.**

провести чемпионат мир____ по хокке____
завоевать титул чемпион____
получить олимпийск____ медал____
победить сильнейш____ команд____
заниматься профессиональн____ спорт____
работать в зарубежн____ клуб____
добиться высок____ результат____

4) **Расскажите, что вы узнали об истории российского хоккея.**

Б. 1) Прочитайте фрагменты текста «Хоккеист Валерий Харламов» и расположите их в логической последовательности. Впишите номера частей в пустые клеточки.

Хоккеист Валерий Харламов

☐ С этого времени начался путь к славе. Хоккеист Харламов был одиннадцатикратным чемпионом страны, восьмикратным чемпионом мира и двукратным чемпионом Олимпийских игр, вследствие чего был признан лучшим хоккеистом Европы. Его портрет находится в Музее хоккейной славы в канадском городе Торонто.

☐ В детстве Валерий часто болел. Врачи обнаружили у него порок сердца, так что мальчику запретили любые физические нагрузки. Несмотря на это, отец отвёл его на каток. С тех пор хоккей прочно вошёл в жизнь Валерия. Своим трудолюбием он завоевал уважение и доверие тренеров. В девятнадцать лет его приняли в основной состав Центрального спортивного клуба армии — лучшего тогда клуба страны.

☐ В настоящее время высокую марку российской хоккейной школы поддерживают не только игроки национальной сборной, которая в 2014 году выиграла все свои матчи в турнире в результате чего стала пятикратным чемпионом мира, но и российские хоккеисты, играющие в зарубежных клубах.

☐ Харламов отличался настойчивостью, упрямым характером и волей к победе. Он умел красиво играть и поэтому завоевал симпатии миллионов болельщиков. Несмотря на то что Валерий был невысокого роста и некрупного телосложения, вратари соперников испытывали страх, когда он выходил на лёд. За свою спортивную карьеру он сыграл в пятистах шестидесяти одном матче и забил триста восемьдесят две шайбы.

☐ Биография Валерия Харламова — одного из лучших хоккеистов страны — полна неожиданных событий, а потому интересует многих. Он родился в Москве в 1948 году прямо в автомобиле, который вёз его мать в роддом. Его отец был русский, а мама — испанка, попавшая в Советский Союз во время гражданской войны в Испании.

2) Дополните предложения недостающей информацией.

1. Хоккеист Харламов родился в .... году.

2. Он поступил в лучший спортивный клуб, когда ему было .... лет.

3. Спортсмен .... раза был победителем Олимпийских игр и .... раз чемпионом мира.

4. В ворота соперника он забил .... шайбы.

5. Сборная России по хоккею в .... году стала пятикратным чемпионом мира.

3) Восстановите вопросы, задайте их друг другу и получите ответы на них.

1. Когда и где (рождаться/родиться) спортсмен?
2. Почему ему было нельзя (заниматься/заняться) спортом ?
3. Чем он (завоёвывать/завоевать) уважение тренеров?
4. Каким характером (отличаться/отличиться) хоккеист?
5. Когда его соперники (испытывать/испытать) страх?
6. Когда (начинать/начаться) его путь к славе?
7. Кто (продолжать/продолжить) традиции русского хоккея сегодня?

В. 1) Ознакомьтесь с информацией §9 «Выражение следствия» раздела 2 рабочей тетради.

2) Выполните задания 21–24 (рабочая тетрадь, с. 61–64).

3) Найдите в каждом фрагменте текста «Хоккеист Валерий Харламов» предложения, в которых выражаются отношения следствия; выделите маркером средства выражения следствия.

4) Выберите правильный вариант ответа.

а) так что заниматься спортом **полезно для здоровья**.

б) так что заниматься спортом **важно для формирования характера**.

в) так что заниматься спортом **модно и престижно**.

г) так что заниматься спортом **общественно полезно**.

1. Психическое и физическое здоровье граждан является основой их социального благополучия, _____ .

2. Спорт позволяет держать себя в тонусе, иметь хорошее настроение и получать заряд бодрости каждый день, _____ .

3. С помощью физических упражнений можно развить мускулатуру, сделать фигуру стройной, красивой, _____ .

4. Занятия спортом стимулируют работу сердца, _____ .

5. Для получения положительных эмоций от физических нагрузок созданы спортивные залы и фитнес-центры, выпускается качественная спортивная одежда и обувь, разрабатываются эффективные тренажеры и спортивные аксессуары, _____ .

6. Командные виды спорта помогают развивать общительность, учиться контактировать с другими людьми, преодолевать комплексы стеснительности, ____ .

7. Чем больше людей занимается спортом, тем лучше здоровье общества, _____ .

5) Приведите свои аргументы, подтверждающие необходимость занятий спортом. Постройте высказывания таким образом, чтобы продолжением каждого из них могла стать фраза поэтому занятия спортом так необходимы.

Образец: Спорт укрепляет здоровье, поэтому занятия спортом так необходимы.

Г. 1) Прочитайте микротекст и скажите, почему хоккеиста Харламова помнят болельщики.

Летом 1981 года Валерий Харламов вместе с женой погиб в автомобильной катастрофе, прожив на свете всего тридцать три года. У него осталось двое маленьких детей: сын и дочь, которые тоже стали спортсменами. Смерть Харламова стала трагедией не только для близких, но и для всех любителей хоккея. На месте гибели спортсмена установлен памятник, а в 2013 году о его жизни, успехах и славе снят фильм под названием «Легенда №17».

2) Расскажите, что вы узнали о хоккеисте Харламове.

ЗАДАНИЕ 5.

А. 1) Слушайте текст «Необычное развлечение» и вписывайте в таблицу соответствующую информацию.

1838 год	
1865 год	
1878 год	
1901–1903 годы	
1908 год	

2) Послушайте текст ещё раз и перескажите его. Используйте свои записи.

Б. 1) Определите по словарю значения данных слов и словосочетаний и составьте с ними предложения.

одиночный, паркет, подобранный; ведущая позиция, настроиться на победу, образец изящества и вкуса, предоставить возможность

2) Прочитайте микротексты о спотсменах и дополните таблицу информацией из него. Перескажите тексты, используйте свои записи.

Первым советским фигуристом, завоевавшим золотые медали, был Владимир Ковалёв. Он победил в одиночном катании среди мужчин на чемпионате Европы в 1975 году, а в 1977 и 1779 годах стал чемпионом мира.

Российские болельщики очень любят спортивные танцевальные дуэты. Пара Людмила Пахомова — Александр Горшков танцевала на льду, как на паркете. Фигуристы были образцом спортивного изящества и вкуса. В их выступлении всё было гармонично: профессионализм сочетался с удачно подобранной музыкой и элегантными костюмами. Благодаря своему мастерству этот дуэт шесть раз становился чемпионом Европы и мира. Спортсмены победили и на XII зимних Олимпийских играх в 1976 году.

Ирина Роднина — представитель парного катания и гордость советского спорта. Очень симпатичная, очень маленького роста и очень приятная в общении, она обладает сильным характером и железной волей. Спортсменка всегда была настроена на победу, и судьба предоставляла ей большие возможности. Ирина — десятикратная чемпионка мира и трёхкратная олимпийская чемпионка в парном катании. Вместе со своими партнёрами она была первой на Олимпиадах в 1972, 1976 и 1980 годах.

Сегодня российские фигуристы занимают одну из ведущих позиций на мировой арене. На Олимпиаде 2014 года они победили в командном соревновании, спортивные и танцевальные пары взяли золотую, серебряную и бронзовую медали. А в одиночном катании среди женщин первое место завоевала семнадцатилетняя фигуристка Аделина Сотникова.

Владимир Ковалёв	
Людмила Пахомова	
Александр Горшков	
Ирина Роднина	
Аделина Сотникова	

В. **1) Отметьте высказывания, которые соответствуют содержанию прослушанного и прочитанных текстов.**

☐ Русский фигурист победил на Олимпиаде в начале XX века.

☐ В России не очень любят танцы на льду.

☐ Коньки в страну привёз русский император.

☐ Среди российских фигуристов нет чемпионов-мужчин.

☐ На Олимпиаде в Сочи россиянка стала первой.

☐ Трёхкратный олимпийский чемпион — большая редкость.

2) Опираясь на информацию всех текстов задания 5, ответьте на вопросы.

1. Когда в России стали кататься на коньках для развлечения?

2. Чем знаменит спортсмен Панин-Коломенкин?

3. Почему зрителям нравился дуэт Пахомова — Горшков?

4. Какой характер должен быть у олимпийского чемпиона?

5. Не мешает ли фигуристам молодость?

Г. Рассмотрите фотографии. Что вы можете рассказать о спортсменах, изображённых на них?

Первый чемпион России по фигурному катанию Николай Панин-Коломенкин

Российские фигуристы Екатерина Боброва и Дмитрий Соловьев

Олимпийская чемпионка Аделина Сотникова

ЗАДАНИЕ 6.

А. **1) Определите по словарю значения слов и составьте с ними предложения.**

исключить, неперспективный, прыгун(-ья), прыжок, шест, юношеский

2) Дополните микротексты подходящими по смыслу фразами. Впишите ответы в пустые клеточки.

а) После этого она одержала немало побед.
б) Потом она жила в Монте-Карло.
в) Когда Лене было пять лет, родители отдали её в спортивную школу, в секцию спортивной гимнастики.
г) Елена Исинбаева — российская прыгунья с шестом, заслуженный мастер спорта и представитель России в комиссии спортсменов Международного олимпийского комитета.

1. ☐ Она установила двадцать девять мировых рекордов в прыжках с шестом среди женщин. Всемирная академия спортивной славы в 2007 и 2009 годах выбирала Елену Исинбаеву лучшей спортсменкой планеты, а в 2010 году она была признана лучшей легкоатлеткой десятилетия.

2. ☐ Через десять лет девушку исключили из училища олимпийского резерва как неперспективную. Тогда её тренер посоветовал ей заняться прыжками с шестом. Через полгода тренировок Елена заняла первое место на Всемирных юношеских играх в Москве. Это было в 1998 году, а в 1999 году она стала чемпионкой мира среди юниоров, взяв высоту в четыре метра и десять сантиметров.

3. ☐ В 2003 году Исинбаева установила мировой рекорд в четыре метра восемьдесят два сантиметра. В 2004 году она стала чемпионкой на Олимпиаде в Афинах. На соревнованиях в Лондоне в 2005 году впервые в истории женских прыжков с шестом Лена прыгнула на высоту пять метров. На Олимпийских играх в Пекине в 2008 году она завоевала золотую медаль, установив мировой рекорд в пять метров и пять сантиметров. На Гран-при Стокгольма в 2012 году установила новый мировой рекорд для помещений — пять метров и один сантиметр.

4. Елена Исинбаева окончила Волгоградскую государственную академию физической культуры и в 2010 году стала кандидатом педагогических наук. ☐ В 2011 году вернулась в родной Волгоград, чтобы быть ближе к семье и друзьям. В 2014 году у неё родилась дочь. По этому поводу Елена написала в социальных сетях: «Какое же это счастье — материнство!» Все, кто знает Елену, говорят, что вне спортивной арены она очень симпатичный, общительный и весёлый человек.

Елена Исинбаева на спортивной площадке...   и в жизни

Б. Найдите соответствие. Впишите ответы в матрицу.

1) двадцать девять
2) «золото» на Олимпиадах
3) в пять лет
4) в пятнадцать лет
5) чемпионка мира среди юниоров
6) 2005 год
7) 2008 год
8) лучшая спортсменка планеты
9) первая легкоатлетка десятилетия
10) 2010 год

а) 1999 год
б) защита диссертации
в) высота 5 метров 5 сантиметров
г) 2007 и 2009 годы
д) мировые рекорды
е) 2010 год
ж) начало занятий спортом
з) предложили уйти из школы
и) высота в пять метров
к) 2004 и 2008 годы

1	2	3	4	5	6	7	8	9	10

В. Расскажите, что вы узнали о профессиональных и человеческих качествах спортсменки.

ЗАДАНИЕ 7.

А. 1) Определите по словарю значения данных слов и словосочетаний и составьте с ними предложения.

бронза, вмещать, преодолеть, сооружение, спасатель, талисман, факел, факелоносец; оленья упряжка, прыжки с трамплина, санный спорт

2) Прочитайте фрагменты текста, подберите к ним фото в Интернете и напишите на их основе статью в студенческий журнал. Для этого ответьте на вопросы, данные после текста.

Олимпийский огонь преодолел шестьдесят пять тысяч километров. Он проделал свой путь на самолёте, поезде, автомобиле и оленьей упряжке. Факел прошёл через три тысячи населённых пунктов, а факелоносцами побывали четырнадцать тысяч человек.

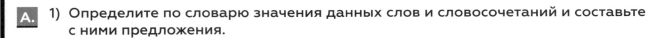

Всего на зимнюю Олимпиаду приехали пятьсот тысяч болельщиков. Самый дорогой билет для них стоил пятьдесят тысяч, а самый дешёвый — пятьсот рублей.

На сочинской Олимпиаде работало двадцать пять тысяч волонтёров, подготовка которых началась в 2011 году. Обучение проводилось в специальных центрах, созданных в различных вузах страны. Сто лучших российских волонтёров проверили свои силы на Олимпиаде, проходившей в Лондоне в 2012 году.

У зимней Олимпиады в Сочи было три талисмана: Леопард — горный альпинист-спасатель, Белый Мишка — любитель зимних видов спорта, и Зайка — жительница зимнего леса, любящая петь и танцевать.

Возможность проведения Олимпийских игр является честью для любой страны. XXII летние Олимпийские игры проходили в Москве в 1980 году, а в 2014 году XXII зимние Олимпийские игры принимал российский город Сочи, расположенный на берегу Чёрного моря.

Для победителей Олимпиады была сделана тысяча триста медалей. На них пошло три килограмма золота, две тысячи килограммов серебра и семьсот килограммов бронзы. Российские спортсмены завоевали тринадцать золотых, одиннадцать серебряных, девять бронзовых медалей и заняли первое место в общекомандном зачёте.

Строительство олимпийских объектов в Сочи велось почти семь лет. На все олимпийские сооружения Россия потратила пятьдесят миллиардов долларов. Самым большим зданием стал стадион «Фишт», который вмещает сорок тысяч зрителей.

На Играх было представлено пятнадцать зимних видов спорта. В программу вошли и новые виды состязаний: командные соревнования по фигурному катанию, эстафета в санном спорте, прыжки с трамплина среди женщин.

В состязаниях приняли участие шесть тысяч спортсменов, в том числе тысяча шестьсот пятьдесят паралимпийцев, которые приехали из восьмидесяти восьми стран мира. При этом впервые в зимней Олимпиаде участвовали спортсмены из Зимбабве и Парагвая. Больше всего участников было из России.

Вопросы:

1. В каком году и где прошли XXII зимние Олимпийские игры?

2. Как долго Россия строила олимпийские объекты?

3. Сколько человек несли олимпийский огонь?

4. Какие новые виды зимнего спорта появились в программе зимней Олимпиады?

5. Сколько спортсменов участвовало в Олимпиаде в Сочи?

6. Из чего были сделаны медали для победителей?

7. Какое количество болельщиков приехало на Игры?

8. Где готовили российских волонтёров?

9. Какие животные стали талисманами на Олимпиаде в Сочи?

Стадион «Фишт»

В СВОБОДНОЕ ВРЕМЯ

■ **Выражение побуждения к действию: императив (образование и употребление), глагольные формы, глагольные сочетания; существительное.**

ЗАДАНИЕ 1.

А. 1) Прочитайте текст из туристического путеводителя и скажите, что представляет собой Золотое кольцо России.

В России популярен активный туристический отдых в горах, лесах, на морях и реках, то есть везде, где можно заниматься спортом, дышать свежим воздухом и общаться с природой. Кроме того, россияне очень любят проводить свой отпуск на познавательных экскурсиях. Один из самых интересных маршрутов — поездка по Золотому кольцу.

Кольцо вокруг Москвы образуют старинные русские города — Владимир, Кострома́, Росто́в Великий, Су́здаль и Яросла́вль, а также Гусь-Хрустальный, Му́ром, Мы́шкин, Плёс и У́глич. Это кольцо золотое потому, что здесь расположены прекрасные музеи и памятники, великолепные храмы и монастырские ансамбли, имеющие архитектурную ценность и сохраняющие многовековую историю и культуру страны.

2) Скажите, хотелось бы вам отправиться на экскурсию по Золотому кольцу. Почему да / нет?

Б. 1) Прочитайте текст из путеводителя и выпишите из него выделенные слова. Определите по словарю их значения.

1. Ростов Великий, возникший в 862 году на берегу озера Неро среди лесов, — крупный центр туризма и **паломничества**. Город был включён в специальную программу сотрудничества между Россией и Советом Европы по сохранению историко-культурного **наследия**.

2. В Ростове Великом много **достопримечательностей**, сохранившихся с древних времён. Например, ростовский кремль, построенный во второй полови-

Ростовский кремль

Спасо-Яковлевский монастырь

не XVII века и являющийся шедевром мировой архитектуры. Большую ценность представляют также старинные каменные и деревянные **постройки**.

3. Город очень гордится своей знаменитой **звонницей** — музыкальным инструментом, состоящим из тринадцати колоколов, каждый из которых имеет своё особое звучание. На колоколах исполняются музыкальные произведения христианских композиторов XVII—XIX веков.

4. В городе есть Спасо-Яковлевский мужской монастырь. Его грандиозный ансамбль расположен на берегу озера Неро. Посетителям он кажется сказкой и **чудом**, сочетающим в своём **облике** различные архитектурные стили.

2) Прочитайте высказывания и установите их соответствие частям текста. Впишите ответы в пустые клеточки.

- ☐ а) Ростовский кремль был построен более трёх веков назад.
- ☐ б) Монастырь находится рядом с озером.
- ☐ в) Город построили среди дикой природы.
- ☐ г) В архитектуре монастыря сочетаются разные стили.
- ☐ д) Ростов является центром паломничества.
- ☐ е) Каждый колокол звучит по-особенному.

В. 1) Ознакомьтесь с информацией §3 «Императив и другие способы выражения побуждения к действию» раздела 1 рабочей тетради.

2) Выполните задания 14, 15 (рабочая тетрадь, с. 25).

3) Представьте ситуацию: вы впервые едете на экскурсию в Ростов Великий. Попросите ваших друзей, которые там побывали, рассказать вам, что они знают о городе; показать фотографии и открытки с его изображением; посоветовать, куда отправиться на экскурсию. Используйте формы императива и другие способы выражения побуждения к действию.

ЗАДАНИЕ 2.

А. 1) Прочитайте текст из путеводителя и скажите: а) кто такие Пётр Первый, Екатерина Великая, Ярослав Мудрый, Илья Пророк; б) где находится город Флоренция.

Ярославль — красивый старинный город, расположенный на берегу Волги в центральной части России. Его население — почти полмиллиона человек. Город получил своё название по имени русского князя Ярослава Мудрого, по приказу которого он был основан в 1010 году.

С давних пор Ярославль играл важную роль в русской истории и культуре. В городе всегда были хорошо развиты промышленность и ремёсла. Во времена Древней Руси он являлся одним из самых могущественных, просвещённых и богатых городов. До эпохи Петра Первого город считался вторым в России по численности населения и третьим по торговым связям. В XIX веке Ярославль называли русской Флоренцией, так как признавали его одним из самых красивых городов России.

Планировка города была разработана во времена Екатерины Великой, которая в 1763 году провела градостроительную реформу. Сегодня на старинных улицах Ярославля можно увидеть здания, принадлежавшие почти ко всем направлениям русской архитектуры XVI—XX веков.

В городе насчитывается сто сорок значительных архитектурных памятников, расположенных в основном в центральной его части. Главным среди них признаётся храм Ильи Пророка. По легенде, храм был заложен самим князем Ярославом Мудрым. Поводом для строительства церкви стала чудесная победа князя в схватке с огромным медведем, которая произошла в день Ильи Пророка. Вот почему на гербе города появился медведь.

Памятник 1000-летию Ярославля

Церковь Ильи Пророка
в Ярославле

2) **Найдите в тексте и отметьте маркером фразы, которые подтверждают следующие факты:**

1. Русская царица уделяла внимание городскому строительству.
2. Храм построен в честь знаменательного события в жизни князя.
3. Город был центром истории, промышленности и культуры.
4. Ярославль основан более тысячи лет назад.
5. Здесь сохранилось немало строений разных эпох и стилей.
6. Центр города — его главная достопримечательность.

Б. 1) Отметьте верные и неверные высказывания.

	да	нет
1. Князь победил лесного зверя.	☐	☐
2. Ярославль очень красивый город.	☐	☐
3. В городе почти миллион жителей.	☐	☐
4. Город назван в честь княгини.	☐	☐
5. В нём менее ста исторических памятников.	☐	☐
6. Символ города — медведь.	☐	☐

2) Расскажите, что вы узнали об истории города Ярославля.

В. 1) Определите по словарю значения данных слов и составьте с ними предложения.

валенки, дремучий, змея, лён, отдалённый, подползать, пристань, причаливать, разбудить, спасать

2) Слушайте текст о городе Мышкине и вписывайте пропущенные слова.

В городе Мышкине

Город Мышкин

На Верхней Волге, на шести холмах, ... дремучими лесами, расположен город с весёлым названием — Мышкин. Он является наиболее отдалённой от Москвы частью Золотого кольца. Город .... своё название по старой легенде, в которой рассказывается, как один князь после охоты уснул на высоком берегу Волги. Он спал .... часов, а разбудила его мышка, пробежавшая по лицу. Князь проснулся и заметил подползавшую к нему .... Так мышка спасла князю жизнь. Он построил на этом месте храм, вокруг которого возник город под названием Мышкин.

Сегодня Мышкин — это .... , но очень активный городок с населением в шесть тысяч человек. Он популярен у туристов, путешествующих по .... Каждый день к пристани Мышкина причаливает несколько теплоходов.

В городе .... музеев. Среди них единственный в мире Музей мыши, где .... изображения мышей из разных стран мира, музеи валенок, льна, ... техники, этнографический музей под открытым небом, музей авторской .... и картинная галерея.

В Музее мыши

3) **Послушайте текст ещё раз и ответьте на вопросы.**

1. Где расположен город Мышкин?
2. Как город получил свой название?
3. Сколько жителей в Мышкине?
4. Почему он популярен у туристов?

ЗАДАНИЕ 3.

 1) **Определите по словарю значения данных слов и составьте с ними словосочетания.**

белокаменный, лебедь, лик, пригорок, резьба, сугроб, творение

2) **Найдите соответствие. Впишите ответы в матрицу.**

1) зодчество   а) утопать
2) церковь   б) подниматься
3) превосходство   в) реализовать
4) зодчий   г) первенство
5) па́рить   д) архитектура
6) погружаться   е) храм
7) воплотить   ж) лететь
8) возвышаться   з) архитектор

1	2	3	4	5	6	7	8

Б. **1)** Прочитайте текст из путеводителя и разделите его на смысловые части. Озаглавьте текст и каждую часть. Запишите названия текста и его частей в виде плана.

....

Путешествующие по Золотому кольцу обязательно посещают прекрасный памятник русского зодчества — белокаменную церковь Покрова́ на реке Нерль. Церковь расположена недалеко от города Владимира. Как белая свеча, возвышаясь на небольшом пригорке, церковь покоряет гармонией пропорций и изяществом силуэта. Она хорошо сочетается со среднерусским пейзажем. Весной храм, словно птица, парит над рекой, летом вырастает из густой травы, осенью утопает в золоте опавших листьев, а зимой погружается в снежные сугробы. Стены храма украшены традиционной древнерусской резьбой, центральная фигура которой — царь Давид, сидящий на троне. Царя окружают птицы, звери и девичьи лики, символизирующие Деву Марию. У церкви очень скромный вид, но именно аскетичность определяет её красоту. Внутри нет ни богатых росписей, ни позолоченных икон, характерных для православных церквей. Однако неизвестные зодчие воплотили в камне главную идею любой религии: превосходство духовного начала над материальным. Может быть, именно поэтому творение древних мастеров получило всемирное признание. В 1992 году церковь Покрова на Нерли вошла в Список всемирного наследия ЮНЕСКО.

2) Перескажите текст по составленному плану.

Церковь Покрова на реке Нерль

B. Подготовьте презентацию на тему «Русское зодчество», включите в неё информацию о памятниках русского зодчества и о древнерусских мастерах. Покажите презентацию на занятии.
Используйте материалы сайтов:
http://slavyanskaya-kultura.ru/slavic
http://perstni.com/magazine/history/arhitektura-drevney-rusi
http://temples.ru/old_russian.php

ЗАДАНИЕ 4.

A. 1) Определите по словарю значения данных слов и составьте с ними словосочетания.

выразительность, иконостас, колокольня, купол, отапливать, отделка, погост, Пасха, служба, сооружение, утончённый

2) Восстановите текст из путеводителя, дополнив предложения причастиями в нужной форме.

Кроме путешествия по Золотому кольцу, россиянам очень нравится экскурсия в Кижи́. Кижи — это небольшой, всего в пять километров, остров, ... (расположенный / располагавшийся) на севере европейской части России, в Карелии, на берегу холодного Онежского озера. В XVIII—XIX веках здесь был .... (построен / построенный) знаменитый Кижский погост — деревянное чудо России, ... (состоящий /состоявший) из двух удивительных церквей и колокольни. Удивительны эти строения тем, что они .... (возведён / возведённый) без единого гвоздя.

Церковь Преображения Господня — самое знаменитое сооружение ансамбля. Его строительство началось в 1714 году на месте .... (горевший /

Церковь Преображения Господня. Кижи

Покровская церковь. Кижи

сгоревший) ранее церкви. Церковь имеет двадцать два деревянных купола, а её иконостас состоит из ста двух старинных икон. Здание .... (построено / построенное) без фундамента, оно стоит на каменной площадке. Эта церковь называлась летней, она не отапливалась, и поэтому зимой службы в ней не проходили.

Покровская церковь, наоборот, отапливалась, и службы в ней проводились с первого октября и до самой Пасхи. Девять куполов этой церкви, ... (выполнены / выполненные) с особой выразительностью, отличаются утонченными пропорциями. Церковь имеет небольшие размеры и простую внутреннюю отделку, ведь главное для северного храма — его внешний облик.

3) Прочитайте восстановленный текст и выберите правильный вариант ответа. Впишите ответы в матрицу. Дайте полные ответы на вопросы.

1. Какой по размеру остров Кижи?
    а) большой
    б) широкий
    в) маленький

2. Где расположен остров?
    а) на севере азиатской части
    б) на севере европейской части России
    в) на берегу тёплого озера

3. Из чего состоит Кижский погост?
    а) из колокольни
    б) из двух храмов
    в) из храмов и колокольни

4. Сколько гвоздей использовали на строительство погоста?
    а) очень много
    б) очень мало
    в) ни одного

5. В каком веке началось строительство церкви Преображения?
    а) XVII
    б) XIX
    в) XVIII

6. Сколько в ней икон?
    а) девять
    б) двадцать две
    в) сто две

7. Что является главным для северного зодчества?
    а) внешний вид
    б) внутренний вид
    в) количество куполов

1	2	3	4	5	6	7

Б. 1) Слушайте текст «Кижский ансамбль» и записывайте новые для вас слова. Определите по словарю их значения.

2) Послушайте текст ещё раз и выберите правильный вариант ответа.

1. Музей в Кижах был организован в ☐ году.
   а) 1976
   б) 1956
   в) 1966

2. Из разных районов в Кижи привозили ☐ .
   а) каменные дома
   б) деревянные дома
   в) целые деревни

3. В древних архитектурных ансамблях нашла отражение русская ☐ .
   а) идеология
   б) природа
   в) традиция

3) Перескажите прослушанный текст.

В. Прочитайте микротекст и скажите, что, по вашему мнению, означает высказывание кижского строителя.

Самая знаменитая легенда острова Кижи связана с плотником Нестором, который построил деревянную церковь Преображения Господня. Как известно, сделал он это без единого гвоздя. После окончания работы мастер бросил свой топор в озеро со словами: «Никогда не было, никогда и не будет».

ЗАДАНИЕ 5.

А. 1) Восстановите текст о греческом городе Тáнаисе из учебника по краеведению. Вставьте нужные предлоги. Спросите преподавателя, что означают незнакомые вам слова.

Древний город Танаис

_____ тридцати километрах _____ Ростова-на-Дону находится настоящий греческий город, который называется Тáнаис. Правильнее сказать, то, что от него осталось, так как Танаис существовал _____ третьего века до н. э. _____ пятый век н.э. Город был основан греками Боспорского царства _____ реке Танаис, которая теперь носит название Дон. Танаис был самым северным древнегреческим поселением, расположенным там, где река Дон впадает _____ в Азовское море.

Греческие города Причерноморья
в античную эпоху

Бескрайние свободные степи, зелёные холмы, высокое синее небо и полная рыбы глубокая река — всё это привлекало древних поселенцев. И кто только здесь не жил: амазонки, скифы, сарматы, меоты, киммерийцы, половцы, греки и древние славяне!

Восемь веков Танаис был крупным экономическим, политическим и культурным центром древнего мира. _____ нём процветали ремёсла и торговля. _____ 237 г. н.э. он был разрушен племенами готов, а через сто сорок лет восстановлен сарматами. Однако _____ начале V века н.э. город прекратил своё существование. _____ середине XX века археологи приступили _____ научному изучению городища, начали его раскопки. Во время раскопок они нашли изделия _____ золота, бронзы, камня и стекла, среди которых были рабочие инструменты, предметы интерьера, амфоры, статуэтки, детали одежды и украшения.

_____ 1961 году _____ Танаисе был открыт археологический музей-заповедник, представляющий собой ансамбль памятников истории и культуры разных времён и народов. Археологи реконструировали некоторые объекты, поэтому сегодня _____ Танаисе можно ощутить атмосферу древности: побывать _____ Римском мосту, _____ Башне поэтов и Хижине меота.

Городище Танаис

2) Прочитайте восстановленный текст, выберите неверные суждения и исправьте их.

1. Танаис расположен в сорока километрах от Ростова-на-Дону.

....

2. Город просуществовал менее десяти веков.

....

3. Танаис был основан на реке Дон.

....

4. Город был самым южным греческим поселением.

....

5. Во второй половине IV века н.э. город был восстановлен готами.

....

6. Археологи нашли предметы, принадлежавшие жителям Танаиса.

....

7. Музей в Танаисе был открыт во второй половине XX века.

....

Б. 1) Слушайте легенду о Танаисе и вписывайте пропущенные слова.

Легенда о Танаисе

Две тысячи лет .... на этой земле жили прекрасные женщины-воины, которых называли амазонками. У амазонки Лизиппы и воина Беросса .... сын Танаис. Мальчик вырос, превратился в красивого юношу и решил .... свою жизнь воинскому искусству. Богиня любви Венера полюбила его. Однако Танаис не ответил на её .... , и тогда она наказала его любовью к собственной матери. .... долго страдал, а потом бросился с высокого холма в воду и погиб. .... об этом событии реку, а затем и сам город назвали Танаисом.

2) Восстановите вопросы и пронумеруйте их согласно логической последовательности текста. Задайте эти вопросы друг другу и получите ответы на них.

☐ Какая богиня (полюбить/разлюбить) Танаиса?
☐ Как (погибать/погибнуть) молодой человек?
☐ Кем он (решать/решить) (становиться/стать)?
☐ Кого (называть/назвать) амазонками?
☐ Как Венера (наказывать/наказать) юношу?

В. Посмотрите на YouTube https://www.youtube.com/watch?v=ZN5hy_7Jdqs фрагмент телепередачи «Хочу всё знать» и расскажите, что вы узнали о городе под названием Танаис и о юноше по имени Танаис.

А. Прочитайте текст и выпишите из него информацию, которая касается а) географического положения, б) времени основания, в) значения города Таганрога. Перескажите текст, используйте свои записи.

Порт Таганрога

Таганрог расположен на берегу Азовского моря. Он входит в список исторических городов России. Его основал в 1698 году русский император Пётр Первый, по плану которого город должен был стать южными морскими воротами страны. Таганрог явился первой военно-морской базой России, первым российским портом на морском побережье и первым в стране городом, построенным по регулярному плану. Постепенно Таганрог превратился в богатый портовый город, который играл большую роль в экономическом развитии юга России несмотря на конкуренцию со стороны Одессы и Ростова-на-Дону.

Б. Прочитайте продолжение текста о Таганроге и восстановите порядок упоминания в нём информации.

Драматический театр Таганрога

Население современного Таганрога составляет двести шестьдесят тысяч человек. В городе проживают люди ста различных национальностей; после русских самыми большими диаспорами являются греческая, еврейская, армянская и татарская.

Сегодня Таганрог — это один из ведущих морских портов на юге страны, крупный индустриальный, научный и культурно-исторический центр. Здесь много студентов, которые обучаются в шести высших учебных заведениях. Город известен своим драматическим театром, основанным в 1827 году. Его интерьер представляет собой малую копию знаменитого миланского театра Ла Скала. В театре Таганрога проводятся Чеховские фестивали.

☐ 6   ☐ 1827
☐ 100   ☐ 260 000

В. **1)** Прочитайте текст и выпишите из него выделенные слова. Определите по словарю их значения.

В Таганроге немало музеев: историко-**краеведческий**, военно-исторический, авиационной **техники**, **градостроительства** и быта, художественный, литературный, а также много памятников и других достопримечательностей.

Гости города обычно посещают Свято-Никольский храм, **возведённый** в 1778 году, приходят к памятнику Петру Первому, открытому в 1903 году, слушают концерты в доме Чайковского, получившем название в честь композитора, который посещал город в 1886 и 1888 годах, гуляют в старейшем на юге России парке, **заложенном** в 1806 году, и осматривают подземные галереи, **прокопанные** ещё древними римлянами.

Городской парк

2) Найдите соответствие. Впишите ответы в матрицу.

1) церковь   а) 1903

2) памятник основателю города   б) 1886, 1888

3) известный композитор   в) 1806

4) место отдыха   г) 1778

1	2	3	4

Г. **1)** Восстановите текст, дописывая окончания слов.

Но сам_____ главн_____ историческ_____ достопримечательностью города является то, что в нём родился и жил Антон Павлович Чехов, известн_____ русск_____ писатель-классик, чьи произведения переведены на все литературн_____ языки мира. Благодаря Чехову в городе был основан музей, создана публичн_____ библиотека, поставлен памятник основателю города Петру Первому.

Памятник А.П. Чехову в Таганроге

В Таганроге сохранился дом семьи Чеховых, здание гимназии, в котор_____ он учился, а также торгов_____ лавка его отца. Музеи «Домик Чехова» и «Лавка Чеховых» пользуются сегодня больш_____ популярностью, сюда приходят многочисленн_____ экскурсии. А жители Таганрога всегда хранят память о своём велик_____ земляке.

2) Прочитайте восстановленный текст и перескажите его по данным опорным словам.

главная достопримечательность, писатель-классик, литературные языки мира, музей, библиотека, памятник Петру Первому, дом семьи писателя, гимназия, торговая лавка, экскурсии, память

д. **1)** Представьте ситуацию: вы побывали на экскурсии в Таганроге. Напишите об этом своим друзьям в социальной сети и расскажите, что вы узнали о городе. Используйте материалы сайтов:
http://dontourism.ru
http://travelask.ru/russia/taganrog
https://www.smileplanet.ru/russia/taganrog/

2) Восстановите переписку Даши и Артёма в чате.

Даша
Артём, привет! Ты в Таганроге?

Артём
....

Даша
Ко мне приехали друзья из Греции. Мы хотим завтра побывать в Танаисе и заехать в Таганрог. Ты смог бы показать нам достопримечательности города?

Артём
....

Даша
Как жаль! Придётся мне самой быть гидом, хотя я уже давно не была там. Скажи, как лучше добраться до Таганрога?

Артём
....

Даша
Нет, из Ростова мы поедем в Танаис на электричке, а потом оттуда в Таганрог. Из Танаиса нам как лучше ехать?

Артём
....

Даша
Ок! А когда она прибывает в Таганрог? Мы бы хотели пообедать в Таганроге, а то мои гости проголодаются. Кстати, посоветуй какое-нибудь приличное кафе.

Артём
....

Даша
Поняла. Гулять по Таганрогу мы пойдём после обеда. С чего советуешь начать?

Артём
....

Даша
Спасибо за совет! Пока, до встречи!

 Артём
....

ЗАДАНИЕ 7.

 1) Определите по словарю значения данных слов и составьте с ними предложения.

дельта, залив, основание, пострадать, пригород, справедливо

2) Прочитайте фрагменты текста, подберите к ним иллюстрации в Интернете и напишите на их основе статью «Моё знакомство с Санкт-Петербургом» для студенческого журнала.

Санкт-Петербург расположен на берегу Финского залива Балтийского моря, по правому и левому берегам реки Невы, на тридцати трёх островах, находящихся в её дельте. Город и сегодня сочетает в себе русские черты и европейский облик.

Питер, как называют Санкт-Петербург россияне, считается северной столицей страны. После Москвы он является вторым по величине городом России, крупным промышленным, научным и историко-культурным центром.

Во время Великой Отечественной войны 1941–1945 годов большинство музеев и памятников сильно пострадало, а многие дворцы, расположенные в пригородах, были разрушены почти до основания. Их реставрация началась сразу после войны и продлилась до шестидесятых годов XX века.

Санкт-Петербург был основан 16 мая 1703 года императором Петром Первым. В этот день на Заячьем острове началось строительство Петропавловской крепости. По плану русского царя город должен был открыть выход к морю на севере страны. Император называл Санкт-Петербург окном в Европу.

Город получил название в честь христианского святого апостола Петра. В 1710 году Санкт-Петербург стал официальной столицей России, а в 1712 году сюда переехала царская семья и все правительственные учреждения.

Сегодня в городе более ста сорока музеев и почти сто театров. Дворцы, музеи, памятники, театры и парки города считаются частью мирового культурного наследия. Решением ЮНЕСКО Санкт-Петербургу был присвоен статус памятника мировой культуры.

Б. 1) Пронумеруйте вопросы согласно логике изложения информации в вашей статье.

☐ В каком веке город стал столицей России?

☐ Сколько в городе театров и музеев?

☐ Где расположен Санкт-Петербург?

☐ В честь кого он назван?

☐ Как его называют жители России?

☐ Кем и когда был основан город?

☐ Почему его называют музеем?

☐ По какой причине был построен город?

2) Прочитайте свою статью в группе. Задайте автору вопросы и получите ответы на них.

Санкт-Петербург. Старый и новый

В. 1) Прочитайте фрагменты текста и выпишите из них выделенные слова. Определите по словарю их значения.

В черте Санкт-Петербурга находится более 90 рек, рукавов, протоков и каналов (общей длиной около 300 км) и около 100 водоёмов (озёр, прудов), через которые перекинуто примерно 800 мостов (не считая мосты на территориях промышленных предприятий), в том числе 218 пешеходных. Тринадцать из них в период **навигации разводят** по ночам. Самый большой разводной мост носит имя Александра Невского и имеет шестьсот двадцать девять метров в длину. Разведённые мосты — это великолепное **зрелище**, которое изменяет вид городского ансамбля, добавляя ему романтики.

В Зимнем дворце — бывшей резиденции русских царей — находится музей Эрмитаж, который был открыт в 1853 году. В музее собрана одна из самых крупных в мире коллекций произведений искусства и памятников культуры. Эта коллекция началась с частного **собрания** императрицы Екатерины Второй. Современный Государственный Эрмитаж **располагает** тремя миллионами экспонатов, которые **размещаются** в пяти зданиях. Зимний дворец и площадь перед ним образуют очень красивый архитектурный ансамбль. Он представляет собой один из основных объектов туризма.

Невский проспект — главная улица Санкт-Петербурга, которую **проложили** через леса и болота. Длина Невского — четыре с половиной километра, а наибольшая ширина — шестьдесят метров. Своё современное название проспект получил в 1781 году в честь национального героя России, святого **покровителя** города князя Александра Невского. На проспект выходят **фасады** двухсот сорока великолепных дворцов и исторических зданий.

Казанский кафедральный собор — главный храм Санкт-Петербургской епархии Русской православной церкви. Он построен на центральной улице города в 1801—1811 годах для **хранения** Казанской иконы Божией Матери. После Отечественной войны 1812 года с армией Наполеона собор также **приобрёл** статус памятника русской воинской славы. В советское время он **превратился** в Музей истории религии и атеизма, однако с 1991 года снова стал действующим храмом.

2) Рассмотрите фото «Достопримечательности Санкт-Петербурга» (ЭР, кадры 81—86). Опишите устно каждое фото, используйте информацию текста.

КЛАССИКА И СОВРЕМЕННОСТЬ

■ **Активные и пассивные глагольные конструкции.**

ЗАДАНИЕ 1.

 А. **1) Определите по словарю значения слов и составьте с ними предложения.**

бескорыстие, гордиться, жёсткость, искренность, непрактичность, отзывчивость, открытость, поиск, святость, скрытый, установка

2) Прочитайте отрывок из статьи по культурологии и озаглавьте его. Охарактеризуйте особенности мировоззрения русского народа.

Россия имеет богатую классическую культуру, которой русские гордятся. У каждого народа существует собственное мировоззрение, на основе которого формируется характер художественного творчества. Особенностями русской художественной культуры являются интерес к духовным поискам, отзывчивость к новому, открытость миру.

Многие философы и культурологи исследовали традиции и установки русской культуры. Одна из наиболее известных работ в этой области — книга философа XX века Н.О. Лосского под названием «Характер русского народа». К культурно-историческим отличиям русского этноса учёный относит религиозность, которая выражается в поиске абсолютного добра и смысла жизни, бескорыстии. Кроме того, он отмечает доброту, сочетание мужества с женской мягкостью, а также силу воли, которая проявляется в максимализме, свободолюбии, патриотизме.

Другие исследователи этой проблемы добавляют к уже упомянутому коллективизм, фетишизацию государственной власти, гиперболизм, склонность к крайностям, непрактичность, жёсткость.

Перечисленные характеристики являются доминирующими, хотя они, конечно, не полностью представляют всю специфику национальной ментальности и культуры.

 Б. **1) Прочитайте продолжение текста и соотнесите выделенные в нём слова со словами, данными ниже. Впишите ответы в пустые клеточки.**

В 988 году Русь приняла христианство, что оказало большое **положительное** (1) влияние на развитие русской культуры. Новая религия изменила мировоззрение людей, их представление о жизни, эстетике и этике, красоте и художественном творчестве. Христианство помогло формированию единого народа на основе общих духовных и **нравственных** (2) ценностей, а также явилось важным источником **вдохновения** (3) для архитекторов, писателей, художников и музыкантов.

Следует сказать, что культура России в своём историческом развитии приобрела большое национальное **своеобразие** (4): идеи христианства соединились в ней с народными **верованиями** (5). Слияние европейских и национальных традиций в мировой истории получило название «феномен русской культуры». Прекрасные архитектурные сооружения, замечательные памятники литературы, уникальные произведения живописи, богатое музыкальное и театральное творчество стали достойным вкладом России в мировую культуру.

☐ а) энтузиазм
☐ б) моральный
☐ в) прогрессивный
☐ г) религия
☐ д) индивидуальность

2) Восстановите вопросы, пронумеруйте их согласно логической последовательности текста. Задайте их друг другу и получите ответы на них.

☐ Что (являться/явиться) вкладом России в мировую культуру?
☐ Что (изменять/изменить) религия?
☐ Когда Русь (принимать/принять) христианство?
☐ В чём (выражаться/выразиться) своеобразие русской культуры?

3) Скажите, в чём заключается особенность русской ментальности и культуры.

В. 1) Представьте ситуацию: вам нужно подготовить презентацию об особенностях русской культуры. Выполните это задание, воспользуйтесь планом и информацией из прочитанных текстов.
Используйте материалы сайтов:
http://www.culture.ru/
http://www.goldmuseum.ru/russkie/
http://histerl.ru/kultura-rossii/

План

1. Особенности мировоззрения русского народа.

2. Культурно-исторические отличия русского этноса, по Лосскому.

3. Другие черты русского народа.

4. Влияние христианства на формирование русской культуры.

5. Своеобразие русской культуры.

2) Покажите свою презентацию и расскажите в группе об особенностях русской культуры.

3) Задайте вопросы автору презентации и получите ответы на них. Выразите своё отношение к прослушанному.

А. **1)** Определите по словарю значения слов и словосочетаний и составьте с ними предложения.

короновать, награда, облачение, прилегающий, сокровищница, трон; венчаться на царство, оружейное мастерство, получить в дар

2) Прочитайте фрагменты текста из путеводителя по Москве и напишите на их основе статью для сайта, посвящённого русской культуре и истории.

Шапка Мономаха

Высокий художественный уровень и особая историко-культурная ценность произведений искусства принесли Оружейной палате Московского Кремля мировую известность. В музее хранится множество экспонатов — всего около четырёх тысяч уникальных предметов декоративно-прикладного искусства России и других стран.

Самый главный экспонат — шапка Мономаха, украшенная драгоценными камнями и соболиным мехом. В ней венчались на царство русские князья. Это знаменитая реликвия российской истории.

Оружейная палата

Самый известный из музеев Кремля — Оружейная палата, размещённая в здании, построенном в 1851 году. Оружейная палата — это музей, где хранятся экспонаты, сделанные из золота, серебра и драгоценных камней. Основу коллекции составляют различные изделия, выполненные как русскими мастерами в XII—XIX веках, так и полученные русскими царями в дар от иностранных государств в XIII—XIX столетиях.

Двойной трон

Ещё один раритет — двойной трон братьев Ивана V и Петра Алексеевича, будущего Петра Первого. Трон этот необычен тем, что в нём есть дверца в комнатку, в которой находился человек, подсказывающий малолетним братьям-царям, что им говорить во время дворцовых церемоний. В залах палаты также экспонируется парадное облачение царей и представителей Русской православной церкви. Одежда сшита из дорогой ткани, украшена золотом, серебром и драгоценными камнями. Самым богатым является одеяние митрополита Никона, изготовленное из золотой ткани и украшенное жемчугом. Оно весит двадцать четыре килограмма.

Москва — красивейшая столица мира. Её облик гармонично сочетает старинные памятники архитектуры и современные здания. Музеи Москвы — своеобразная книга истории, рассказывающая о прошлом и широко раскрытая для всех желающих. В четырёхстах музеях города хранится культурное наследие, оставленное предыдущими поколениями россиян.

Москва-сити и Кремль

Большая императорская
корона

В коллекцию Оружейной палаты также входят памятники оружейного мастерства XII—XIX веков, российские военные награды, драгоценные ткани, парадная одежда XVIII—XX веков и очень редкая коллекция старинных экипажей XVI—XVIII столетий.

Парадная одежда русских императриц

Главным музейным комплексом столицы считается Кремль, который является не только символом Москвы, но и всей России. Московский Кремль — уникальный архитектурный памятник, расположенный в исторической части города. В 1990 году Кремль и прилегающая к нему Красная площадь были внесены в Список всемирного наследия ЮНЕСКО. На территории Кремля находится несколько музеев.

Кремль

Б. **1) Пронумеруйте вопросы согласно логике изложения информации в вашей статье.**

☐ Что составляет основу коллекции музея?

☐ Сколько всего музеев в Москве?

☐ Какой главный раритет Оружейной палаты?

☐ В каком году построено здание палаты?

☐ Что представляет собой Кремль?

☐ Какие коллекции представлены в Оружейной палате?

☐ Когда Кремль был внесён в списки ЮНЕСКО?

☐ Сколько раритетов находится в Оружейной палате?

2) Прочитайте свою статью в группе, задайте вопросы и получите ответы на них.

В. **Расскажите, что вы узнали о музее «Оружейная палата».**

ЗАДАНИЕ 3.

А. Прочитайте первую часть текста об истории русского театра и перескажите её, употребляя словосочетания:

(не)профессиональный театр, приобрести популярность, провинциальные города, снять помещения, создать репертуар, театральные представления

Часть I

История русского профессионального театра насчитывает почти три с половиной века. Датой его рождения считается 17 октября 1672 года. Именно в этот день в летнем царском дворце в селе Преображенском зрителям **показали** первый в истории русского театра **спектакль**. Во второй половине XVII века в стране началось быстрое развитие образования и культуры, поэтому театр приобрёл большую популярность. Любители театра **снимали** **помещения** и **играли** в них **спектакли**; сейчас такие театры назвали бы непрофессиональными. **Ставили** в основном переработанные европейские **пьесы**, так как русской драматургии почти не существовало. Театральные **представления давали** не только в Москве и Петербурге, но и в провинциальных городах. Александр Петрович Сумароков стал первым русским писателем XVIII века, который **создал репертуар** для русской сцены.

Б. 1) Ознакомьтесь с информацией раздела 5 «Активные и пассивные конструкции» рабочей тетради.

2) Выполните задания 1—4 (рабочая тетрадь, с. 95—98).

3) Замените активные конструкции пассивными.

1. 17 октября 1672 года зрителям показали первый в истории русского театра спектакль.

....

....

2. Любители театра снимали помещения и играли в них спектакли. ....

3. В то время на сцене ставили зарубежные пьесы. ....

....

4. Актёры давали театральные представления не только в столице.

....

5. А.П. Сумароков создал репертуар для русских театров...

....

4) Выпишите из текста выделенные словосочетания. Скажите, каким падежом управляют глаголы, входящие в эти словосочетания, и как называются такие глаголы.

В. 1) Прочитайте вторую часть текста и отметьте верные и неверные высказывания.

Часть II

В XIX веке театр приобрел большую популярность у публики. У людей возникла привычка и потребность ходить на спектакли и читать пьесы, написанные специально для театра известными русскими писателями Александром Николаевичем Островским и Иваном Сергеевичем Тургеневым. Во второй половине XIX века открылось много новых театров, и к концу столетия не было ни одного губернского города, не имевшего театрального здания и театральной труппы.

XX век для русского театра начался со встречи в Москве театрального критика и драматурга Владимира Ивановича Немировича-Данченко с актёром и режиссёром Константином Сергеевичем Станиславским. Они решили организовать Художественный общедоступный театр, который позднее получил название «Московский художественный академический театр» (МХАТ) и стал для русского искусства прогрессивным явлением: его труппой был разработан собственный стиль и метод актёрской игры. Первое представление состоялось 14 октября 1898 года — давали спектакль «Царь Фёдор Иоаннович».

	да	нет
1. В XIX веке публика полюбила театр.	☐	☐
2. Пьесы для русского театра появились в XVII веке.	☐	☐
3. К концу XIX века в России уже было немало театров.	☐	☐
4. Встреча двух актёров — новый этап в жизни театра.	☐	☐
5. Новый театр не был прогрессивным.	☐	☐
6. Первый спектакль показали летом 1898 года.	☐	☐

2) Охарактеризуйте театральную жизнь России в XIX — начале XX века.

Г. **1)** Восстановите третью часть текста, вставляя нужные предлоги.

Часть III

Московский художественный театр открыл _____ России и всего мира драматурга Антона Павловича Чехова, пьесы которого помогли развиться новым театральным тенденциям. После гастролей _____ Германии _____ 1906 году _____ МХАТом закрепилось звание первой европейской сцены, с которой началась новая эпоха _____ театральном искусстве. МХАТ долгие годы был _____ первом месте _____ театральной жизни Москвы и всей России.

_____ современной России театр популярен, как и много десятилетий назад. _____ больших и малых городах работает более шестисот разнообразных театров: драматических, оперы и балета, музыкальных, детских, кукольных, народных, и у каждого _____ них есть свой зритель. _____ российской театральной жизни регулярно проводится двести пятьдесят шесть фестивалей, которые проходят почти _____ ста городах страны.

2) Прочитайте восстановленную часть текста и ответьте на вопросы.

1. Пьесы какого писателя ставил МХАТ?
2. После какого события МХАТ стал ведущим европейским театром?
3. Сколько театров существует сегодня в стране?
4. Какие театры есть в разных городах?
5. Сколько театральных фестивалей проходит ежегодно?
6. Сколько городов их принимает?

Д. **1)** Определите по словарю значения словосочетаний и составьте с ними предложения.

в честь коронации, дать публичное представление, делать декорации, купеческая семья, при дворе императрицы, сценическое дело

2) Слушайте текст об актёре Фёдоре Волкове и вписывайте пропущенные слова.

Первый актёр России

Фёдор Григорьевич Волков родился в 1729 году в городе Костроме в купеческой семье. В двенадцать лет родители .... его в Москву на обучение к немецким промышленникам. Живя в Москве, Фёдор научился хорошо говорить по-немецки и начал играть в студенческих спектаклях Духовной академии.

Первый русский актёр Фёдор Волков

В 1746 году молодой купец поехал в Санкт-Петербург и .... на театральное представление. Посещение театра произвело на него очень сильное впечатление. Два года он жил в Петербурге, ... искусствами и изучением сценического дела. Затем поехал в Ярославль, где тогда жила его семья, и собрал .... себя любителей театра. В 1750 году Волков дал первое публичное представление, это была .... «Эсфирь».

Скоро про его «ярославские комедии» стало известно при дворе императрицы Елизаветы Петровны, дочери царя Петра Первого, и молодого актёра .... в Петербург. В 1756 году там был создан первый Императорский театр России, а Фёдор Волков .... в нём «первым русским актёром».

Фёдор Григорьевич был очень талантливым человеком. Для театральных постановок он переводил .... иностранных авторов, сам написал пятнадцать пьес, много стихов и песен. Кроме того, он делал декорации, играл на разных музыкальных .... и писал музыку к спектаклям. В 1763 году в честь коронации императрицы Екатерины Великой в Москве был устроен .... маскарад, в его постановке и оформлении активное участие принял первый русский актёр. Однако во время маскарада он сильно простудился и в этом же году умер, прожив на свете всего .... года.

3) Послушайте текст ещё раз и ответьте на вопросы. Впишите ответы в матрицу.

1. Где и когда родился Фёдор Волков? ☐
   а) провинция, 1746
   б) столица, 1750
   в) Кострома, 1729

2. Зачем родители отправили его в Москву? ☐
   а) играть на сцене
   б) изучать языки
   в) получить профессию

3. После какого события он стал изучать сценическое дело? ☐
   а) посещение театра
   б) поездка на родину
   в) постановка пьесы

4. Когда и где он дал первое публичное представление? ☐
   а) Ярославль, 1750 г.
   б) Петербург, 1746 г.
   в) Петербург, 1756 г.

5. Какими видами искусства занимался актёр? ☐
   а) поэзия, архитектура, музыка
   б) литература, музыка, живопись
   в) живопись, проза, скульптура

6. Что стало причиной его смерти? ☐
   а) переутомление
   б) сильная простуда
   в) участие в маскараде

1	2	3	4	5	6

ЗАДАНИЕ 4.

А. Восстановите текст о русском балете, выбрав из каждого ряда подходящее по смыслу слово.

1) родоначальником	основоположником	руководителем
2) пору	эру	эпоху
3) появилась	продолжилась	сохранилась
4) начал	продолжил	прекратил
5) обучил	научил	воспитал
6) танцовщика	композитора	балетмейстера
7) сделаны	написаны	поставлены
8) приходивших	проходивших	выходивших

1. (1) .... русского балетного искусства считается Жан-Батист Ланде́, открывший в Петербурге в 1738 году первую в России школу балетного танца. Учениками этой школы стали двенадцать русских мальчиков и девочек. В 1742 году из учеников школы Ланде была создана первая балетная труппа.

2. Во время правления Екатерины II балет приобрел большую популярность. Известно, что в придворном театре в балетных постановках нередко танцевал наследник престола Павел Петрович. В эту (2) .... в России (3) .... традиция крепостных балетов, когда помещики заводили у себя труппы, составленные из крепостных крестьян.

3. В XIX веке русский балет (4) .... развитие и занял главное место среди других видов сценического искусства. Своими успехами он обязан, прежде всего, приглашённому из Франции балетмейстеру Шарлю Луи Дидло́, который (5) .... замечательных танцовщиков и танцовщиц. Среди них были воспетые Пушкиным Авдотья Исто́мина и Екатерина Те́лешева. О таланте балерины Марфы Муравьёвой, сочетавшей в своём танце мягкий лиризм и блестящую технику, современник писал: «Из-под ног её во время танцев сыплются алмазные искры».

4. Начало нового этапа в истории русского балета связано с творчеством (6) .... Петра Ильича Чайковского. Благодаря его таланту балетная музыка из простого аккомпанемента стала основой балетного спектакля. Подлинными шедеврами балетного искусства являются «Лебединое озеро», «Щелкунчик» и «Спящая красавица», которые были (7) .... на музыку Чайковского Ма́риусом Петипа́. Выдающийся балетмейстер стремился

поразить публику великолепием зрелища. Он умел найти самые точные танцевальные движения, чтобы ярко и правдиво передать чувства героев спектакля.

5. Историческое значение для развития русского балетного искусства начала XX века имело творчество композитора Игоря Стравинского. Его балеты «Жар-птица», «Петрушка» и «Весна священная» были созданы для «Русских сезонов» в Париже, (8) .... с 1907 по 1929 год. Имена танцовщиков Вацлава Нижинского и Тамары Карсавиной стали известны во всём мире. Но первой в этом ряду, безусловно, стоит имя несравненной Анны Павловой.

Б. **Прочитайте восстановленный текст и соотнесите данные вопросы с его частями. Ответьте на вопросы.**

☐ Кто поставил балеты на музыку П.И. Чайковского?

☐ Когда и где проходили «Русские сезоны»?

☐ В каком веке в России появился балет?

☐ Кто написал музыку для балета «Спящая красавица»?

☐ Кто создавал балетные спектакли в XIX веке?

☐ Когда появился крепостной балет?

☐ Кто из известных поэтов писал о русских балеринах?

☐ Сколько учеников было в первой балетной школе?

В. **Найдите соответствие. Впишите ответы в матрицу.**

1) Жан-Батист Ланде   а) «Щелкунчик»

2) 1742 год   б) «алмазные искры»

3) Шарль Луи Дидло   в) вид сценического искусства

4) П.И. Чайковский   г) придворный театр

5) Игорь Стравинский   д) первая балетная школа

6) Марфа Муравьёва   е) Авдотья Истомина

7) Екатерина Вторая   ж) «Жар-птица», «Петрушка»

8) балет   з) первая балетная труппа

1	2	3	4	5	6	7	8

Г. 1) Прочитайте текст с сайта, посвящённого балету. Скажите, почему балерину Анну Павлову называют звездой первой величины.

Анна Павлова — звезда первой величины и одна из лучших танцовщиц начала XX века. До неё в балете царил виртуозный блеск и культ танцевальной техники. Она же создавала образы, которые отличались высокой духовностью, искренностью и неподражаемой красотой. В 1907 году в Санкт-Петербурге балерина впервые исполнила хореографическую миниатюру «Лебедь» на музыку французского композитора Сен-Санса. Этот танцевальный этюд стал впоследствии одним из символов русского классического балета.

Анна Павлова много гастролировала. Она выступала в Австралии, Индии, США, Латинской Америке и Европе. В 1914 году балерина переехала жить в Англию, где организовала балетную школу для девочек. Во время гастролей в 1931 году она сильно простудилась и умерла в Нидерландах в возрасте пятидесяти лет. Последними словами в её жизни были: «Приготовьте мой костюм лебедя!»

2) Рассмотрите фотографии балерины Анны Павловой. Скажите, какой вы её себе представляете на сцене и в жизни. Выберите из данных слов и словосочетаний подходящие для характеристики балерины:

неподражаемая, (не)красивая, обаятельная, талантливая, трудолюбивая, (не)целеустремлённая, (не)эмоциональная, (не)счастливая

Анна Павлова   и в жизни: со своим любимцем —
на сцене   ручным лебедем Джеком

ЗАДАНИЕ 5.

А. 1) Прочитайте текст и подчеркните слова и выражения, называющие основные черты русской классической литературы.

Русские писатели — Пушкин, Гоголь, Тургенев, Достоевский, Чехов и Толстой, чьи произведения составляют классику русской литературы, жили в XIX веке. Этих авторов объединяет любовь к родине и людям, а также стремление понять и улучшить жизнь. Русская литература XIX века — феномен, принадлежащий не только отечественной, но и всей мировой культуре. Русские писатели обратили внимание на сложность отношений человека с обществом и пришли к выводу, что духовное начало жизни важнее материального.

Один из самых любимых писателей в России — Антон Павлович Чехов. Его рассказы, повести и пьесы не только реалистичны, но и имеют глубокий философский смысл. Чехов всегда говорит о том, что человек не должен усыплять свою душу. Его произведения внешне простые и в то же время очень содержательные. В каждом из них немало символов и смысловых пластов, понять и раскрыть которые может внимательный и понимающий читатель.

2) Скажите, читали ли вы произведения русских писателей. Если да, то назовите их и кратко передайте содержание.

Б. 1) Объясните значения слов и словосочетаний. Проверьте себя по словарю.

оправдываться, острить, охотно, предвещать, представить (кому? кого?), приезжие, радушно, развлекаться, скука, худощавый, шарада; губернский город, завести знакомство, земский врач, сердечная простота

2) Прочитайте отрывок из рассказа А.П. Чехова «Ионыч» и заполните таблицу, данную после текста.

Когда в губернском городе С. приезжие жаловались на скуку и однообразие жизни, то местные жители, как бы оправдываясь, говорили, что, напротив, в С. очень хорошо, что в С. есть библиотека, театр, клуб, бывают балы, что, наконец, есть умные, интересные, приятные семьи, с которыми можно завести знакомства. И указывали на семью Туркиных как на самую образованную и талантливую.

Эта семья жила на главной улице, возле губернатора, в собственном доме. Сам Туркин, Иван Петрович, полный, красивый брюнет с бакенами, устраивал любительские спектакли с благотворительною целью, сам играл старых генералов и при этом кашлял очень смешно. Он знал много анекдотов, шарад, поговорок, любил шутить и острить, и всегда у него было такое выражение, что нельзя было понять, шутит он или говорит серьёзно. Жена его, Вера Иосифовна, худощавая, миловидная дама <...> писала повести и романы и охотно читала их вслух своим гостям. Дочь, Екатерина Ивановна, молодая девушка, играла на рояле. Одним словом, у каждого члена семьи был какой-нибудь свой талант. Туркины принимали гостей радушно и показывали им свои таланты весело, с сердечной простотой. В их большом каменном доме было просторно и летом прохладно, половина окон выходила в старый тенистый сад, где весной пели соловьи; когда в доме сидели гости, то в кухне стучали ножами, во дворе пахло жареным луком — и это всякий раз предвещало обильный и вкусный ужин.

И доктору Старцеву, Дмитрию Ионычу, когда он был только что назначен земским врачом и поселился в Дялиже, в девяти верстах от С., тоже говорили, что ему, как интеллигентному человеку, необходимо познакомиться с Туркиными. Как-то зимой на улице его представили Ивану Петровичу; поговорили о погоде, о театре, о холере, последовало приглашение. Весной, в праздник — это было Вознесение, после приёма больных Старцев отправился в город, чтобы развлечься немножко и кстати купить себе кое-что. Он шёл пешком, не спеша (своих лошадей у него ещё не было), и всё время напевал: «Когда ещё я не пил слёз из чаши бытия...»

В городе он пообедал, погулял в саду, потом как-то само собой пришло ему на память приглашение Ивана Петровича, и он решил сходить к Туркиным, посмотреть, что это за люди.

Характеристики	Персонажи			
	Туркин	дочь Туркина	жена Туркина	Старцев
1) играет на рояле	☐	☐	☐	☐
2) не имеет лошадей	☐	☐	☐	☐
3) живёт в Дялиже	☐	☐	☐	☐
4) пишет романы	☐	☐	☐	☐
5) принимает больных	☐	☐	☐	☐
6) имеет свой талант	☐	☐	☐	☐
7) любит шутить	☐	☐	☐	☐
8) играет на сцене	☐	☐	☐	☐

3) Ответьте на вопросы.

1. Почему приезжие жаловались на скуку в городе?

2. По-настоящему ли талантлива семья Туркиных?

3. Для чего к ним приходили гости?

4. Почему автор пишет, что во дворе пахло жареным луком?

5. Как вы понимаете выражение «праздник Вознесения»?

6. Кто главный герой рассказа?

7. Как относится к своим героям автор?

8. Что вы думаете о дальнейшем развитии событий?

4) Перескажите текст от лица доктора Старцева, Екатерины Ивановны, одного из гостей семьи Туркиных (на выбор).

В. **1)** **Прочитайте текст и ответьте на вопросы, данные после него.**

А.П. Чехов дал мощный импульс развитию русской литературы XX и теперь уже XXI века. Параллели с чеховским творчеством, его литературные приёмы и образы можно обнаружить в произведениях русских писателей от Михаила Булгакова до Людмилы Улицкой.

Людмила Евгеньевна Улицкая — современная российская писательница. Она окончила МГУ по специальности «биолог-генетик» и несколько лет работала в Институте общей генетики. Её дебютом в литературе стала книга «Бедные родственники», которая вышла во Франции в 1993 году. Улицкая является лауреатом премии «Русский Букер» 2001 года за роман «Казус Кукоцкого». В 2007 году её роман «Даниэль Штайн, переводчик» был отмечен премией «Большая книга», а в 2008 году за произведение «Искренне Ваш, Шурик» писательница получила престижную итальянскую литературную премию «Гринцане Кавур». Книги Л.Е. Улицкой переведены на тридцать языков мира. Читатели и критики отмечают, что её романы и рассказы написаны простым и лёгким языком, что её герои всегда имеют яркие характеры, а сюжеты современны и интересны.

1. Какова роль А.П. Чехова в развитии русской литературы?

2. В творчестве каких писателей встречаются чеховские мотивы?

3. Что характерно для произведений Людмилы Улицкой?

4. За какие романы Л. Улицкая получила премии?

2) **Найдите в тексте предложения, построенные по модели пассивной конструкции, и трансформируйте их в активные конструкции.**

Г. **1)** **Объясните значения данных слов и словосочетаний. Проверьте себя по словарю.**

баловать, безденежье, исчезнуть, огорчение, теснота; бурный роман, годовщина свадьбы, касаться ногами, родиться вне брака, скелет в шкафу

2) **Послушайте отрывок из рассказа Л. Улицкой «Старший сын»
и расскажите, что вы узнали о героях рассказа.**

Д. **1)** **Укажите темы, общие для рассказа А.П. Чехова и Л. Улицкой.**

☐ У каждого есть свой скелет в шкафу.

☐ Дети — наше богатство.

☐ Традиционные семейные ценности.

☐ Каждая семья счастлива по-своему.

☐ Они любили гостей и друзей.

☐ Все члены семьи были талантливы.

☐ Они испытывали материальные трудности.

2) **Скажите, почему Л. Улицкую можно назвать продолжателем литературной традиции А.П. Чехова.**

А. 1) Слушайте текст о русской классической музыке и вписывайте пропущенные слова.

Русская классическая музыка

Русская классическая музыка является .... музыкальной культуры всего русского народа. Она объединяет фольклор с творчеством .... композиторов XIX–XX веков — П.И. Чайковского, М.И. Глинки, М.П. Мусоргского, С.С. Прокофьева, Д.Д. Шостаковича, А.Г. Шнитке. Стиль произведений русских композиторов всегда имел ярко .... авторский характер.

Среди .... русских композиторов немало всемирно известных сочинений. Это Первый концерт для фортепиано с оркестром П.И. Чайковского, его .... «Лебединое озеро» и «Щелкунчик», опера М.П. Мусоргского «Борис Годунов», Второй концерт для фортепиано с .... С.В. Рахманинова, музыка к балету «Спартак» А.И. Хачатуряна.

2) **Найдите соответствие. Впишите ответы в матрицу.**

1. Пётр Ильич Чайковский написал
2. Классическая музыка — результат развития
3. Музыка объединяет
4. Авторский характер является
5. «Спартак» — балет

а) фольклор и классику.
б) «Лебединое озеро».
в) на музыку Арама Хачатуряна.
г) музыкальной культуры народа.
д) стилем русских композиторов.

1	2	3	4	5

Б. 1) Определите по словарю значения слов и составьте с ними словосочетания.

воспользоваться, кантата, (не)качественный, новаторский, одноактный, покинуть, предполагать, прерваться, провал

2) Прочитайте части текста и расположите их в логической последовательности. Впишите номера частей в пустые клеточки.

☐ Рахманинов рано приобрёл известность, однако успешная карьера прервалась в один момент: премьера его Первой симфонии, прошедшая в 1897 году, окончилась полным провалом. Музыкальные критики отмечали, что это случилось из-за некачественной работы дирижёра и из-за новаторской сущности самой музыки. Это событие привело композитора к серьёзному нервному срыву, он не мог работать в течение четырёх лет, так как у него начались сильные головные боли.

Композитор Сергей Рахманинов

И только с помощью опытного врача Николая Даля композитор вышел из кризиса.

☐ После революции 1917 года Рахманинов вместе с женой и детьми уехал из России, воспользовавшись предложением выступить с концертами в Стокгольме. Он не предполагал, что покидает родину навсегда. После гастролей по Скандинавии музыкант прибыл в Нью-Йорк и остался жить в США. Он продолжал сочинять музыку, гастролировал как пианист и дирижёр по Старому и Новому свету. Своё последнее произведение «Симфонические танцы» композитор написал в 1941 году. Во время Второй мировой войны Сергей Васильевич давал фортепианные концерты и все заработанные деньги направлял в Фонд армии. Умер он в 1943 году в Калифорнии.

☐ Сергей Васильевич Рахманинов — русский композитор, пианист и дирижёр. Он родился в 1873 году в дворянской семье, его дед был профессиональным музыкантом. Интерес к музыке мальчик проявил в раннем детстве. Первой его учительницей была мать. В девять лет он поступил в Московскую консерваторию и со временем стал одним из лучших её учеников. На выпускном экзамене сочинения Рахманинова так понравились Петру Ильичу Чайковскому, что он поставил ему пятёрку с четырьмя плюсами.

☐ Кроме того, он признан лучшим в мире исполнителем фортепианной музыки первой половины XX века. Рахманинов-пианист умел имитировать на рояле интонацию и звучание человеческого голоса. Музыкант сделал много фортепианных записей, на которых учились и до сих пор учатся разные поколения пианистов. Среди них и молодые российские пианисты XXI века, лауреаты престижных российских и зарубежных конкурсов — Юлианна Авдеева, Алексей Володин, Юрий Фаворин, Денис Мацуев.

☐ В возрасте девятнадцати лет Сергей Рахманинов окончил консерваторию как пианист и композитор с Большой золотой медалью. Его дипломная работа — одноактная опера «Алеко», написанная, кстати, за две недели, получилась необыкновенно талантливой. Её премьера состоялась в главном музыкальном театре страны — Большом — и имела успех у публики.

☐ В 1901 году Рахманинов закончил свой знаменитый Второй фортепианный концерт, потом сочинил кантату «Весна», музыкальную поэму «Колокола», оперы «Скупой рыцарь» и «Франческа да Римини». В 1904 году его пригласили занять место дирижёра в Большом театре. Затем музыкант путешествовал по Италии, три года жил в Германии, где полностью посвятил свою жизнь сочинению музыки. В 1909 году Сергей Васильевич поехал в большое концертное турне по США и Канаде, где выступал как пианист и дирижёр.

☐ Сергей Васильевич Рахманинов пользуется в России большой популярностью. Его считают «самым русским» композитором прошлого столетия, так как в своём творчестве он выразил главную тему русского искусства — «Россия и её судьба». Он соединил традиции русских композиторов XIX и XX веков и различные тенденции русской музыки, создав национальный музыкальный стиль. За свою творческую жизнь он написал более ста пятидесяти произведений.

3) Выберите правильный вариант ответа. Впишите ответы в пустые клеточки.

1. Музыкант родился в ☐ году.
2. Он поступил в консерваторию в ☐ лет.
3. На выпускном экзамене Сергей получил ☐ .
4. Рахманинов окончил учёбу в ☐ году.
5. Дипломную работу он написал за ☐ дней.
6. Неудача постигла его в ☐ году.
7. Болезнь длилась ☐ года.
8. Он дописал Второй фортепианный концерт в ☐ году.
9. Работал дирижёром с ☐ года.
10. Музыкант поехал на гастроли в США в ☐ году.
11. Композитор умер в ☐ году.
12. Последнее произведение написал в ☐ году.

а) 4
б) 1892
в) 1909
г) 9
д) 1901
е) 1943
ж) 1873
з) 14
и) 1941
к) 5 ++++
л) 1897
м) 1904

1	2	3	4	5	6	7	8	9	10	11	12

4) Найдите в тексте абзацы, в которых говорится об особенностях Рахманинова-композитора и пианиста. Скажите, что в его творчестве вам показалось наиболее важным и интересным.

5) Ознакомьтесь с информацией и скажите, что связывает прославленного русского композитора и современного российского пианиста.

В 1991 году лауреатом конкурса «Новые имена» стал шестнадцатилетний пианист Денис Мацуев. Благодаря своей победе и организаторам конкурса юный виртуоз получил возможность посетить с концертами более чем сорок стран мира, в числе которых Великобритания, Австрия, Нидерланды и Франция.

Пианист Денис Мацуев

В 1998 году студент Московской консерватории Денис Мацуев выиграл XI Международный конкурс имени Чайковского. Выступление молодого пианиста вызвало широкий отклик среди публики, положив начало популярности музыканта. Среди его достижений особое место занимает диск «Неизвестный Рахманинов», во время записи музыкант играл на рояле, лично принадлежавшем русскому композитору.

6) Подготовьте презентацию по теме «Русская музыкальная классика». Включите в неё информацию из текстов этого параграфа. Покажите презентацию на занятии и расскажите о русской классической музыке. Задайте слушателям вопросы и получите ответы на них.

А. 1) Предположите, о чём может идти речь в тексте под названием «Море, вдохновение, театр».

2) Слушайте текст «Море, вдохновение, театр» и записывайте информацию об участниках конкурса.

3) Перескажите текст, используйте свои записи. Совпали ли содержание текста и ваши предположения?

Б. Прочитайте текст и отметьте в нём информацию, которая связана с названными понятиями.

1. Самый известный телеконкурс.

2. Высокие требования к участникам.

3. Событие национального масштаба.

4. Сильные эмоции.

5. Музыкальная деятельность наставников.

6. Значимость телешоу.

7. Новые исполнители.

В России популярны различные телевизионные шоу и конкурсы. С 2012 года в эфир «Первого канала» выходит вокальное телешоу «Голос», представляющее собой российскую адаптацию оригинального формата «The Voice», который был создан в Нидерландах и проводится в 16 странах мира. В 2015 году эта программа была признана зрителями лучшим музыкальным шоу России. «Голос» — это не традиционное шоу талантов, а поиск профессиональных голосов. Соревнование отличается высокими требованиями к уровню исполнения и уважительным отношением к участникам, многие из которых имеют уникальные вокальные данные.

«Голос» считается событием национального масштаба, он длится не один месяц, однако интерес к нему не ослабевает ни на один день. Это музыкальное соревнование проходит очень эмоционально: исполнители от души радуются, волнуются и нередко плачут, к ним присоединяются судьи и многочисленные зрители в зале и у экранов телевизоров. Судьи и наставники участников — популярные российские музыканты, которых хорошо знает и любит публика. Они не только поют, но и пишут музыку и стихи, играют на разных инструментах и руководят музыкальными группами.

Российский «Голос» — шоу, наполненное глубоким смыслом. Этот конкурс помогает участникам и зрителям лучше понять себя, даёт возможность поддерживать своих соперников в трудную минуту и радоваться их успехам. Благодаря этой телевизионной программе появились новые талантливые исполнители, которые гастролируют по стране, записывают диски, радуя слушателей своим творчеством.

В. 1) Посмотрите на Youtube одно из выступлений на конкурсе «Голос. Дети». Расскажите, как он проходил, какие чувства испытывали исполнители, их родственники и наставники.

2) Представьте ситуацию: вы зритель конкурса «Голос». Расскажите друзьям о своих впечатлениях от него. Скажите, проводится ли на телевидении вашей страны подобное шоу.

ТЕКСТЫ ДЛЯ АУДИРОВАНИЯ

§ 1

ЗАДАНИЕ 3. Б, В.

Полилог участников ток-шоу

Жанна, 20 лет, студентка: Я будущий эколог и считаю, что люди должны беречь природу и серьёзно заниматься экологией нашей планеты. А забытый в дождь зонт — ерунда, я свой потеряла и новый покупать пока не собираюсь.

Олег, 48 лет, инженер-конструктор: То, что происходит сейчас с природой, — полное безобразие. Мы далеко ушли от неё и перестали ценить то, что имеем. Природа нас просто накажет, и глобальное потепление тому пример. Что касается зонта, то он всегда лежит в моей машине, и, конечно, если пойдёт дождь, я на улице его раскрою.

Виктория, 34 года, домохозяйка: Ой, ну что вы, какое глобальное потепление? Мне об этом некогда думать. Вчера гуляла с ребёнком, и пошёл дождь, а зонт я не взяла. В результате сын промок и заболел. Вот это для меня действительно проблема. А те ужасы, что по телевизору показывают, у меня нет времени смотреть.

Борис, 40 лет, полицейский: Вообще-то под дождём гулять полезно, если, конечно, тепло. Что же касается экологии, то думаю, что учёные и журналисты преувеличивают опасность. Скорее всего, ничего страшного в ближайшее время не произойдёт. Сколько лет Земля вертится — и всё нормально. Но... поживём — увидим.

ЗАДАНИЕ 4. Б.

Прогноз погоды

Зимой в западной части России будет на несколько градусов теплее, чем обычно. На востоке страны температура воздуха опустится на два градуса ниже нормы. Весна будет долгой и прохладной. В июне пройдут сильные дожди, а в июле и августе температура может подниматься до сорока градусов Цельсия. Осень наступит рано. В сентябре придут первые морозы, а в октябре и ноябре польют холодные дожди.

ЗАДАНИЕ 6. А.

Самый холодный город России

Самым холодным городом России считается Верхоянск, который расположен на Дальнем Востоке, в Якутии. Верхоянск признан самым холодным городом не только Российской Федерации, но и всей планеты. Среднегодовая температура воздуха в городе составляет минус 15 градусов Цельсия. А самая низкая температура — минус 67,8 градусов Цельсия — была зафиксирована в январе 1885 года. В Верхоянске, как в пустыне, выпадает очень мало осадков — за год менее двухсот миллиметров.

В окрестностях города много золота, но его невозможно добывать из-за сурового климата. Здесь находится так называемый полюс холода, который считается опасным для жизни и здоровья людей. Естественно, что жить в таких суровых условиях согласятся немногие, поэтому население Верхоянска составляет только полторы тысячи человек. Местные жители в основном охотятся на оленей и пушного зверя. Зимой моторы автомобилей работают на протяжении всего дня, чтобы не замёрзло топливо и вечером люди могли уехать с работы домой.

Самый жаркий город России

Самым жарким городом России признают Волгоград. Волгоградская область расположена рядом с Казахстаном. Летом в городе дуют знойные ветры Азии, которые проходят через казахскую степь. Этим и объясняется чрезвычайно высокая температура воздуха.

Лето здесь начинается в середине мая и длится до конца сентября. Температура в эти месяцы поднимается до сорока восьми градусов по Цельсию. Даже за ночь воздух не успевает остыть, так как столбик термометра не опускается ниже двадцати восьми градусов. Жители Волгограда стараются в середине дня не выходить на улицу. Дожди не могут смягчить постоянную городскую жару, так как летом их вообще не бывает.

§ 2

Интервью

Журналист: Здравствуйте, Николай Иванович!
Инструктор: Добрый день!
Ж.: Скажите, пожалуйста, кто может посетить заповедник?
И.: Мы рады всем, кто к нам приезжает. Но лучше, если человек здоров и хоть немного занимается спортом. Всё-таки горы есть горы!
Ж.: А в чём заключается ваша работа?
И.: Я рассказываю туристам о правилах поведения в заповеднике. Здесь нельзя курить, сорить, кричать, громко включать музыку и уходить с тропы.
Ж.: Сколько времени длится экскурсия?
И.: Обычно десять часов.
Ж.: И что надо взять с собой?
И.: Прежде всего, воду, еду и, если нужно, лекарства.
Ж.: А какую одежду надеть?
И.: Спортивную обувь, спортивный костюм с длинными рукавами, головной убор.
Ж.: Спасибо за интервью.
И.: Пожалуйста. Приезжайте к нам в гости!

Азовское море

Азовское море — это внутренний водоём России, но он относится к системе Атлантического океана, т.к. через проливы соединяется с Чёрным и Средиземным морями. Азовское море — самое мелкое в мире, его средняя глубина только семь метров. Это море является и самым маленьким на планете — его площадь составляет всего сорок тысяч квадратных километров. Именно потому что оно маленькое и мелкое, зимой и летом здесь бывают сильные штормы, которые могут потопить корабли. Азовское море — богатый водоём, его фауна включает восемьдесят видов рыб, среди них есть безопасная для человека акула катран. Здесь также водятся дельфины, но они небольшие, их вес — тридцать килограммов, а длина — полтора метра. Важную роль играет Азовское море в транспортно-экономических связях юга России. По морю возят различные грузы. В порты Азовского моря ходят суда из Москвы, Ростова-на-Дону, Волгограда и Астрахани.

Озёра Кабардино-Балкарии

В России много красивых мест, одно из них **находится** на юге страны, в Кабардино-Балкарии. Здесь расположено **пять** горных озёр, которые называются Голубыми. Весь комплекс делится на две части: на верхние и **нижние** озёра. Самым удивительным является нижнее Голубое озеро, где температура воды **всегда** плюс десять градусов Цельсия. Поэтому искупаться здесь сможет не каждый. Однако это не мешает плавать многочисленным **любителям** дайвинга, для которых на берегу оборудован дайв-центр и открыты гостиницы.

Горный парк Рускеала

В южной части Карелии, недалеко от города Сортавала, расположен горный парк Рускеала — единственный памятник истории горного дела России. Жемчужиной парка является мраморный каньон. В нём долгое время добывали мрамор для дворцов Санкт-Петербурга и скульпторов всей страны. Деятельность человека, а также великолепная природа Русского Севера придали этому уголку дикой природы незабываемый вид. Берега каньона возвышаются над чистой изумрудной водой, под которой скрыты глубокие и таинственные гроты.

Реклама туристического агентства «Алмаз»

Туристическое агентство «Алмаз» приглашает на экскурсию в старинный город Кунгур и в Кунгурскую ледяную пещеру. Пещера входит в десятку самых длинных пещер мира и занимает среди них первое место по красоте. Мир из камня и льда переносит посетителей в другую реальность. Экскурсия состоится с пятого по седьмое июля. Стоимость экскурсии — пять тысяч рублей на человека.

§ 3

На лугу

Цветов-то на некошеном лугу! Белые, розовые, голубые, **жёлтые**, синие — всякие цветы пестрят и как будто **стараются** перекричать друг друга. Но не голосом, конечно, — красками. Это каждый цветок заявляет **о себе** и зовёт: «Летите ко мне!» Пчёлы, шмели, **бабочки** летят.

Картина И.И. Шишкина «Дубовая роща»

Картину «Дубовая роща» написал известный русский художник Иван Иванович Шишкин в 1887 году. Тридцать лет он рисовал этюды к этому талантливому полотну. Многолетняя работа привела живописца к созданию настоящего шедевра, в котором автор использует свой любимый мотив — изображение русского леса. В картине мы чувствуем динамику, внутреннее движение. Здесь много солнца: оно на небе, на земле, в тёплых пятнах на траве и деревьях. Этот ансамбль композиции и света даёт возможность понять, как величественна природа: каждое дерево — это символ жизни, гармонии и красоты.

ЗАДАНИЕ 5. Г, Д.

Исаак Левитан

Будущий живописец родился в 1860 году в бедной, но интеллигентной семье. Родители художника много внимания уделяли домашнему образованию детей: их учили языкам, математике, истории и географии. Чтобы дать детям хорошее образование, семья переехала в Москву. Когда Исааку было двенадцать лет, он поступил учиться рисованию. Однако очень скоро его отец и мать умерли, и в семнадцать лет он остался нищим, голодным и бездомным. У него не было денег, чтобы заплатить за учёбу, но друзья помогли ему, и Левитан продолжил своё образование. Юноша оказался талантливым студентом и поэтому учился очень хорошо. После окончания училища принимал участие во многих выставках, его работы имели успех у публики и других художников. Полотна живописца всегда были наполнены чувствами.

Со временем Исаак Левитан стал выдающимся русским пейзажистом. За четверть века он написал около тысячи картин, этюдов, рисунков и эскизов. Левитан дружил с Антоном Павловичем Чеховым, с которым познакомился ещё в студенческие годы. Дружба с Чеховым освещала всю его жизнь. Художник и писатель одинаково воспринимали мир, людей и природу, одинаково понимали религию как основу нравственности. Исаак Левитан прожил недолго — всего сорок лет. Он умер в 1900 году. В своём творчестве Левитан воплотил многие лучшие черты русского искусства.

ЗАДАНИЕ 9. Б.

Полилог участников ток-шоу

Иван: Вообще-то я люблю футбол, а читать — не очень. В школе приходилось читать романы, но было скучно. А сейчас думаю, что вся эта литература и музыка —полная ерунда. Если захочу послушать музыку — пойду в клуб, там наши ребята здорово играют.

Юлия: Я собираюсь стать оперной певицей. Поэтому для меня классика — это жизнь. А ты, Иван, просто обкрадываешь сам себя! Как можно не любить серьёзную музыку и литературу? А живопись? Я тебя не понимаю!

Ростислав: Ребята, я вас помирю. Я люблю музыку, но только рок. Он вышел из классической музыки, и поэтому рок — это тоже серьёзно. Завтра в клубе концерт моей любимой группы. Что касается литературы и живописи, можно, конечно, что-нибудь почитать или сходить в музей, но только, когда есть свободное время. А это будет, скорее всего, на пенсии.

§1

ЗАДАНИЕ 2. А, Б.

Традиции народов южного Урала

Уральские горы расположились на многие **сотни** километров. Этот регион на севере выходит к берегам Северного Ледовитого океана, а на юге — к **территориям** Казахстана. Поэтому северный и южный Урал могут рассматриваться как два разных региона. У них различны не только географические условия, но и образ жизни **населения**. Самый многочисленный коренной народ южного Урала — башкиры.

Некоторые традиции этого народа **актуальны** и сегодня. Одна из главных традиций — гостеприимство. Башкиры всегда **рады** любому гостю. На стол поставят лучшие угощения, а при расставании подарят сувенир. Для гостя же существует только одно правило: оставаться в доме **не более** трёх дней.

Любовь к детям, желание иметь семью — также крепкая традиция башкирского народа. Они очень **уважают** старших. Главными членами их семей считаются дедушки и бабушки. Башкиры должны знать имена **родственников** семи поколений.

Это только некоторые из национальных башкирских традиций, но они говорят о том, что каждый народ самобытен.

ЗАДАНИЕ 5. А. 1), Б.

Что ели уральцы в старину

В старину уральцы ели много хлеба, пирогов и блинов. Они любили кашу и пили много **молока**. Начинкой для пирогов служили мясо, рыба, овощи, творог и грибы. Обычной горячей пищей были мясные супы с **овощами**. Мясо варили и жарили. Мусульмане не употребляли в пищу свинину. Православные не ели мяса во время поста. Рыбой питались повсеместно и ели её в больших **количествах**. Ели свежую, солёную и сушёную рыбу. Очень любили рыбную икру. Овощи, грибы, ягоды, орехи дополняли рацион **жителей** Урала. Из напитков любимыми были квас, пиво и варёный мёд. В XVII веке на Урале, как и по всей России, получил распространение **чай**, который привозили из Китая.

ЗАДАНИЕ 6. А. 2), 3), Б. 1)

Рассказ о Строгановых

Жила на Урале богатая семья купцов и промышленников Строгановых. Ещё в XVI веке царь Иван Грозный пожаловал Григорию Строганову обширные земли на Урале. С тех пор несколько поколений этого рода развивали не только промышленность края, но и его культурные традиции. А в XVIII веке они стали дворянами Российской империи. Строгановы интересовались литературой и искусством, собирали огромные библиотеки и коллекции ценных картин. И даже в кулинарии эта семья оставила свой заметный след. Всем известное блюдо «бефстроганов» является изобретением графа Александра Григорьевича Строганова, а само слово означает «говядина, приготовленная по-строгановски».

Полилог о людях Урала

Владимир, физик: На Урале многое определяется климатом, поэтому люди у нас ответственные, упорные, выносливые и редко болеют. Наша природа очень красивая, что воспитывает в людях глубокое понимание красоты и благородство характера. Здесь немало людей с активной жизненной позицией: это политики, поэты, художники, писатели.

Марина, стюардесса: Люди везде одинаковые, но есть такие, с которыми приятно жить в одном городе и которых с гордостью называют друзьями. Уральцы очень целеустремлённые, на них можно положиться, они всегда помнят об ответственности за свои поступки и стремятся развиваться.

Георгий, геолог: Во-первых, уралец — очень гостеприимный человек, во-вторых, совсем не мелочный, и, в-третьих, он ходит по горам, как по асфальту. Он не боится камней и даже на опасных горных участках не снижает скорость автомобиля. А ещё он всегда поступает по-своему, наверное, он немного упрямый.

Франческо, хозяин ресторана: Я приехал на Урал из Италии и здесь уже пять лет. Именно в этом месте я нашёл всё необходимое для души и тела, для ума и работы. Я продал свой дом в Италии и начинаю строить дом в Екатеринбурге! Я очень люблю Урал и считаю, что люди — главное уральское золото. Они умеют расположить к себе соседей и найти единомышленников.

§ 2

ЗАДАНИЕ 2. А. 1)

Войсковой собор в Черкасске

Первыми казачьими **городками** были Раздорский и Монастырский. Главным был Монастырский. В 1643 году турецкое войско уничтожило его, и казаки **решили** заложить новый городок на Черкасском острове, назвали его Черкасском. Сегодня это станица Старочеркасская. С 1644 по 1805 год Черкасск был **столицей** казачьего края. Несколько раз в городке случались сильные пожары; после одного из них на месте сгоревшего **деревянного** собора появился первый на Дону каменный храм — Войсковой собор Воскресения Христова. До наших дней он **сохранился** в том виде, в котором его построили казаки в начале XVIII века.

Воскресенский собор считается **древнейшим** храмом на юге России. Его история связана с именем Петра I. По приказу царя для храма послали деньги, религиозные книги и церковную утварь. Пётр I и сам приезжал на **строительство** и положил в стену будущего храма несколько камней. Особенной является живопись собора: она раскрывает систему христианского мировоззрения, но выполнена в **светской** манере. Аналогичной росписи в соборах России не существует. Воскресенский собор действует и сегодня.

ЗАДАНИЕ 4. А. 1), Б. 2)

Казачий круг

Главные особенности **общественной** казачьей жизни — военная организация и демократические порядки. Все важные военные дела **решались** на общем собрании, которое называлось «казачий круг». На нём казаки рассматривали также хозяйственные вопросы: определяли помощь вдовам и сиротам, разбирали жалобы, **судили** виновных и принимали в казаки желающих вступить в общину. Круг собирался в каждой станице. Кроме того, был круг всего Войска Донского, командир которого — войсковой атаман.

Его **выбирали** из самых смелых казаков. Он отвечал за дисциплину и порядок, ему подчинялись атаманы разных станиц и городков. У него хранилось знамя, с которым казаки шли в бой. А в бою сам атаман всегда был **впереди**.

ЗАДАНИЕ 4. Б. 2), 3)

Воспитание будущих казаков

Смелость, чувство товарищества, сила, ловкость — все эти качества воспитывались в казаках с раннего возраста. Мальчики с детства готовились к военной службе: на лошадь ребёнка сажали с двух лет. С семи лет детей учили стрелять. Тринадцатилетние мальчики участвовали в скачках, которые проводились каждую осень после сбора урожая. Спортивные игры были любимым занятием молодёжи, они помогали молодым казакам подготовиться к службе.

ЗАДАНИЕ 6. Г. 1), 2)

Традиции казачьих семей

Казаки считали, что главным богатством человека является доброта. Родители говорили детям, что быть добрым — значит соблюдать христианские заповеди: не убий, не укради, не лги, почитай родителей, люби ближнего, как самого себя.

Кроме религиозных заповедей, казаки соблюдали разные жизненные правила. Так, неприличным считалось вмешиваться в дела другой семьи. Казаки учили детей помогать бедным, не обижать сирот и вдов, уважать старших, быть гостеприимными. Мальчиков воспитывали гораздо строже, чем девочек. Мать выходила вместе с трёхлетним сыном ночью в степь, указывала рукой на небо и говорила: «Звёзды — глаза твоих предков. Они следят, как ты защищаешь свой род». В семь лет мальчик переходил из детской комнаты в комнату старших братьев, так как для общества он был уже не ребёнок, а почти взрослый казак.

В казачьем обществе было принято хорошо относится к любой женщине, так как она продолжала род и воспитывала будущих воинов. Однако главным считался мужчина, потому что он был защитником и поддерживал строгий порядок казачьей жизни. Его слово в семье было законом, а жена и дети во всём слушались мужа и отца.

§ 3

ЗАДАНИЕ 2. А. 1)

Из дневника путешественницы. Предостережения

Ну всё! Мама моего друга подключилась к поездке: весь день пьёт сердечные лекарства и посылает на электронную почту сына не очень весёлые туристические истории. По её мнению, на Камчатке под каждым кустом медведи, которые у рыбаков отбирают рыбу, а у туристов воруют консервы. А ещё там везде мошкара — в носу, во рту, в еде и чае.

Вчера из агентства прислали правила поведения туристов, среди них есть и такие: передвигаться только в группе, идти след в след за гидом, чтобы никуда не провалиться, в туалет без спроса не ходить, но самое главное — не бояться. А всё-таки классно, что мы едем на Камчатку!

Петропавловск-Камчатский

Петропавловск-Камчатский — город среди вулканов. Он расположен на берегах живописной Авачинской бухты, которую открыли в 1703 году после присоединения Камчатки к Российскому государству в 1697 году.

В 1787 году Петропавловск посетил знаменитый французский мореплаватель Жан Франсуа Лаперуз, который застал в городе около ста жителей. На балу, который устроили в его честь, присутствовали все петропавловские дамы — тринадцать человек.

Имя и судьба Петропавловска-Камчатского и сегодня неразрывно связаны с историей географических открытий и освоением русскими путешественниками Дальнего Востока.

Вилючинский водопад

На следующий **день** после завтрака за нами заехала машина и повезла на Вилючинский водопад. Его окрестности напоминают поверхность **луны**. А вид у самого водопада просто сказочный: сочетание **снега**, льда и воды. Но чтобы увидеть водопад, надо **залезть** на ледник, на самом верху которого — огромная дыра, в неё с высоты пятидесяти метров и **падает** вода.

После обеда мы поехали на минеральные источники. Сидели в импровизированных **каменных** ваннах и наслаждались горячей водой, которая бьёт прямо из горы. Местные **жители** говорят, вода из источника очень полезна для здоровья и помогает от многих болезней.

Авачинская бухта

На тихоокеанском побережье полуострова Камчатка находится одна из самых больших, красивых и удобных морских гаваней Дальнего Востока — Авачинская бухта. Кажется, что сама природа создала её как гавань и удобную базу для мореплавания. Бухта представляет собой глубоководный залив площадью более двухсот квадратных километров, который защищает её от стихийных океанических явлений. В то же время бухта имеет хорошее сообщение с Тихим океаном через пролив. Её берега вулканического происхождения. С западной стороны в залив впадают две очень красивые реки — Авача и Паратунка. Вдоль северного берега бухты раскинулся город Петропавловск-Камчатский, его порт круглый год открыт для рыболовецких, грузовых и круизных судов.

Долина гейзеров

Мы думали, что Долина гейзеров — огромное поле, где на каждом шагу **бьют** на разную высоту гейзеры, а на самом деле это именно долина. На её территории находятся **сто** гейзеров, двадцать из них большие. Например, гейзер Великан выбрасывает за одну минуту тридцать тонн кипятка на **высоту** сорок метров.

Гейзеры Камчатки не уступают по **размерам** гейзерам Исландии и Новой Зеландии. Камчатские гейзеры шипят, кипят, **дымят** и булькают, но постоянно воду не извергают, так как «работают» специфически. Они кипятят **подземную** воду, а уже потом отправляют её в атмосферу. Время нагрева воды у **каждого** гейзера индивидуально: один гейзер извергается каждые пять минут, а другой — раз **в восемь** часов.

§ 1

Хохломские узоры

Традиционные элементы хохломской росписи — узоры из травы, красных ягод, цветов, листьев и веток растений. Встречаются также птицы, рыбы и звери. Дешёвая посуда на каждый день имела простой узор, который делали по трафарету. Это были ромбики, мелкие цветочки и листики. Более дорогие предметы расписывали от руки. Их красочные композиции сочетали тонкие красные и чёрные веточки с пышными листьями и цветами.

В XIX веке хохломские изделия стали поставлять не только на внутренний, но и на внешний рынок — в страны Средней Азии и Западной Европы. В 60-е годы XX века в Хохломе начали делать столовые сервизы, чашки и другие ёмкости и даже мебель.

Жостовские подносы

В середине XIX века в русских городах подносы использовались не только как необходимый бытовой предмет, но и как украшение интерьера. Поэтому в деревнях под Москвой возникло немало мастерских, в которых делали подносы. Но Жостово было и остаётся центром этого замечательного промысла. В Русском музее в Санкт-Петербурге представлена коллекция жостовских подносов. В ней есть первоклассные произведения, которые отражают особенности и высокий уровень искусства русских мастеров. К числу самых известных принадлежит овальный поднос, украшенный живописью по перламутру. Почти на каждом старинном подносе стоит знак мастерской, в которой он был выполнен. По этому знаку можно определить время создания подноса.

Тематика и техника гжельского рисунка

Мастера из Гжели фиксировали в росписях окружающий мир и плоды собственной фантазии: природу, городскую и деревенскую жизнь, свои **впечатления** от русской архитектуры и иконописи. Чаще других изображений встречались мотивы природы: птицы, растения, **животные**.

Сегодня тематика гжели делится на три вида: растительная (ягоды, веточки, травка, цветы), орнаментальная (квадраты, «ёлочки», «капельки», «жемчужинки») и **природная** (времена года). Инструменты живописца самые простые: стеклянная палитра, палочка для смешивания красок, кисточки и баночки **с красками**.

Техника гжельского рисунка имеет две особенности: она наносится вручную, и в ней используются **только** три краски. Белая — для фона, а синяя и голубая — для рисунка. Однако эта роспись совсем не скучная: в ней насчитывается более **двадцати** оттенков синего и голубого цветов.

Палех

До революции 1917 года в посёлке Палех Ивановской области существовала известная на всю Россию школа иконописной живописи, возникшая ещё до эпохи Петра I. Палехские мастера участвовали в росписи и реставрации соборов Московского Кремля.

Однако в 20-е годы XX века вместо иконописной школы был создан народный промысел лаковой миниатюры. Бывшие иконописцы стали создавать новые композиции. Но росписи, как и в Средние века, выполняли на чёрном фоне золотом и красками, смешанными с яичным желтком. Такие краски обладают большой прочностью и не смываются водой.

Мастера изготавливали из папье-маше расписные шкатулки, чашки, тарелки, брошки, заколки для галстука и пудреницы. Самыми популярными композициями первых палехских миниатюр были «охоты», «пастушки», «идиллии», «гуляния».

Современные палехские мастера берут сюжеты из классической литературы, сказок, песен и повседневной жизни. Художники не только пишут миниатюры, но и занимаются другими видами изобразительного искусства: монументальной живописью, книжной графикой, театральными декорациями. И снова пишут иконы.

§ 2

Рождество и Новый год в России

Рождество Христово с древности было радостным праздником. На Руси после принятия христианства появилась традиция широко и **торжественно** праздновать Рождество. В конце декабря — начале января славяне-язычники отмечали Солнцеворот. Они считали, что в это время солнце «поворачивает на **лето**, а зима — на мороз». Некоторые реалии этого праздника вошли в православное торжество. Например, пение колядок **превратилось** в традицию славить Христа. А вот рождественскую ёлку в России стали **украшать** только в XIX веке. Хотя ещё в 1699 году Пётр I повелел ставить в домах хвойные деревья, но это касалось только **празднования** Нового года.

Однако ёлка в дореволюционной России, как и в других европейских странах, всё же стала **рождественским** деревом, которое символизирует вечную жизнь. После революции 1917 года перестали праздновать Рождество и украшать ёлку. Вернулась она только в 1935 году, но уже в качестве **новогоднего** символа.

Старый Новый год

Зимние праздники в России начинаются ещё до Рождества — с Нового года, который является одним из самых любимых праздников. В это время улицы украшают разноцветными огнями, на больших площадях устанавливают огромные ели. В каждом доме наряжают игрушками сосны или ёлки.

Однако в России принято праздновать два Новых года — новый и старый. Старый Новый год представляет собой праздник, который возник в 1918 году, когда в России было введено новое летоисчисление. С этого года Россия, как и многие страны, живёт по григорианскому календарю, но православная церковь живёт по старому стилю, или по юлианскому календарю. Расхождение этих календарей составляет тринадцать дней, поэтому в России и отмечают два Новых года: первого и четырнадцатого января. Второй Новый год, или старый, россияне любят так же, как и первый.

ЗАДАНИЕ 5. А, Б. 1)

День защитника Отечества

23 февраля в России отмечается День защитника Отечества. Традиция поздравлять **воинов** возникла давно. В 1698 году Пётр I учредил орден, которым награждали за воинские подвиги. Зимой 1918 года были **подписаны** декреты о создании армии и флота, и 23 февраля стал Днём Советской армии и военно-морского флота. В январе 2006 года Государственная Дума **определила** 23 февраля как День защитника Отечества. В рядах современной российской армии и флота служит один миллион двести тысяч человек.

Русская армия имеет славную историю. Предки современных русских (русы) были **отважными** воинами. В конце VI века византийский император писал о них: «Русы любят свободу и не склонны ни к **рабству**, ни к повиновению, храбры, в особенности в своей земле, выносливы, легко переносят холод и жару, **недостаток** в одежде и пище. Юноши их искусно владеют оружием».

Сегодня граждане России считают День защитника Отечества не только праздником армии, но и праздником **настоящих** мужчин — защитников в самом широком смысле слова. День 23 февраля стал выходным в 2002 году. В этот день матери и дочери, жёны и сёстры, подруги и женщины-коллеги **поздравляют** мужчин с их замечательным праздником.

ЗАДАНИЕ 7. Б.

Масленица в современной России

На Масленицу хозяйки всю неделю пекут блины и приглашают гостей. Но основным событием этого праздника являются проводы Масленицы. В Прощёное воскресенье множество людей собирается на площадях городов и сёл. Они поют и танцуют, едят блины и пьют чай из самовара. А затем делают из соломы огромную куклу, которая символизирует зиму. Куклу наряжают в женскую одежду и сжигают на костре. Так хоронят уходящую зиму и приветствуют молодую весну, от которой ждут благополучия и удачи.

§ 3

ЗАДАНИЕ 3. В.

Русские поговорки

Поговорка представляет собой **малый** жанр фольклора. В отличие от пословицы, она не содержит обобщающий поучительный смысл и не является законченным **предложением**. В народе говорится: «Поговорка — цветочек, а пословица — ягодка». Поговорка — это словосочетание, образно отражающее одно из явлений жизни, это **определённый** образ, заменяющий слово: «пороха не выдумает» означает «глупый человек, дурак»; лисьим хвостом могут назвать **хитрого** человека, а про весёлого и дружелюбного скажут: «Глянет — рублём подарит».

Поговорка часто носит юмористический характер. Например, о каком-либо событии, которое **неизвестно** когда произойдёт, говорят с насмешкой: «Когда рак на горе свистнет», а неясную и запутанную речь определяют так: «Семь вёрст до небес и всё лесом».

ЗАДАНИЕ 4. А. 1), Б. 1)

Русская сказка

Русская народная сказка — один из видов **фольклорной** прозы. Это произведение о волшебных, необыкновенных событиях со счастливым концом. Обычно сказки адресованы детям и призваны **передавать** им глубокую жизненную мудрость, прививать уважение к предкам, учить достойному отношению к другим народам.

Однако существуют сказки и для **взрослых**. В таких сказках в первую очередь описывается национальное мироощущение народа и разрешаются морально-этические, государственные и **семейные** проблемы. Исследователи русской сказки считали, что она содержит вечные человеческие **ценности**.

Слово «сказка» появилось в русских письменных источниках в XVII веке. Первым собирателем русских сказок стал **этнограф** Александр Николаевич Афанасьев. Он подготовил сборник «Русские детские сказки», который вышел в Москве в 1870 году. В России наиболее популярными всегда были волшебные сказки и сказки о **животных**.

МОДУЛЬ 4

§ 1

ЗАДАНИЕ 4. А.

Вера Холодная

Самой популярной актрисой русского немого кино была Вера Холодная. Она родилась в Полтаве в 1893 году. Начала сниматься с 1914 года, свою первую роль сыграла в экранизации романа Льва Толстого «Анна Каренина». Актриса проработала всего четыре года, но за это время успела сняться в пятидесяти фильмах. Вера Холодная создавала образы красивой и печальной женщины, не понятой и обманутой окружающими. За талант и красоту поклонники называли её королевой экрана. В городах, куда актриса приезжала на гастроли, публика несла её автомобиль на руках. В возрасте двадцати шести лет Вера Холодная умерла от гриппа. Это случилось в 1919 году на гастролях в городе Одессе. Хоронить любимую актрису вышел весь город. На улице Преображенской, возле дома, где Вера Холодная прожила свои последние дни, ей поставили памятник.

ЗАДАНИЕ 4. Г. 1), 2)

Иван Мозжухин

Если Веру Холодную признавали королевой русского немого кино, то **королём** был Иван Ильич Мозжухин. Он учился на юридическом факультете Московского университета, затем **выступал** в театре. В кино начал работать с 1908 года. Самый известный его фильм — «Отец Сергий» по повести Льва Толстого. Актёр снялся в ста фильмах, кроме того, писал **стихи** и сценарии.

Иван Мозжухин обладал большим талантом, его внешность была яркой и запоминающейся. Его глаза могли **выразить** любые чувства: гнев и отчаянье, любовь и радость, досаду и грусть. Все признавали их магическую силу и глубину. В 1920 году он **уехал** из России, работал в Париже и Голливуде. Однако, скорее всего, предвидел, что его не забудут и на родине: свой огромный **архив** актёр завещал России.

ЗАДАНИЕ 6. Б. 2)

Фильм «Александр Невский»

«Александр Невский» — советская историческая кинолента о древнерусском князе, победившем ливонских рыцарей в 1242 году на Чудском озере. Фильм был снят в 1938 году, он считается одной из лучших работ режиссёра Сергея Эйзенштейна.

Фильм основан на исторических событиях XIII века. На западные границы Руси наступают войска Ливонского ордена. Они захватывают город Псков, мучают и убивают его жителей. Рыцари делят ещё не завоёванные русские земли и надеются на поддержку Папы Римского.

Жители другого города, Новгорода, собирают войско для освобождения Пскова и просят опытного полководца Александра, прозванного Невским, его возглавить. Войска русских и ливонцев сражаются на берегах замёрзшего Чудского озера. Лёд на озере слишком тонкий, поэтому рыцари в тяжёлых доспехах тонут. В этой битве русичи побеждают врагов и берут в плен их предводителей. После сражения русские женщины собирают раненых. Князь судит ливонцев: рядовых воинов отпускает, рыцарей оставляет для выкупа. После этого псковичи и новгородцы празднуют победу. В конце фильма Александр Невский произносит свою знаменитую фразу: «Если кто с мечом к нам придёт, от меча и погибнет! На том стоит и стоять будет Русская земля!»

ЗАДАНИЕ 9. А. 1), 2)

Полилог участников ток-шоу

Фёдор: Я люблю смотреть кино. Больше всего мне нравятся современные триллеры. Но могу посмотреть и старые фильмы. Они такие смешные и глупые, особенно немые.

Мирослава: Ну что ты, разве немое кино — это глупость? Конечно, это детство кинематографа, но его делали великие актёры и режиссёры, например Чарли Чаплин. Без этих фильмов не было бы и твоих любимых триллеров.

Елена: А я согласна, что немое кино наивное и сюжеты там слишком простые, да ещё и актёры играют как-то странно. Мне нравится, как играют современные актёры. И вообще я предпочитаю смотреть сериалы.

Константин: А я думаю, что каждый человек выбирает для себя то, что ему ближе. Конечно, сегодня у киноиндустрии много технических приёмов, и фильмы поэтому разнообразные. Немые фильмы похожи друг на друга, но смотреть их интересно уже потому, что можно узнать, как жили люди много лет назад.

§ 2

ЗАДАНИЕ 2. В.

Актёры фильма «Война и мир»

Людмила Савельева, исполнительница главной роли Наташи Ростовой, появилась в фильме «Война и мир» как Золушка на балу. Она была балериной. На киностудию «Мосфильм» попала случайно и не понравилась киногруппе. Однако режиссёр (он сыграл в картине роль Пьера Безухова) предложил ей выучить небольшой фрагмент текста и попробовать ещё раз. Через несколько дней Людмила пришла на репетицию, и все в один голос сказали: «Это она!»

Роль князя Андрея Болконского сыграл Вячеслав Тихонов, который имел высокий уровень актёрского мастерства и внешне был похож на дворянина XIX века. Тихонов целиком посвятил себя этой работе. В течение четырёх лет он отказывался от предложений сыграть в других фильмах. Не каждый актёр способен пойти на такие жертвы!

Замечательной удачей фильма стало приглашение на роль старого князя Болконского актёра Анатолия Кторова. В молодости он снимался в немом кино, затем всю жизнь работал в театре. Но Кторов согласился играть в картине, потому что режиссёр очень верил в него. В результате актёр создал образ князя Болконского именно таким, каким его описал Толстой.

Молодые актёры

Своим успехом фильм «Летят журавли» во многом обязан молодым актёрам, сыгравшим главные роли. Татьяна Самойлова обладала красивой, но совсем не типичной для советского кинематографа внешностью. Однако она играла и нетипичную героиню: Вероника вышла замуж за другого, хотя, по обычаям того времени, должна была ждать любимого с войны. Тем не менее режиссёр показал скрытую духовную силу, которая была в её характере и которая помогла ей остаться человеком во время непростых испытаний.

Актёр Алексей Баталов воплотил в фильме образ честного, доброго и любящего человека. Он сыграл одного из миллионов героев войны, который стал образцом мужества и благородства, достойным целого народа.

Описание фильмов «Короткие встречи» и «Вечное возвращение»

«Короткие встречи»

Молодая деревенская девушка Надя знакомится с геологом Максимом, человеком талантливым и образованным. Надя влюбляется в Максима, но он любит жену Валентину Ивановну, которую играет сама Кира Муратова. Валентина Ивановна занимает ответственную должность. Она выступает с лекциями, сидит на собраниях, подписывает деловые бумаги и при этом понимает, что её жизнь проходит зря. У неё нет детей, она редко видится с мужем, который постоянно бывает в экспедициях. Надя разыскивает Максима и приезжает в их дом под видом домработницы. Валентина Ивановна очень рада приезду девушки, потому что ей никто не помогает по хозяйству и не с кем поговорить о жизни. Тем более что с мужем у неё сложные отношения: они любят друг друга, но часто ссорятся. Максим уходит из дома после очередной ссоры, но потом звонит и снова возвращается. А Валентина Ивановна каждый раз ждёт его звонка. Надя понимает, что она лишняя в этой семье. Девушка накрывает для супругов праздничный стол и уезжает, чтобы не мешать их любви.

«Вечное возвращение»

Герои фильма — мужчина и женщина, которые не виделись много лет. Когда-то они вместе учились и дружили, сейчас он живёт в другом городе, а сюда приехал в командировку. Он пришёл в плаще и в шляпе, но так волновался, что забыл её снять. И сразу обратился к подруге с вопросом, который давно мучает его: как поделить себя между женой и любовницей? Она советует оставить жену и жениться на возлюбленной. Но совет бывшей однокурсницы не убеждает его, потому что он любит жену. Мужчина обижается, злится, обвиняет свою подругу в бездушии и уходит, хлопнув дверью. Правда, скоро приходит опять. Это повторяется много раз. Но почему он не может уйти от неё? Почему ему хочется вернуться именно к ней, ведь в его жизни уже есть две женщины? Фильм «Вечное возвращение» рассказывает о жизненной драме, о разнице между мужским и женским взглядом на реальную жизнь.

Кинооператор Маргарита Пилихина

Хотя в художественном кино женщин-операторов традиционно не бывает, Маргарита Пилихина **является** счастливым исключением. Она никогда не позволяла снисходительного отношения к себе, не **слушала** никаких слов по поводу того, что кинооператор — не женская работа.

В двадцать четыре года Маргарита **окончила** операторский факультет Всесоюзного государственного института кинематографии, затем работала на крупных советских киностудиях. Сняла одиннадцать художественных фильмов как **кинооператор** и фильм-балет «Анна Каренина» как режиссёр.

Она преподавала в Институте кинематографии и работала с **известными** режиссёрами-постановщиками. Её операторская работа отличалась чёткой композицией кадра, смелостью профессиональных **приёмов**, динамичностью и лирической интонацией. На Международном кинофестивале в испанском городе Сан-Себастьяне её фильм «Чайковский» получил диплом за выдающиеся художественные и технические качества.

ЗАДАНИЕ 7. Б.

«Питер FM»

Мария, друзья зовут её Маша, работает диджеем на популярном радио в Санкт-Петербурге и собирается замуж за своего одноклассника Костю. Максим — молодой архитектор, который приехал из другого города. Он победил в международном конкурсе, и его приглашают на работу в Германию. Но и Маша, и Максим не уверены, что поступают правильно. Максим не хочет уезжать из-за любви к девушке, которая его оставила, а Маша чувствует, что её жених не тот человек, который ей нужен. Маша теряет свой мобильный телефон, Максим его находит и хочет вернуть хозяйке. Они созваниваются, но никак не могут встретиться.

§ 3

ЗАДАНИЕ 2. А.

Московский кинофестиваль

Московский кинофестиваль является вторым **старейшим** кинематографическим конкурсом мира после Венецианского. Его история началась в 1935 году, тогда в борьбе за главный приз приняли участие фильмы из **девятнадцати** стран мира. Первым председателем жюри был режиссёр Сергей Эйзенштейн. Начиная с 1999 года **пост** президента занимает актёр и режиссёр Никита Михалков. На фестивале проходит несколько конкурсов. Главный приз — «Золотой святой Георгий», за него **соревнуются** двенадцать художественных полнометражных фильмов. В конкурсе «Перспективы» участвует восемь экспериментальных и дебютных картин, которые оценивает **международное** жюри. В рамках этой программы также показывают короткометражные киноленты.

ЗАДАНИЕ 4. А. 2), Б.

Авторское кино

В России популярно авторское, или альтернативное, кино. Оно отличается от других видов **киноискусства** тем, что его от начала до конца делает один человек — режиссёр. Основным для него в этой работе является объяснение своих идей и **взглядов**, поэтому авторский фильм всегда рассказывает о внутреннем мире человека, о поисках красоты и духовности.

Альтернативное кино относится к элитарной культуре. Создатель такого фильма не думает о **массовой** аудитории, так как знает, что найдутся зрители, которые поймут его и с удовольствием посмотрят картину. **Любители** авторских фильмов, как правило, образованные и глубокие люди, разбирающиеся в современном искусстве, способные оценить символику фильма, его контекст и подтекст. **Кроме того**, в авторском кино обычно присутствуют новые формы художественной выразительности, уникальные концепции ви́дения жизни.

Авторское кино обычно **снимается** на маленькой киностудии, и у него почти всегда ограниченный бюджет. Однако самое главное в такой картине — не спецэффекты, а возможность помочь зрителю посмотреть на себя и окружающий мир **по-другому**.

ЗАДАНИЕ 5. Б. 1)

Первая роль в кино

В кино театральный актёр Олег Янковский попал так же случайно, как и в театральное училище. После учёбы он работал в Саратовском драматическом театре, где играл эпизодические роли. Однажды театральная труппа была на гастролях в городе Львове. Олег обедал в гостиничном ресторане, там находилась киногруппа, которая искала актёров для фильма о войне. За соседним столиком заметили Янковского. По мнению киногруппы, для картины он подходил идеально. Однако режиссёр сказал, что артист не может иметь такое умное лицо, что этот человек — физик или филолог. Узнав, что Янковский актёр, режиссёр пригласил его сниматься.

ЗАДАНИЕ 6. А. 3), Б. 1)

Актёр Александр Абдулов

Актёр Александр Абдулов родился в 1953 году в **театральной** семье. Впервые вышел на сцену, когда ему было пять лет. Учась в школе, он не думал о карьере артиста. Александр занимался **спортом** и после школы поступил на факультет физкультуры педагогического института. Однако через год по **совету** отца он сдал экзамены в театральный институт и стал студентом.

Абдулов начал сниматься в кино ещё во время учёбы в институте. Хорошая **физическая** подготовка давала ему возможность обходиться без дублёра, ведь он был мастером спорта по фехтованию и окончил школу верховой езды. Актёр **сыграл** в ста двенадцати фильмах. Его жизнь была также связана с московским театром «Ленком», в котором он работал с 1975 года и до своей смерти в 2008 году.

В 1993 году Александр Абдулов **организовал** фестиваль «Задворки», который проходил во дворе позади здания театра. На фестивале выступали известные актёры, певцы и рок-музыканты. **Заработанные** деньги они отдавали на благотворительные цели. Например, на эти средства была отреставрирована церковь.

По словам друзей и родственников, в повседневной жизни Александр был весёлым, добрым и **надёжным** человеком. Он очень любил гостей и рыбалку.

ЗАДАНИЕ 6. В. 1)

Фильм «Обыкновенное чудо»

Знаменитым и любимым актёром Абдулов стал после роли юноши-медведя в **телевизионном** фильме «Обыкновенное чудо», снятом в 1978 году. Это смешной и грустный фильм-сказка, в котором много музыки, юмора, волшебных **приключений** и чудес. Но главным чудом в фильме стала любовь, которая даже из медведя смогла сделать человека.

Вместе с Александром Абдуловым в роли принцессы, влюблённой в юношу-медведя, снялась молодая **актриса** Евгения Симонова. Режиссёр сначала не хотел **брать** её на эту роль. Но оператор так красиво снял актрису в чёрном бархатном костюме, что режиссёру ничего не **оставалось** делать, как оставить Евгению в картине.

Российские зрители хорошо знают и любят эту талантливую актрису. В её **творческой** биографии более шестидесяти фильмов. Героини Симоновой обычно добрые, деликатные и **мягкие** женщины, умеющие, однако, противостоять жизненным трудностям.

МОДУЛЬ 5

§ 1

ЗАДАНИЕ 1. Г. 2), 3)

Спорт в России в XX и XXI веках

После революции 1917 года в стране были созданы новые спортивные общества, к концу тридцатых годов их действовало более шестидесяти. Спорт получил широкое распространение среди учащихся вузов и школ. Студенты соревновались на межвузовских спартакиадах, факультетских кроссах и турнирах. Дети и подростки активно занимались футболом, хоккеем и шахматами, для них организовывались специальные состязания.

Повсеместно проводились спортивные соревнования для населения. В 1928 году в них приняло участие три с половиной миллиона человек. В 1975 году во всех этапах на Спартакиады народов СССР участвовали уже восемьдесят миллионов спортсменов из разных частей страны.

В современной России, как и в других государствах, спорт разделяется на профессиональный и массовый. Для спортсменов-профессионалов строятся новые тренировочные центры, базы олимпийской подготовки и специальные спортивные школы. Для остального населения открываются бассейны, клубы и фитнес-центры. Количество тех, кто занимается спортом, каждый год увеличивается на два миллиона человек. Развитие спорта сегодня опирается не только на личную заинтересованность россиян, но и на экономическую целесообразность. Люди занимаются спортом, потому что он помогает сохранить психическое и физическое здоровье как основу их материального благополучия.

ЗАДАНИЕ 3. В. 1), 2)

Вратарь Лев Яшин

Лев Иванович Яшин родился в 1929 году в Москве. Он был вратарём спортивного **общества** «Динамо» и сборной команды СССР с 1949 по 1967 год. Одиннадцать раз Яшин признавался лучшим **вратарём** страны. Он выигрывал чемпионаты Европы и Олимпийские игры. В 1963 году Льва Яшина **назвали** лучшим футболистом Европы и наградили призом «Золотой мяч».

В 1963 году Яшин играл за сборную мира в матче со сборной Англии. Эта игра была **посвящена** столетию английского футбола. Русский футболист демонстрировал **великолепную** реакцию и новые приёмы игры: он далеко и точно забрасывал мяч и уверенно руководил защитой. **Прославленный** капитан английской сборной Бобби Чарльтон так охарактеризовал его игру: «Только **в исполнении** Яшина вратарь стал активным полевым игроком». Начиная с 1960 года ежегодно лучшему вратарю футбольного сезона в России вручается приз «Вратарь года» имени Льва Яшина. Чаще других — восемь раз — эту награду получал Игорь Акинфеев — капитан команды ЦСКА, который сегодня занимает пятнадцатое место в списке лучших вратарей XXI века.

Необычное развлечение

Необычное развлечение — катание на коньках — привёз в Россию из Европы император Пётр Первый, который, кстати, придумал новый способ крепления коньков к сапогам. В 1838 году в Санкт-Петербурге вышел учебник для фигуристов. В 1865 году в столице России открылся общественный каток, а в марте 1878 года там же состоялось первое состязание фигуристов.

Вскоре фигурное катание стало одним из самых популярных развлечений у всех слоёв общества. В 1901–1903 годах чемпионом России стал Николай Александрович Панин-Коломенкин. В 1908 году он выиграл «золото» на IV Олимпийских играх в Лондоне в программе, которая называлась «специальные фигуры». Он также написал подробный учебник по фигурному катанию и сконструировал новую модель коньков.

§ 2

ЗАДАНИЕ 2. В. 2), 3)

В городе Мышкине

На Верхней Волге, на шести холмах, **окружённых** дремучими лесами, расположен город с весёлым названием — Мышкин. Он является наиболее отдалённой от Москвы частью Золотого кольца. Город **получил** своё название по старой легенде, в которой рассказывается, как один князь после охоты уснул на высоком берегу Волги. Он спал **несколько** часов, а разбудила его мышка, пробежавшая по лицу. Князь проснулся и заметил подползавшую к нему **змею**. Так мышка спасла князю жизнь. Он построил на этом месте храм, вокруг которого возник город под названием Мышкин.

Сегодня Мышкин — это **маленький**, но очень активный городок с населением в шесть тысяч человек. Он популярен у туристов, путешествующих по **Волге**. Каждый день к пристани Мышкина причаливает несколько теплоходов.

В городе **десять** музеев. Среди них единственный в мире Музей мыши, где **собраны** изображения мышей из разных стран мира, музеи валенок, льна, **старинной** техники, этнографический музей под открытым небом, музей авторской **куклы** и картинная галерея.

ЗАДАНИЕ 4. Б. 1), 2)

Кижский ансамбль

Кижский ансамбль является архитектурным памятником, который входит в Список всемирного наследия ЮНЕСКО. В 1966 году на острове был организован музей под открытым небом. Со всей Карелии сюда привозили дома, колодцы, бани, часовни и другие деревянные строения, из которых были созданы крестьянские усадьбы и целые деревни.

Постройки на острове Кижи рассказывают о том, что всё сделанное руками крестьян не только необходимо в повседневной жизни, но и очень красиво. В этих деревянных памятниках архитектуры отразились традиции простых людей, их идеал красоты, рождённый в труде и постоянной связи с природой.

Легенда о Танаисе

Две тысячи лет **назад** на этой земле жили прекрасные женщины-воины, которых называли амазонками. У амазонки Лизиппы и воина Беросса **родился** сын Танаис. Мальчик вырос, превратился в красивого юношу и решил **посвятить** свою жизнь воинскому искусству. Богиня любви Венера полюбила его. Однако Танаис не ответил на её **чувства**, и тогда она наказала его любовью к собственной матери. **Юноша** долго страдал, а потом бросился с высокого холма в воду и погиб. **В память** об этом событии реку, а затем и сам город назвали Танаисом.

§ 3

Первый актёр России

Фёдор Григорьевич Волков родился в 1729 году в городе Костроме в купеческой семье. В двенадцать лет родители **отправили** его в Москву на обучение к немецким промышленникам. Живя в Москве, Фёдор научился хорошо говорить по-немецки и начал играть в студенческих спектаклях Духовной академии.

В 1746 году молодой купец поехал в Санкт-Петербург и попал на театральное представление. Посещение театра произвело на него очень сильное впечатление. Два года он жил в Петербурге, **занимаясь** искусствами и изучением сценического дела. Затем поехал в Ярославль, где тогда жила его семья, и собрал **вокруг** себя любителей театра. В 1750 году Волков дал первое публичное представление, это была **драма** «Эсфирь».

Скоро про его «ярославские комедии» стало известно при дворе императрицы Елизаветы Петровны, дочери царя Петра Первого, и молодого актёра **вызвали** в Петербург. В 1756 году там был создан первый Императорский театр России, а Фёдор Волков **назначен** в нём «первым русским актёром».

Фёдор Григорьевич был очень талантливым человеком. Для театральных постановок он переводил **произведения** иностранных авторов, сам написал пятнадцать пьес, много стихов и песен. Кроме того, он делал декорации, играл на разных музыкальных **инструментах** и писал музыку к спектаклям. В 1763 году в честь коронации императрицы Екатерины Великой в Москве был устроен **многодневный** маскарад, в его постановке и оформлении активное участие принял первый русский актёр. Однако во время маскарада он сильно простудился и в этом же году умер, прожив на свете всего **тридцать четыре** года.

Старший сын

Малышка росла, не касаясь ногами земли, передаваемая с рук на руки старшими братьями и немолодыми родителями. Братьев было трое, и между младшим из братьев и последней девочкой было пятнадцать лет: нежданный, последний ребёночек, рождённый в том возрасте, когда уже ожидают внуков.

Старшему из братьев, Денису, исполнилось двадцать три. Все трое мальчиков, дети из хорошего дома, от добрых родителей, росли, не доставляя никому огорчений: были красивы, здоровы, хорошо учились… <…>

Но скелет в шкафу стоял. <…> А дело было в том, что старший сын Денис был на год старше годовщины свадьбы… <…> Друзей было много: некоторые, друзья давних лет, знали, что мальчик Денис рождён был вне брака, от короткого бурного романа с женатым человеком, который исчез из поля зрения ещё до рождения мальчика. <…>

Женившись, отец немедленно усыновил годовалого мальчика, и один за другим появились на свет ещё двое, и жизнь пошла трудная, весёлая, в большой тесноте, в безденежье, но, в сущности, очень счастливая. Их последняя, Малышка, придавала новый оттенок счастливой жизни: она была сверхплановая, совершенно подарочная девочка, беленький ангел, избалованный до нечеловеческого состояния.

ЗАДАНИЕ 6. А. 1)

Русская классическая музыка

Русская классическая музыка является **достижением** музыкальной культуры всего русского народа. Она объединяет фольклор с творчеством классических композиторов XIX–XX веков — П.И. Чайковского, М.И. Глинки, М.П. Мусоргского, С.С. Прокофьева, Д.Д. Шостаковича, А.Г. Шнитке. Стиль произведений русских композиторов всегда имел ярко **выраженный** авторский характер.

Среди **произведений** русских композиторов немало всемирно известных сочинений. Это Первый концерт для фортепиано с оркестром П.И. Чайковского, его **балеты** «Лебединое озеро» и «Щелкунчик», опера М.П. Мусоргского «Борис Годунов», Второй концерт для фортепиано с **оркестром** С.В. Рахманинова, музыка к балету «Спартак» А.И. Хачатуряна.

ЗАДАНИЕ 7. А. 2)

Море, вдохновение, театр

Искусством в России, как и в других странах, занимаются не только профессионалы. Россияне очень любят петь, танцевать, читать стихи, рисовать, участвовать в любительских театральных и цирковых кружках и студиях. Поэтому как для профессиональных артистов, так и для любителей в стране проводятся соревнования, конкурсы и фестивали.

Один из самых массовых — международный конкурс «Море, вдохновение, театр». Каждое лето он проходит на берегу Чёрного моря, в курортном городе Анапе. В этом конкурсе могут участвовать жители России и других стран. Возраст участников — от пяти до шестидесяти пяти лет. Фестиваль сохраняет и развивает национальную культуру и устанавливает творческие контакты. Здесь можно повысить своё мастерство, приняв участие в мастер-классах, которые ведут лучшие российские и зарубежные артисты.

Участники конкурса соревнуются по многочисленным номинациям. Среди них — театральное и цирковое искусство, хореография, пение, инструментальная музыка, изобразительное и прикладное искусство, театр моды, авторская песня, короткометражное кино и анимация.

КЛЮЧИ

§ 1

Задание 1. Б. Текст 1 – фото 2; текст 2 – фото 4; текст 3 – фото 1; текст 4 – фото 5
В. 1 – фото 10; 2 – фото 11; 3 – фото 7; 4 – фото 8; 5 – фото 9; 6 – фото 12; 7 – фото 13.
Задание 2. Б. 1 нет; 2 да; 3 нет; 4 да; 5 да.
Задание 4. Б. 1) 1 да; 2 нет; 3 да; 4 да; 5 нет; 6 нет; 7 нет; 8 нет.
Задание 5. А. 3 а; 2 б; 4 в; 1 г; 6 д; 5 е.
Задание 6. А. 1) 1 б; 2 в; 3 в; 4 а.
2) минус 15 °C; минус 67,8 °C; январь; 1885 год; 200 мм;
1,5 тысячи человек.
В. 1) 1 да; 2 нет; 3 нет; 4 да; 5 да; 6 нет.

§ 2

Задание 1. Б. 1 б; 2 в; 3 а; 4 в; 5 б.
В. 5 а; 3 б; 7 в; 4 г; 1 д; 2 е; 6 ж.
Д. 1 б; 2 а; 3 б; 4 а; 5 а; 6 б.
Задание 2. Б. 2) 1 б; 2 в; 3 в; 4 а.
Задание 4. Б. 1 нет; 2 да; 3 нет; 4 да; 5 да; 6 нет; 7 да.
Задание 5. Б. находится; пять; нижние; всегда; любителям.
Г. 3 а; 4 б; 1 в; 5 г; 2 д.
Д. 1) 1 да; 2 нет; 3 нет; 4 да; 5 нет.
Задание 6. А. 1 в; 2 а; 3 в; 4 б.
Задание 7. А. 1 нет; 2 да; 3 нет; 4 нет; 5 да.
Задание 8. В. 3 а; 6 б; 1 в; 5 г; 2 д; 4 е.

§ 3

Задание 1. Г. 1) 1 нет; 2 нет; 3 да; 4 нет; 5 да; 6 да; 7 да.
2) 4 а; 1 б; 3 в; 5 г; 2 д.
Задание 2. В. 1) 1 б; 2 в; 3 б; 4 а.
Задание 3. Б. жёлтые; стараются; о себе; бабочки.
Задание 4. Б. 1) 1 да; 2 да; 3 нет; 4 нет; 5 нет; 6 да.
Задание 5. Г. 1 в; 2 в; 3 б; 4 в; 5 б; 6 а.
Задание 8. А. 2) 4 а; 5 б; 2 в; 1 г; 6 д; 3 е.
Задание 9. Б. 2) 1 а; 2 б; 3 б.

§ 1

Задание 1. А. 2) 1 нет; 2 да; 3 нет; 4 нет; 5 да.
Задание 2. А. сотни; территориям; населения; актуальны; рады; не более; уважают; родственников.
В. 2) 6 а; 2 б; 1 в; 5 г; 3 д; 4 е.

Задание 3. А. 1) принесли; материальной; двух-трёх; располагались; наводнений; произвольно; вдоль; крышу.

2) 3 а; 6 б; 1 в; 5 г; 4 д; 2 е.

Задание 4. А. 2) женатые; хозяйством; невесту; родственники; уклад; подчинялся; слушалась.

Задание 5. А. 1) молока; овощами; количествах; жителей; чай.

Б. 1 б; 2 в; 3 в; 4 а.

Задание 6. А. 3) 1 в; 2 а; 3 б; 4 в.

Задание 8. Б. 2) 1 в; 2 б; 3 а; 4 б; 5 в.

§ 2

Задание 1. Б. 2) 1 нет; 2 нет; 3 да; 4 да; 5 нет.

Задание 2. А. 1) городками; решили; столицей; деревянного; сохранился; древнейшим; строительство; светской. 2) 1 в; 2 в; 3 а; 4 б; 5 а.

Задание 3. А. 2) 1 г; 2 в; 3 а; 4 б.

Б. 2) 1 б; 2 а; 3 г; 4 в.

Задание 4. А. 1) общественной; решались; судили; выбирали; впереди.

3) 1 да; 2 да; 3 нет; 4 нет; 5 да; 6 нет.

Задание 6. Б. 1 в; 2 в; 3 б; 4 а.

Задание 7. А. 2) 1 б; 2 в; 3 б; 4 в.

Задание 8. А. 2) 1 нет; 2 да; 3 да; 4 нет; 5 нет; 6 нет.

§ 3

Задание 4. Б. 1) 1 да; 2 да; 3 нет; 4 нет; 5 нет.

Задание 5. А. 3) 1 г; 2 ж; 3 а; 4 е; 5 б; 6 в; 7 д.

Задание 6. А. день; луны; снега; залезть; падает; каменных; жители.

Задание 7. А. 3) 1 е; 2 в; 3 а; 4 б; 5 г; 6 д.

Б. 1) 1 нет; 2 нет; 3 да; 4 да; 5 да; 6 нет; 7 да.

Задание 9. А. 3) 1 а; 2 б; 3 в; 4 б.

В. 2) бьют; сто; высоту; размерам; дымят; подземную; каждого; восемь.

§ 1

Задание 1. А. 3) 1 в; 2 д; 3 г; 4 а; 5 б.

Б. 2) 1 а; 2 б; 3 в; 4 д; 5 г.

Задание 2. В. 1) 1 нет; 2 да; 3 да; 4 да; 5 да.

Задание 3. Б. 1) 1 б; 2 в; 3 а; 4 в.

Задание 4. В. 1) впечатления; животные; природная; с красками; только; двадцати.

Задание 7. А. 1) 1 сарафан; 2 крупный; 3 украшать; 4 приданое; 5 платок; 6 согревать; 7 мелкий. 2) 1 нет; 2 да; 3 да; 4 нет; 5 нет.

Задание 8. В. 2) 1 г; 2 в; 3 д; 4 а; 5 б.

§ 2

Задание 1. А. 3) 1 да; 2 да; 3 нет; 4 нет; 5 да.
Задание 2. А. 2) торжественно; лето; превратилось; украшать; празднования; рождественским; новогоднего.
Б. 2) 1 в; 2 б; 3 а; 4 в.
Задание 5. А. воинов; подписаны; определила; отважными; рабству; недостаток; настоящих; поздравляют.
Б. 1) 1 в; 2 а; 3 б; 4 в.
Задание 6. А. 2) 3 а; 1 б; 4 в; 5 г; 2 д.
Задание 7. А. 3) 1 б; 2 а; 3 б; 4 б.

§ 3

Задание 2. Г. 1) 1 ж; 2 д; 3 е; 4 з; 5 и; 6 а; 7 г; 8 в; 9 б.
Задание 3. А. 2) 1 да; 2 да; 3 нет; 4 нет; 5 нет.
В. 1) малый; предложением; определённый; хитрого; неизвестно.
Г. 2) 1 в; 2 б; 3 а.
Задание 4. А. 1) фольклорной; передавать; взрослых; семейные; ценности; этнограф; животных. 2) 4 а; 3 б; 6 в; 1 г; 5 д; 2 е.
Задание 6. Б. 1) 1 в; 2 б; 3 б; 4 а. 2) 1 д; 2 е; 3 в; 4 б; 5 г; 6 а.
В. 1) 1 г, ж; 2 е; 3 б, д, з; 4 а, в, и.
Задание 7. В. 1) 1 да; 2 нет; 3 нет; 4 нет; 5 да; 6 нет; 7 да.
Задание 8. В. 1) 1 е; 2 и; 3 з; 4 ж; 5 к; 6 а; 7 г; 8 в; 9 б; 10 д.

МОДУЛЬ 4

§ 1

Задание 1. А. 1 начало; 2 изобретение; 3 длинными; 4 создан; 5 всегда; 6 мирового; 7 признан.
Задание 3. А. 1) 1 в; 2 а; 3 г; 4 б.
Задание 4. А. 1 б; 2 в; 3 б.
Г. 1) королём; выступал; стихи; выразить; эмигрировал; архив.
Задание 5. Б. 1 нет; 2 нет; 3 нет; 4 да; 5 нет.
Задание 7. Б. 1 д; 2 е; 3 б; 4 а; 5 в; 6 г.
Г. 1 г; 2 е; 3 ж; 4 д; 5 а; 6 в; 7 б.
Задание 8. Б. 2) 1 б; 2 б; 3 а; 4 в; 5 а.
Задание 9. А. 2) 1 да; 2 да; 3 нет; 4 нет; 5 да.

§ 2

Задание 3. А. 1) 1 снимается; 2 рассказывается; 3 навсегда; 4 широкое; 5 признание; 6 главный; 7 возможности.
Задание 4. А. 1) 1 г; 2 в; 3 д; 4 а; 5 б.
Задание 5. Б. 1 да; 2 да; 3 нет; 4 нет; 5 да.

Задание 6. А. 1) 3 а; 2 б; 1 в; 4 г; 8 д; 7 е; 6 ж; 5 з.

Б. 1) является; слушала; окончила; кинооператор; известными; приёмов; испанском.

§ 3

Задание 1. Б. 1) 4 а; 6 б; 5 в; 1 г; 2 д; 7 е; 3 ж.

Г. 2) 1 л; 2 з; 3 ж; 4 в, д, и; 5 б; 6 м, к; 7 а, г; 8 е.

Задание 2. А. 1) 1 старейшим; 2 девятнадцати; 3 пост; 4 соревнуются; 5 международное.

Б. 1) 1 внимания; 2 многочисленные; 3 присуждает; 4 исполнение; 5 пользуется.

Задание 3. А. 3) 1 б; 2 в; 3 а; 4 в.

Б. 2) 1 нет; 2 да; 3 нет; 4 да; 5 да.

Задание 4. А. 2) киноискусства; взглядов; массовой; любители; кроме того; снимается; по-другому.

В. 3) 1 а; 2 б; 3 б; 4 б.

Задание 5. В. 1) 1 в; 2 а; 3 б. 2) 1 в; 2 д; 3 е; 4 а; 5 б; 6 г.

Задание 6. А. 3) театральной; спортом; совету; физическая; сыграл; организовал; заработанные; надёжным.

6) 1 ж; 2 а; 3 е; 4 д; 5 б; 6 в; 7 г.

В. 1) телевизионном; приключений; актриса; брать; оставалось; творческой; мягкие.

Задание 7. А. 3) 1 да; 2 нет; 3 нет; 4 да; 5 нет; 6 нет.

МОДУЛЬ 5

§ 1

Задание 1. Г. 2) 1 е; 2 г; 3 ж; 4 б; 5 з; 6 в; 7 а; 8 д.

Задание 3. В. 1) общества; вратарём; назвали; посвящена; великолепную; прославленный; в исполнении.

2) 1 нет; 2 да; 3 да; 4 нет; 5 да; 6 нет.

Задание 4. В. 4) 1 г; 2 а; 3 в; 4 а; 5 в; 6 б; 7 г.

Задание 6. А. 2) 1 г; 2 в; 3 а; 4 б.

Б. 1 д; 2 к; 3 ж; 4 з; 5 а; 6 и; 7 в; 8 г; 9 е; 10 б.

§ 2

Задание 1. Б. 2) 1 в, д; 2 а; 3 е; 4 б, г.

Задание 2. Б. 1) 1 да; 2 да; 3 нет; 4 нет; 5 нет; 6 да.

В. 2) окружённых; получил; несколько; змею; маленький; Волге; десять; собраны; старинной; куклы

Задание 3. А. 2) 1 д; 2 е; 3 г; 4 з; 5 ж; 6 а; 7 в; 8 б.

Задание 4. А. 3) 1 в; 2 б; 3 в; 4 в; 5 в; 6 в; 7 а.

Б. 2) 1 в; 2 б; 3 в.

Задание 5. Б. 1) назад; родился; посвятить; чувства; юноша; в память.

Задание 6. В. 2) 1 г; 2 а; 3 б; 4 в.

§ 3

Задание 1. Б. 1) 1 в; 2 б; 3 а; 4 д; 5 г.
Задание 3. В. 1) 1 да; 2 нет; 3 да; 4 нет; 5 нет; 6 нет.
             Д. 3) 1 в; 2 б; 3 а; 4 а; 5 б; 6 б.
Задание 4. В. 1 д; 2 з; 3 е; 4 а; 5 ж; 6 б; 7 г; 8 в.
Задание 6. А. 1) достижением; классических; выраженный; произведений;
                 балеты; оркестром.
             2) 1 б; 2 г; 3 а; 4 д; 5 в.
             Б. 3) 1 ж; 2 г; 3 к; 4 б; 5 з; 6 л; 7 а; 8 д; 9 м; 10 в; 11 е; 12 и.

ИСПОЛЬЗОВАННЫЕ МАТЕРИАЛЫ

Фрагменты фильмов на диске

«Метель» (фрагмент художественного фильма)
П.И. Чайковский **«Апрель»** (музыкальная пьеса из цикла «Времена года»)
«Палех» (фрагмент документального фильма)
«Морозко» (фрагмент художественного фильма)
«Царевна-лягушка» (фрагмент мультипликационного фильма)
«У лукоморья» (фрагмент мультипликационного фильма)
«Раба любви. Вера Холодная» (фрагмент документального фильма)
«Шахматная горячка» (фрагмент художественного фильма)
«Александр Невский» (фрагмент художественного фильма)
«Весёлые ребята» (фрагмент художественного фильма)
«Война и мир» (фрагмент художественного фильма)
«Летят журавли» (фрагмент художественного фильма)
«Карнавальная ночь» (фрагмент художественного фильма)
«Короткие встречи» (фрагмент художественного фильма)
«Вечное возвращение» (фрагмент художественного фильма)
«Питер FM» (фрагмент художественного фильма)
«Клоунада» (фрагмент художественного фильма)
«Приходи на меня посмотреть» (фрагмент художественного фильма)
«Обыкновенное чудо» (фрагмент художественного фильма-сказки)
«Я вам больше не верю» (фрагмент художественного фильма)
«Голос. Дети» (фрагмент программы «Первого канала»)

Иллюстрации

http://wallup.net/wp-content/uploads/2015/12/177685-Lake_Baikal-ice-landscape-nature-lake-cliff.jpg
http://img.taopic.com/uploads/allimg/130301/267857-1303010KZ297.jpg
http://www.desicomments.com/wp-content/uploads/2017/04/Rainbow.jpg
https://otc.ru/portals/0/Files/Content/Images/article_news/rostov.jpg
http://www.ogirk.ru/files/2016/10/05/2C3A7707.jpg
http://extenmedical.ru/d/1374448/d/22912-12__3__blue__small.jpg
http://static.messynessychic.com/wp-content/uploads/2016/06/Pavlova-with-Jack.jpg
http://tkdpskov.ru/upload/photos/2015/09/Z42kiYvE1443599116.jpg
http://pre15.deviantart.net/b710/th/pre/f/2011/076/1/6/anna_pavlova_1_by_step_in_time_stock-d3budqt.jpg

http://life24.ru/images/uploads/temp_file_012.jpg

http://tiras.ru/uploads/posts/2016-03/1458763469_lg.jpg

http://kino.filmz.ru/films_files/wallpapers/1024_768/1024_768_2594.jpg

http://cdn.fishki.net/upload/post/201409/04/1300922/e18ezgnlyk8.jpg

http://www.eg.ru/upimg/photo/173342.jpg

http://gagarinskiymedia.ru/upload/iblock/25d/25d9ab8e047c0fdcee498ed9a6534357.jpg

http://klubkrik.ru/wp-content/uploads/2016/06/sFh9BD6_foo.jpg

http://www.drawnground.co.uk/wp-content/gallery/bbc-war-peace/screen-shot-2016-01-09-at-21-35-27_0.jpg

http://b1.culture.ru/c/368988.jpg

http://b1.culture.ru/c/457641.jpg

http://www.premija-ru.eu/imgs/library/bolkonskij.jpg

https://i.obozrevatel.com/6/1240436/gallery/381587.jpg

https://quandoo-creatives.s3.amazonaws.com/collections/topical_page_facebook_media_images/social_media_berlin_gaense_essen.jpg

http://2.bp.blogspot.com/-YVKKuRhgFXg/URSLBY-SqiI/AAAAAAAABw/Go_W0V-ilRY/s1600/DSC04355.JPG

http://pmvd.info/img/drakino-island/32.jpg

http://loriss.ucoz.ru/_ph/5/441124881.jpg

http://www.landolia.com/photo/2013/photo-castle-geyser-parc-national-de-yellowstone-40184-xl.jpg

http://fishki.net/1288483-pejzazhi-kamchatki-uvidet-i-zameret.html/gallery-947633/

http://интересный-мир.рф/wp-content/uploads/2016/05/510.jpg

http://shprod.ru/images/Станица%20Старочеркасская%20привлекает%20инвесторов,%20строящих%20объекты%20отдыха%20и%20туризма.JPG

http://s1.fotokto.ru/photo/full/85/855385.jpg?r180

http://ic.pics.livejournal.com/aberrationist/10573510/79969/79969_original.jpg

http://казаки-россии.рф/images/photos/54e053aa1766d077ecc36a978ef7f4e4.jpg

http://quicknews.eu/system/articles/images/000/054/870/original/mneniya_1_2017.jpg?1484305260

https://rpcdn.ruposters.ru/newsbody/8/8fbc25e008a12c005208975cb4419fd06049.jpg

http://belive.ru/wp-content/uploads/2016/01/77273.jpg

http://cdn-st4.rtr-vesti.ru/vh/pictures/gallery/229/534.jpg

http://img-9.photosight.ru/236/6470489_large.jpg

http://img0.liveinternet.ru/images/foto/b/2/576/692576/f_19625655.jpg

http://itd0.mycdn.me/image?id=836231714565&t=20&plc=WEB&tkn=*fPLxw2cobAe2pbLGWuiP-l8_nRw

https://f.otzyv.ru/f/12/06/105572/1111152259093.jpg

https://drscdn.500px.org/photo/108159873/q%3D80_m%3D2000/115f3dadd4bb293d7530781527692e81

http://animalia-life.club/data_images/wolverine-animal/wolverine-animal2.jpg

https://www.syl.ru/misc/i/ai/199396/876912.jpg

https://upload.wikimedia.org/wikipedia/commons/thumb/f/ff/Пятнистый_олень_III.jpg/1200px-Пятнистый_олень_III.jpg

https://ru.wikipedia.org/wiki/Церковь_Ильи_Пророка_(Ярославль)#/media/File:%D0%A6%D0%B5%D1%80%D0%BA%D0%BE%D0%B2%D1%8C_%D0%98%D0%BB%D1%8C%D0%B8_%D0%9F%D1%80%D0%BE%D1%80%D0%BE%D0%BA%D0%B0_%D0%B2_%D0%AF%D1%80%D0%BE%D1%81%D0%BB%D0%B0%D0%B2%D0%BB%D0%B5_1.jpg

http://cdn-nus-1.pinme.ru/photo/be/8d56/be8d560b24269bf1c1959898dbfea937.jpeg

http://www.dpol4.ru/img/picture/Jun/06/537c7086df494a7c8b63c65d6d65409e/3.jpg

http://image.kinofanat.net/bg/2017-01/1484260017_piter-fm.jpg

http://www.kinomania.ru/images/frames/p_615877.jpg

http://tomuz.ru/uploads/images/l/e/b/lebedev_kumach_volga_volga.jpg

http://rmuzikafm.ru/uploads/images/i/s/a/isaak_dunaevskij_molodezhnaja.jpg

http://psudoterad.ru/img/picture/Jun/04/0bb5e56e87534fd2aa1b53eecc398b05/1.jpg

http://okultureno.ru/uploads/ckfinder/userfiles/images/964517029.jpg

http://stockphotos.ru/free/main.php?g2_view=core.DownloadItem&g2_itemId=597&g2_serialNumber=3

http://as-mag.ru/wa-data/public/shop/img/tumblr_nkp60n5wyf1qap9gno1_1280.jpg

https://filed17-21.my.mail.ru/pic?url=http%3A%2F%2Fmy.mail.u%2F%2B%2Fvideo%2Furl%2Fsc03%2F-12242310356008693&mw=&mh=&sig=1ce32659a582198f54afa2267c447dc3

http://bel.today/wp-content/uploads/2016/08/IMG_0733.jpg

http://www.jewellerymag.ru/wp-content/uploads/2015/03/Afisha-Rostovskaya-finift.jpg

http://www.rusvelikaia.ru/upload/iblock/1d1/dsc_5074.jpg

https://yandex.ru/images/search?text=отель%20Начальник%20камчатки&img_url=http%3A%2F%2Fttphotos.s3-website-eu-west-1.amazonaws.com%2Fgallery%2F78%2F255578%2F1024x768%2F3233693.jpg&pos=1&isize=medium&rpt=simage

http://badumka.ru/images/1089199_kostum-kubanskoi-kazachki-foto.jpg

http://labelleza.ru/wp-content/uploads/2012/07/laba.jpg

http://data.photo.sibnet.ru/upload/imgbig/133023766311.jpg

http://boombob.ru/img/picture/Jul/10/96b71a2946ee9dce76f38239ebb7f77c/10.jpg

https://yandex.ru/images/search?text=физик%20фото&img_url=https%3A%2F%2Fwww.bnl.gov%2Fbnlweb%2Fpubaf%2Fpr%2Fphotos%2F2006%2FD0610305-Zaliznyak-300.jpg&pos=3&rpt=simage

http://fb.ru/article/249500/anatoliy-marchevskiy-biografiya-i-lichnaya-jizn#image1275478

http://phototurista.ru/uploads/posts/2009-05/1242412622_1242270947_090.jpg

http://www.mentalizer.com/wp-content/uploads/2015/05/confident-girl.jpg

http://worldroads.ru/tayna-golubyih-ozyor-kabardino-balkarii

http://mosreg.ru/upload/iblock/30f/205_01_1_1200x1009.jpg

http://zoxexivo.com/ru/entry/poezdka-v-verkhoyansk

https://yandex.ru/images/search?nomisspell=1&text=амурский%20тигр&img_url=http%3A%2F%2Fwww.wall321.com%2Fdownload%2Fview%3Fresolution%3D1280x800%26file%3DMTAyNHg3NjgvMjAxNDA1MjIlNTM3ZTZkMDlkMmZiZS5qcGc%3D%26name%3Dc25vd19zaWJlcmlhbl90aWdlcg%3D%3D&pos=24&isize=large&rpt=simage

http://www.cheaptrip.ru/wp-content/uploads/2015/12/EAzCayPbXZs.jpg

http://media.nazaccent.ru/files/09/af/09af0b89ab538da076f6b1006560afb7.jpg

http://cdn.fishki.net/upload/post/201604/13/1918064/tn/gor4.jpg

http://www.upmonitor.ru/imgnews/n1038672_2.jpg

http://sobory.ru/pic/07150/07182_20110302_143903.jpg

http://www.oboibox.ru/orig/Silnyy-chernyy-kon.(oboibox.ru).jpg

http://s11.stc.all.kpcdn.net/share/i/12/7462674/wx1080.jpg

http://dementlll.ru/uploads/images/f/o/l/folk_teatr_ladov_den_chto_ti_zhinka_gubi_zhmesh.jpg

http://rasfokus.ru/images/photos/medium/58fdeb798f3c64cda78cf44350ae9c06.jpg

http://images.spasibovsem.ru/responses/original/img-14335844670247.jpg

http://s017.radikal.ru/i424/1112/9c/869ceef3e49b.jpg

http://kluchi.net/wp-content/gallery/animal-word/523417_original.jpg

http://top-pictures.ru/_ph/35/2/353416846.jpg?147

http://rest-isnature.info/sites/default/files/d1_11.jpg

http://www.nat-geo.ru/upload/iblock/38f/38fdce1ec91e46a5f31d809aad93b513.jpg

http://www.airlines-inform.ru/images/review_detail/upload/blog/a31/IMG_20150306_155215.jpg

http://tour.volgawolga.ru/wp-content/uploads/2014/09/136274-alina-sophia.jpg

https://4tololo.ru/files/images/20142903144649.jpg

https://yandex.ru/images/search?text=жостовские%20подносы%20из%20папье-маше&img_url=http%3A%2F%2Fdata13.i.gallery.ru%2Falbums%2Fgallery%2F102958-33631-37360924-m750x740-u3c5f0.jpg&pos=1&isize=large&rpt=simage

http://ethnoboho.ru/wp-content/uploads/2016/05/Посуда-с-гжелью.jpg

http://preta.com.ua/image/cache/data/af5f91ef5a341797d12dcef3292583db%7Bval-1500x1500.jpg

http://belive.ru/wp-content/uploads/2015/10/maxresdefault2.jpg

http://p2.patriarchia.ru/2015/01/07/1236124899/2P20150107-VAR_7786-1200.jpg

http://p2.patriarchia.ru/2012/01/07/1233873798/2(16)NOV_5052.jpg

http://botinok.co.il/sites/default/files/images/7af0423fc839d309acbac55cbed76e8e_IMG_2632-1.jpg

http://ndd67.narod.ru/photo01.jpg

http://goodoboi.ru/images/foto/original/20130714005140403.jpg

http://derufa-shop.ru/uploadedFiles/newsimages/big/-8-marta-svoimi-rukami-8.jpg

http://truvisibility.com/img/get/67a44fb8-bd06-4103-98b4-a473012d3f94/пасхальный-стол-5.jpg

http://www.patriarchia.ru/db/text/2161917.html

http://pisateli.my1.ru/_fr/5/7634812.jpg

https://yandex.ru/images/search?text=дочка%20помогает%20маме%20готовить&img_url=http%3A%2F%2Fcheomoms.com%2Fwp-content%2Fuploads%2F2013%2F03%2Fcooking-in-kitchen.jpg&pos=4&isize=large&rpt=simage

http://vasnetsov.artgalleru.ru/vasnetsov/images/vas_31.jpg

http://pinme.ru/pin/4f8ee6d3c004704363000020/

http://images.myvi.ru/activity_images_gallery/ed/0c/01/68845.jpg

http://vdvgazeta.ru/news/feed/original-plakata-kino-volga-volga-prodan-v-rossii-po-rekordnoy-cene-35791

https://club.season.ru/uploads/post/3858/404/post-3858-1454430404.jpg

http://ogudina.ru/wp-content/uploads/2015/08/3814412.jpg

http://омск.объявления.su/media/site_images/электрик_логотип.jpg
http://biglibrary.ru/media/content/541193f150fd0.jpg
https://www.horizon-chemical.com/Content/Img/services/researchanddev.jpg
http://www.book-bloger.ru/wp-content/uploads/2016/03/3.jpg
http://rodina-kino.ru/files/gallery/vechnoe_vozvrashenie_gallery/f_141026.jpg
https://tvkinoradio.ru/upload/ckeditor/article/images/Маргарита%20Пилихина.jpg
http://im2.kommersant.ru/Issues.photo/CORP/2013/04/03/KMO_111665_01484_1_t218.jpg
http://www.be-in.ru/media/beingallery/gallery/simage/stp/image30134.jpg
http://images.productionhub.com.s3.amazonaws.com/newsletter/custom/c896a4a2-e782-4309-8b5e-bd6d6d16d86b.jpg
https://www.youtube.com/watch?v=1hmIcOjmel0
http://pics2.pokazuha.ru/p441/z/0/9114961d0z.jpg
http://photo.gordeeva.ru/_ph/39/826083712.jpg
http://b1.culture.ru/c/257895.jpg
http://img0.bitbazar.ru/2/2/244919.jpg
http://psudoterad.ru/img/picture/Nov/23/2d832db5ecf548ea18ca451767599aef/3.jpg
http://s5o.sports.ru/storage/simple/ru/ugc/73/36/09/91/ruu53eec6c061.jpg
http://www.fcmscsp.edu.br/cgi-bin/cgiproxy/nph-proxy.cgi/000010A/http/cdn1.img.rsport.ru/images/91670/29/916702990.jpg
http://www.koreatimesus.com/wp-content/uploads/2014/02/winner.jpg
http://sport.mos.ru/legislation/departmental-control/regulatory-framework/5049d9649f63b4485f0ac72c1c927752.jpg
http://mtdata.ru/u25/photoADD2/20895360578-0/original.jpg
http://pics2.pokazuha.ru/p441/3/5/8772246v53.jpg
https://repple.ru/wp-content/uploads/2016/07/isinbaeva5-1068x1486.jpg
https://repple.ru/wp-content/uploads/2016/07/isinbaeva5-1068x1486.jpg
http://colibri-tour.net/wp-content/uploads/2016/08/rostovkreml1.jpg
http://www.wallpapers13.com/wp-content/uploads/2016/02/Monastery-in-Rostov-Russia-Spaso-Yakovlevsky-Wallpaper-Hd87316.jpg
https://2.bp.blogspot.com/-LlR0t9E4-RI/VD1eYNh5PeI/AAAAAAAAE-o/J5Ziqyjp4Jw/s1600/Ярослав-ль%2B(8).jpg
http://to-world-travel.ru/img/2015/042516/4542767
http://to-world-travel.ru/img/2015/042606/5012581
https://life-routes.ru/wp-content/uploads/2016/01/Снимок.png
http://big-rostov.ru/wp-content/uploads/2015/11/tanais4.jpg
https://upload.wikimedia.org/wikipedia/commons/8/81/Taganrog_Theater-2008.jpg
http://www.phototuning.ru/images/galery/foto_big_2492.jpg
http://otzivy.info/_pu/5/68382348.jpg
http://en.academic.ru/pictures/enwiki/67/Chekhov_Monument_Jan29_2010.jpg
http://static.panoramio.com/photos/original/94995555.jpg
http://img11.nnm.me/f/a/c/c/a/143c1d82434e499701cf63f436e.jpg
http://droplak.ru/wp-content/uploads/2015/10/12.jpg
http://ic.pics.livejournal.com/aristotel_by/77544335/82052/82052_original.jpg
http://images.samovar.travel/iblock/6bc/6bc790bd4ba6dbe0bb733087aa873555/477.jpg
http://www.thct.ru/img/bigimage01.jpg
http://www.kreml-biletour.ru/images/alm2/6.jpg
http://to-world-travel.ru/img/2015/042503/3827507
http://juliashapovalenko.ru/wp-content/uploads/2016/03/be6e702e5e35eda66a1d6dec2dcb81b4.jpg
http://tour-classica.ru/assets/catalog/134152-1d019-53046262-u0347d.jpg
http://m.io.ua/img_aa/medium/2558/90/25589073.jpg
http://cp12.nevsepic.com.ua/71/1352744132--rrssr-ryo-rsrrrsssrr-rrrrsrrrsr-rrssrrryosr-rsrrsrrrrr.jpg
http://2queens.ru/Uploads/sanina_e/9%20-%20Анна%20Павлова.jpg
http://portal.azertag.az/sites/default/files/raxmaninov4_0.jpg
https://my-ural.com/wp-content/uploads/2015/12/пельм1.jpg
http://villa-hemingway.ru/prefix/5948bcb84ea3995f9b8f26fafe6b73a7.jpg
http://www.proznanie.ru/photo/image1303247382.jpg
https://voinskayachast.net/wp-content/uploads/2015/03/Avacha_volcano_Petropavlovsk_Kamchatsky_oct_2005.jpg
https://yandex.ru/images/search?text=раскрытая%20ладошка&img_url=https%3A%2F%2Fbotan.cc%2Fprepod%2F_bloks%2Fpic%2Fdv1b5my-041.png&pos=8&rpt=simage
https://yandex.ru/images/search?p=1&text=писатель%20за%20столом%20пишет&img_url=https%3A%2F%2Fs.poembook.ru%2Ftheme%2F1f%2Fb0%2Fdc%2F482d199283dcf607f415844cd8a93ed1dcc4ec74.jpeg&pos=50&rpt=simage&lr=2